新・南北問題

地球温暖化からみた二十一世紀の構図

さがら邦夫
SAGARA KUNIO

藤原書店

新・南北問題／目　次

はじめに　7

序　論　地球温暖化がもたらす異変　11

1　途上国に集中する恐るべき「気象災害」　13

一九九〇年代後半は、今世紀最大級のエルニーニョ現象をはじめとして、世界的に異常気象に見舞われ、途上国を中心に「気象災害」が猛威をふるった。日本では報道されない「気象災害」の現状と、その膨大な損害がもたらす途上国への債務負担、そしてその主要因と考えられる「地球温暖化」の進行状況に焦点を当てる。

2　海面上昇による「水没」か、干ばつによる「水戦争」か　35

短期的な「気象災害」に加えて、地球温暖化は長期的な被害ももたらす。海面上昇による国家の消滅が現実の危機となっている島嶼国のみならず、世界的にみても沿岸部に大都市が集中していることから、洪水対策は莫大な財政負担となる。内陸部でも河川の水量が激減し、水資源の奪い合いが予測されている。

第Ⅰ部　「新・南北問題」とは何か　45

1　旧来の南北問題の構図　47

一九六〇年代以来、先進国と途上国とのあいだの経済格差（＝南北問題）解消に向けて、国際政治においてさまざまな駆け引きが重ねられてきた。経済格差をもたらした要因としての植民地支配の歴史を振り返るとともに、ますます悪化の一途を辿り、旧来の構図では捉えきれなくなってきた「南北問題」に迫る。

2　情報化時代の落とし穴――ＩＴ革命は、公平な世界をつくらない　68

一九九〇年代からの、アメリカの先導による急激な情報技術の進展により、途上国への情報技術供与による経済格差の解消に期待が寄せられている。「ＩＴ革命」は本当に貧富の差を解消できるのか。農・工業のバランスを見失った「ＩＴ」先行の社会改革は、決して明るい未来像だけを提示するものではない。

3　重債務国の悲鳴、減少する食糧援助　97

後を絶たない内戦や、壊滅的打撃を与える気象災害により、多くの国が「重債務貧困国」に転落、国連加盟国の約八割に達する一五〇か国が経済援助を「受ける」側にある。島嶼国、産油国、中国、インドなど途上国の中でも利害関係が錯綜するなか、地球温暖化に歯止めをかける実効性ある対策とは何か。

第Ⅱ部　途上国の主張、先進国の主張　141

〈途上国〉島　嶼　国――ツバル　ミクロネシア　キリバス　セーシェル　サモア
中　南　米――コスタリカ　エクアドル　ブラジル　コロンビア
アフリカ――ウガンダ　ケニア　タンザニア　ガンビア　ザンビア　エチオピア　スーダン　ボツワナ　南アフリカ
アジア――中国　インド　韓国　スリランカ　パキスタン　ネパール　ブータン　インドネシア　タイ
中　東――サウジアラビア　イラン　エジプト
ＣＩＳ――カザフスタン
〈先進国〉アジア――日本　豪州　ニュージーランド
北　米――アメリカ　カナダ
欧州連合――ドイツ　フランス　イギリス　オーストリア　イタリア　ギリシャ　フィンランド　スウェーデン
ヨーロッパ――アイスランド　スイス　ノルウェー　ポーランド　チェコ　リトアニア　スロベニア　クロアチア
そ の 他――キプロス

あとがき　230　参考文献一覧　233

世界の島嶼国（第Ⅱ部「途上国の主張」参照）

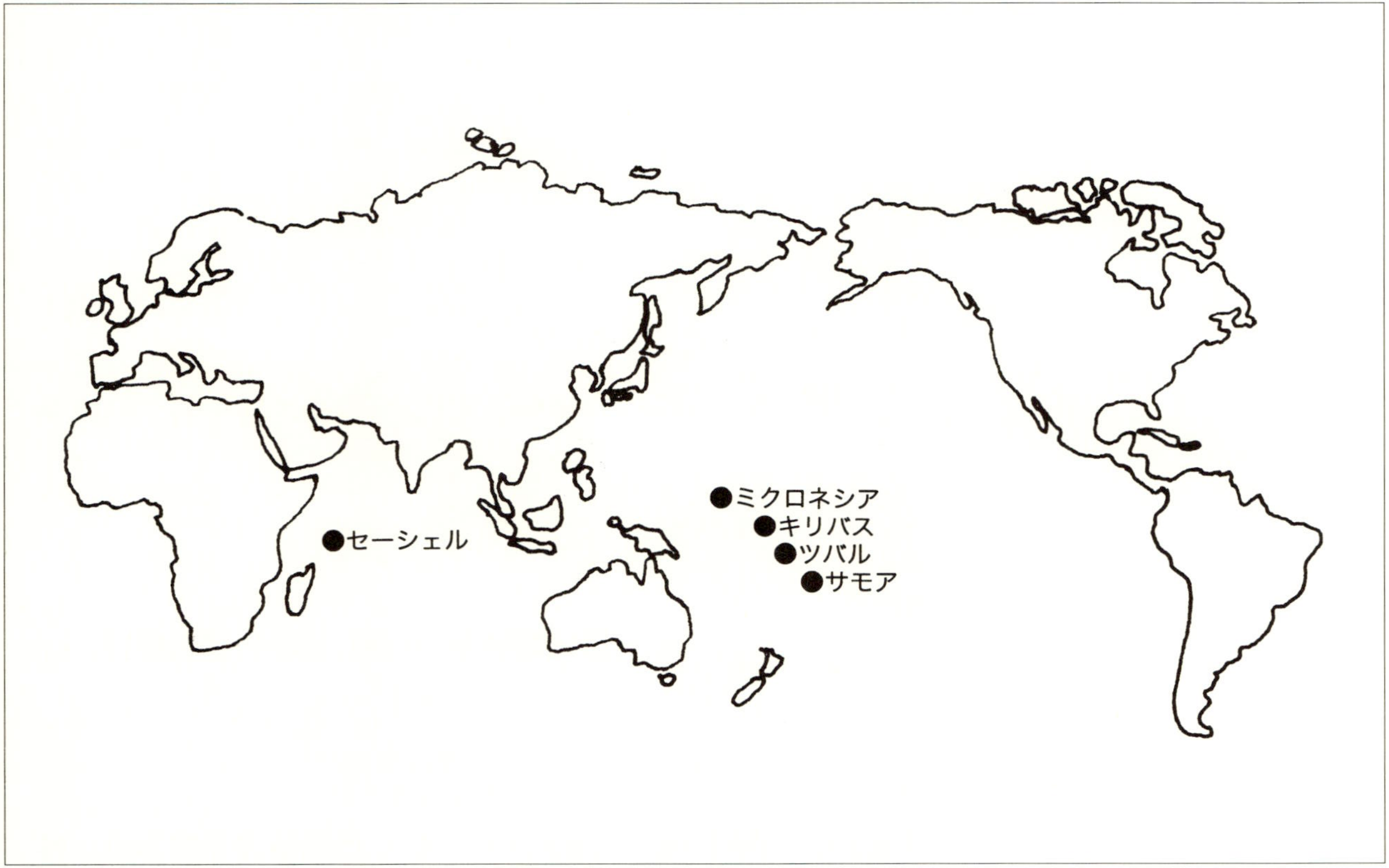

新・南北問題

地球温暖化からみた二十一世紀の構図

はじめに

ＩＴ革命の「カエル跳び」作戦で「南北問題」は解決しない

オリンピックの走り幅跳びのように、発展途上国の後れた経済レベルを「情報技術（ＩＴ）革命」によって一挙に引き上げようという「カエル跳び」作戦が、アメリカをはじめ先進国でかまびすしい。「こころの貧しき者は幸いなれ」と言って、富める者が進んで貧しい者に分けて与えるように説いたキリスト。そのキリストが生まれてから二〇〇〇年目を迎えても、世界では五人に一人（一二億人）が一日わずか一ドル（一一〇円）以下で生活している。

広がる貧富の格差を縮めようと、国連は「国連開発の一〇年」を掲げ、一九六〇年代から四次にわたって発展途上国の経済成長率の引き上げを図ったが、残念ながら功を奏さなかった。第二次大戦後、東西冷戦の〝対軸〟として生まれた「南北問題」は、貧困と飢えという非人道的な問題を未解決のまま二十一世紀にまで引きずり込むことになった。

「南北問題」を解決する先進国の取り組みは、今までのように途上国へ資金や技術を援助する方式から、ＩＴ革命を通じて情報と知識を提供するやり方に変わった。途上国が情報と知識を公平に手に入れるようにすれば、「カエル跳び」で貧困から脱出が可能だというのだ。だが現実には、アフリカのサハラ砂漠以南の諸国の電話線数をすべて合わせてもニューヨークの都心マンハッタンより少ない。しかもアフリカには高等教育の普及度が一％という国が一六カ国もあるのだ。高度の専門技術を必要とするＩＴ革命が、識字率や高等教育の普及率の低い途上国で、アメリカや日本のように可能なのだろうか。

急増する「気象災害」が途上国経済に壊滅的打撃

こうした単純な理論の実現は、「地球温暖化」の進行に伴い多発し始めた台風（ハリケーン）、洪水、干ばつなどの「気象災害」の増大する損害からみれば、明らかに疑問である。気象災害を含む世界の「自然災害」の九〇％（死者は九六％）が途上国で発生し、途上国の経済に壊滅的な打撃を与えている。二〇二〇年には世界の人口の八〇％が途上国に集中し、うち六〇％が気象災害にぜい弱になる。損害は、途上国の中でも「重債務貧困国（ＨＩＰＣ）」ほど深刻であり、先進国から債務を帳消しにされても、巨大なハリケーンの直撃を受ければ〝焼け石に水〟なのだ。

植民地時代の〝負の遺産〟の禍根も尾を引く

それでなくとも、途上国の社会・経済基盤は、モノカルチャー（単一作物栽培）農業、特権階層の専横政治など、旧植民地支配時代からの〝負の遺産〟に加え、独立後の輸入代替工業化の失敗、先進国の過大投資による債務増大などによってがたがただ。そこへ追い打ちをかけたのが気象災害だ。一九九八年は、二十世紀で最も洪水の多い年で、気象災害が実に自然災害の六〇％（損害額は八五％）を占める事態となった。地球温暖化による海面上昇で、水没の危機に直面する島嶼《しょ》国の中には、再定住計画さえ検討し始めた国さえある。

地球温暖化により従来の「南北問題」は一変する

「南北問題」について、私たちはこれまで人間社会における政治・経済活動の平面的な次元からだけ捉え、その解決が可能だと信じてきた。しかし、地球温暖化をはじめ、地球環境の悪化によって、今や自然環境でさえ限りある資本（資産）と考えなおさなければならなくなった。地球温暖化は、どこの国であろうと、どこの地域であろうと、先進国、途上国を問わず誰でも等しく直面する。途上国が一九七〇年代「資源ナショナリズム」を突破口に行動理念として打ち出した「新国際経済秩序（ＮＩＥＯ）」は、先進国が植民地支配時代に築き上げた現行の世界経済体制の改革を目指すものだった。その改革が挫折したまま「気候変動枠組み条約」は、地球温暖化の防止が「人類共通の責任」であるとする一方、先進国と途上国の取る「責任に差異のある」ことを認めた。

一九九七年の「京都議定書」に基づき、まず先進国が二〇一〇年から二酸化炭素（ＣＯ$_2$）など温室効果ガスの削減を義務づけられた。今後に期待される途上国の削減は、排出量をめぐって「国全体（経済規模）」か「国民一人当たり（経済水準）」を基準にするのか対立が深まっている。世界の排出量で二位の中国、五位のインドは、一人当たりの排出量が先進国より大幅に低いと主張し、排出量削減に応じる兆候はない。重債務貧困国にはキリスト教国のフランスとイギリスの旧植民地が多い。途上国の中には「地球温暖化」対策で〝新植民地化〟を懸念する国さえある。

これまでの「南北問題」の上に覆いかぶさった「地球温暖化」は、人間のエゴや争いとは全く無関係に進んでいる。国連環境計画（ＵＮＥＰ）は、現状では地球温暖化の阻止は手遅れだと極めて悲観的な警告を発している。二十一世紀の世界を、地球温暖化を軸にみた場合「新しい南北問題」はどんな構図が描けるのだろうか。

本書では序論で、知られざる「気象災害」と壊滅的な打撃を受ける途上国の実態を中心に取り上げた。続いて第Ⅰ部の1で、先進国がほぼ独り占めする損害保険、「南北問題」を引き起こした植民地支配時代の歴史的な禍根と、第二次大戦後の国連による南北格差解消の努力と挫折に言及し、2では、南北格差拡大の落とし穴のある情報技術（ＩＴ）革命の幻影について論じた。さらに3では、途上国の債務と援助競争化する政府開発援助（ＯＤＡ）、減少する食糧援助と途上国を襲う悲劇、二十一世紀に予測される「新しい南北問題」の構図を描いた。

最後の第Ⅱ部には、途上国と先進国が「地球温暖化防止ブエノスアイレス会議」（気候変動枠組み条約の第四回締約国会議）でたたかわした激論の内容を所載し、論点を明確にした。

すでに筆者は、藤原書店から『地球温暖化とＣＯ^{2}の恐怖』（一九九七年）を、また『地球温暖化は阻止できるか――京都会議検証』（一九九八年）を刊行し、地球温暖化の問題点を様々な角度から指摘してきた。本書と併せて一読して頂ければ幸いである。

二〇〇〇年（平成一二年）六月

さがら邦夫

序論　地球温暖化がもたらす異変

1　途上国に集中する恐るべき「気象災害」

「自然災害」の九〇％は途上国で発生、グローバル化は逆に世界の分裂、不平等を助長

高度情報化文明を目指す二十一世紀だというのに、約二万人にのぼる犠牲者を出したトルコ、台湾での直下型大地震（一九九九年）、中米を蹂躙した西半球最大級のハリケーン「ミッチ」（九八年）、二十世紀最大規模のエルニーニョ現象による世界的な異常気象（九七―九八年）をはじめとする数多くの「自然災害」（Natural Disaster）に対し、世界は無残にもますますぜい弱になりつつある。

しかも、そこには「自然災害」の九〇％（死者の九六％）が発展途上国で発生し、災害による死に直面す

る危険度は、途上国のほうが先進国より一二倍も高い、という過酷な現実が横たわっている。

ほとんどの途上国は、インフラストラクチャー（社会基盤）の整備や災害防止対策に投資するための財源が全く不足しており、自然の脅威に対処する術が無くなっている。とくに洪水は、途上国の貧弱な経済を破壊するだけでなく、将来への不安を助長し、国際資本の大幅な撤退を招き、潜在的な投資さえ妨げている。

こと「自然災害」に関しては、情報通信、金融、貿易などの分野を中心に急激に進む、いわゆる「グローバル化」（Globalization）によって、途上国が災害から立ち直る力をたくわえ、社会基盤を強化する可能性は少ない。先進国が考えているように、経済成長と繁栄が秩序をもたらすというより、むしろグローバル化は、世界の分裂、不平等、不安定といった新しい恒常的なジレンマを助長する方向に世界を向かわせている。国際赤十字社・赤新月社連盟は、こうした状況が改善される見込みは少ないと指摘している。二〇二五年までに、世界の人口の八〇％は途上国に居住し、彼らの六〇％が「自然災害」の中でも、とくに「気象災害」（Climate Disaster）に極めてぜい弱になると見られているからだ。

世界の「自然災害」による経済的損害の八五％を「気象災害」が占める

「気象災害」とは、地震や火山噴火などを除く、暴風（台風、ハリケーン、サイクロン、熱帯低気圧）、洪水、地滑り、干ばつなど、気象が原因となって引き起こす災害をいう。国連環境計画（ＵＮＥＰ）が一九九九年九月に公表した『地球環境概況（ＧＥＯ）二〇〇〇』によると、経済的に大損害をもたらした世界の「自

図1　世界の自然災害の損害額（1998年）

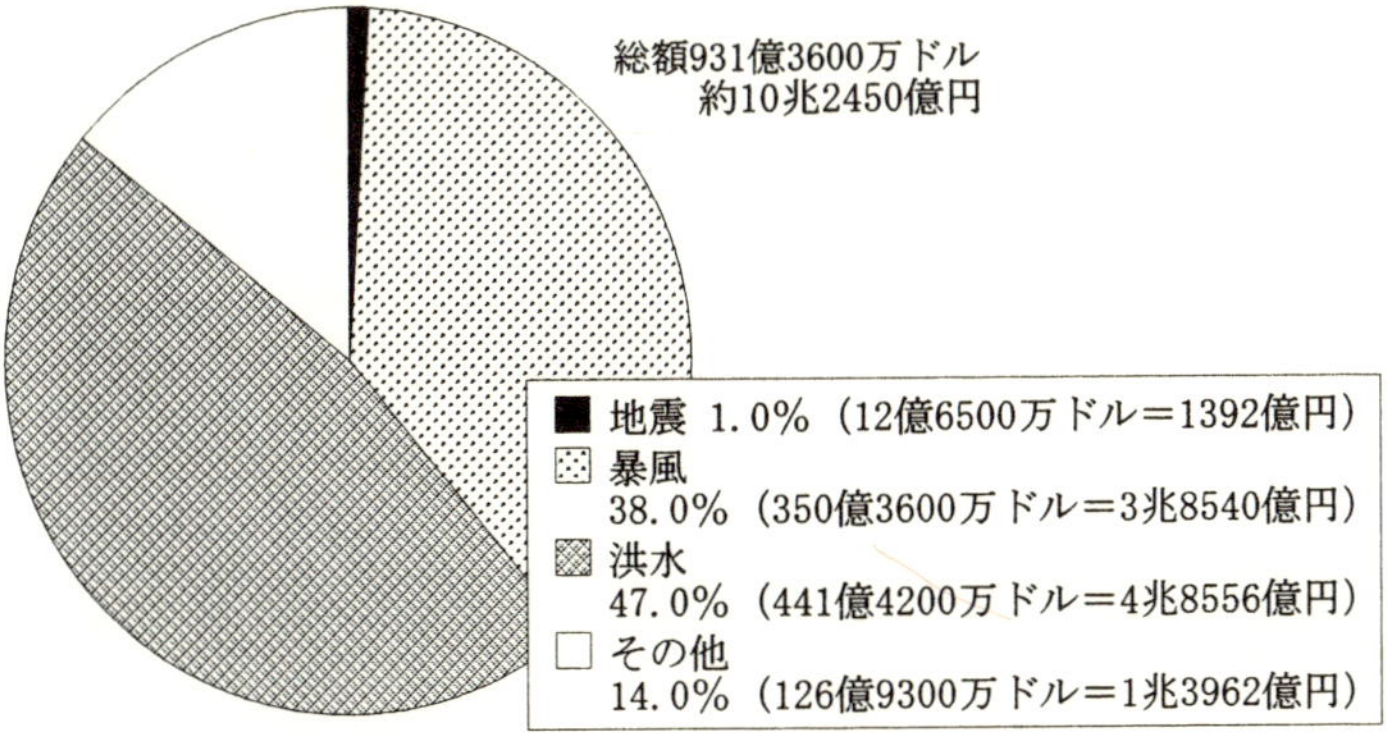

（出所）国際赤十字社・赤新月社連盟『世界災害報告1999』による。

然災害」の発生件数は、一九九八年より以前の数年間は年間五三〇件から六〇〇件で推移してきたが、九八年には七〇〇件を超えた。この七〇〇件のうち「気象災害」が約六〇%（四一〇件＝内訳は暴風二四〇件、洪水一七〇件）を占めている。しかし、経済的な損害額では「気象災害」が「自然災害」全体の実に八五%にのぼっている事実は余り知られていない。

（※**図1**参照）

国際赤十字社・赤新月社連盟が九九年七月に公表した『世界災害報告一九九九』によると、世界が九八年に「自然災害」から受けた経済的な損害額は約九三一億ドル（一〇兆二四五〇億円）に達した（本書における米ドルの円換算は、九九年の一ドル＝一一〇円に統一する）。この損害額はマレーシアの国内総生産（GDP）に近い。「気象災害」がこのうち八五%（七九二億ドル＝八兆七一〇〇億円）を占めているわけだ。情報通信のグローバル化によって、私たちは被災地の模様を即時に映し出す地震に目を奪われがちだが、すべての「自然災害」の損害額の中で、地震はわずか一%（一三億ドル）を占めて

表1　過去３年間の大規模な自然災害(1996-98年)

1996年	＊中国の長江の洪水で被災者2000万人,損害200億ドル以上を出す。(６月末から８月半ば)
97年	＊中部欧州の洪水でポーランドで29億ドル,チェコで18億ドルの損害を出す。オーストリアのアイゼンヒュッテン市では1854年の洪水記録を62センチ上回る。 ＊ケニア,ソマリア,ミャンマー,アメリカおよび中米の太平洋岸で大洪水。 ＊イランの地震で死者2300人以上を出す。 ＊イタリア中部の地震で多数の町や村落に大損害,98年には地滑り。
98年	＊インドのグジャラート州をサイクロンが襲い,１万人以上が死亡。(６月) ＊カリブ海地域のハリケーン「ジョージ」で,損害1000万ドル。(９月) ＊中米ホンジュラスとニカラグアをハリケーン「ミッチ」が襲い9000人以上が死亡,両国の開発計画が大打撃を受ける。(10月)

(出所)国連環境計画〔ＵＮＥＰ〕の『地球環境概況2000』による。

いるに過ぎない。九八年六月にインドのグジャラート州を襲ったサイクロンによって一万人以上が死亡した実態については、日本ではほとんど報道されていない。「自然災害」の損害額のトップは洪水で四七％(四四一億ドル)、二位が暴風で三八％(三五〇億ドル)と、「気象災害」が「自然災害」のほとんどを占めているのだ。(※**表1**参照)

一九八八年から九七年までの過去一〇年間に発生した「自然災害」の年間平均損害額が六二一億ドル(六兆八三二〇億円)だったから、九八年の損害額は突出している。こうした状況の下で、貧しい途上国の人たちは豊かな先進国の浪費型のライフスタイルにますます侵されつつある。浪費型のライフスタイルは、石油、石炭、天然ガスといった化石燃料から大量排出される二酸化炭素(CO_2)などの温室効果ガスによって、地球温暖化を進行させている。地球温暖化は大気を温め、海面を上昇させ、大規模なエルニーニョ現象を引き起こし、地球規模の暴風や洪水などを発生させる原因と考えられるようになってきた。二十世紀末に威力を強め始めた大規模な「気象災害」が、二十一世紀にいっそう深刻化することは必至なのである。

地球温暖化対策はもはや手遅れかも

日常私たちが直接被害に遭う交通事故や病気と異なり、地球温暖化は気候変動を伴う間接的な現象であることもあって、世界中の人たちは次第に地球温暖化に慣れっこになってきている。だが現実には、地球温暖化は取り返しのつかない方向へ向かって刻一刻と進行している。国連環境計画（UNEP）は『地球環境概況（GEO）二〇〇〇』の中で、一九九〇年代後半の大気中の二酸化炭素（CO_2）の濃度が過去一六万年間で最高を記録し、現状では「気候変動枠組み条約の第三回締約国会議」（地球温暖化防止京都会議）で決めた先進国による削減目標（二〇一〇年から平均五％削減）でさえ実現できそうになく、地球温暖化を防止するのはもはや手遅れかもしれない、と強い警告を発している。

猛威をふるい始めた「気象災害」、アジア・太平洋地域で三億人が被災

地球温暖化の急速な進行によって、地球上の気候は明らかに狂い始めている。一九九九年の夏も例外ではなかった。日本では夏（六―八月）の平均気温が平年より二度以上も高く、九月になっても三〇度を超す真夏日が断続的に続いた。中国の長江（揚子江）では大洪水、アメリカ東部、中西部、南部では大干ばつ、ロシア、東ヨーロッパでは異常高温に見舞われた。九七年五月から九八年六月まで続いた二十世紀最大級のエ

ルニーニョ現象では世界中に異常気象が発生した。

（※図2参照）

洪水の被害がいちばん大きいアジア

「気象災害」の中でも最も破壊的な被害をもたらすのが「洪水」である。一九九八年は二十世紀の中でもいちばん破滅的な洪水に見舞われた年だった。国際赤十字社・赤新月社連盟は『世界の災害報告一九九九』で、アジアから太平洋に至る地域で九八年に、洪水をはじめ高潮、豪雨、地滑り、土砂崩れなどにより、約三億人が被災したと指摘している。

とくに洪水の被害はアジア地域の被害がいちばん大きく、世界で一九八七年から九六年までの一〇年間に発生した、記録に残るすべての洪水のうち四四%がアジアで発生し、その死者もアジアが世界全体の九三%を占めている。

図2　世界の主な気象災害(1997年〜98年冬)

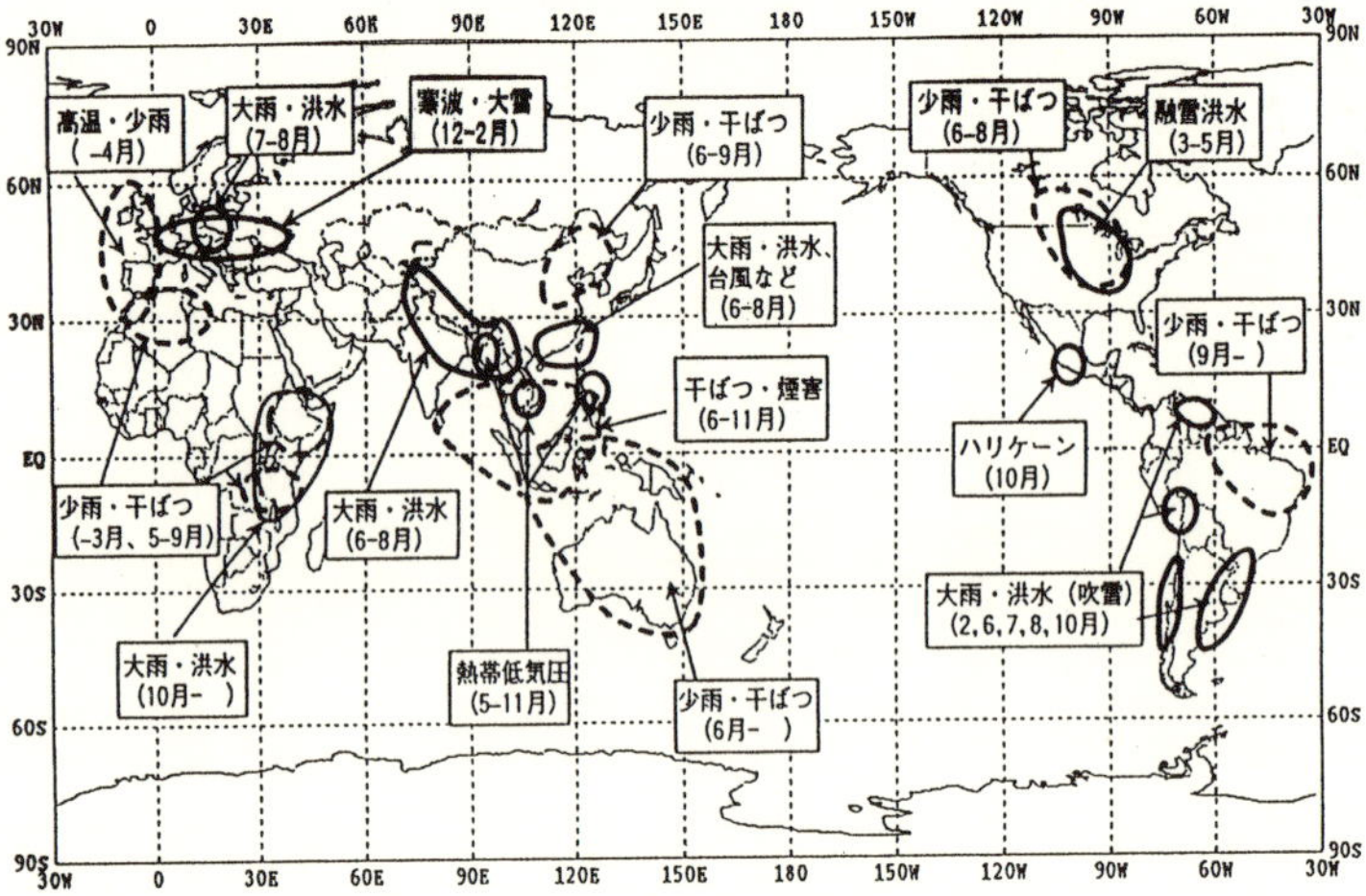

(出所)気象庁の『異常気象レポート'99』による

(注)目盛りのNは北緯, EQは赤道, Sは南緯, Eは東経, Wは西経。
実線で囲んだ地域は低温・寒波, 多雨・大雨・洪水など, 波線で囲んだ地域は高温, 少雨・干ばつなどのおおよその範囲を, 数字はこれら現象の発生時期を示す。

一九八六年から九五年までの一〇年間に発生した地震を含むすべての「自然災害」のうち、暴風（ハリケーン、台風、竜巻、サイクロン）による災害が、件数では三四％といちばん多い。洪水は三二％であるが、死者は洪水のほうがすべての「自然災害」の半分以上（暴風は九％）を占めている。

世界的に記録に残る洪水は、河川が引き起こしたケースが多い。最近では一九九二年のイラン北部、九三年のアメリカのミシシッピ川、九七年の中部ヨーロッパ・オーデル川の洪水があり、中国やバングラデシュではほぼ毎年、大洪水が発生している。世界の二〇〇以上の河川は二カ国以上にまたがって流れているから、河川の管理には国際協定の強化が必要になっている。（※図3、表2「世界の過去五〇年間の大洪水」参照）

『世界災害報告一九九九』によると、世界には現在、二万を超す大型ダムがあるが、一九五〇年以来、一〇〇カ所以上のダムが決壊している。主な決壊事故としては、六〇年にブラジルのオロス、六一年にインドのパンシェト、七九年に同国のマチで起こったダムの決壊で、それぞれ一〇〇〇人以上が死亡している。中国には大型ダムが数千カ所あるが、七五年に淮河ダムの決壊によって二三万人にのぼる死者を出したとも伝えられている。ほとんどのダムの決壊は建設中に起きている。高さ三〇メートルを超すダムの建設には、通常一年以上の歳月を要するので、完成しないうちに一回は洪水シーズンにさらされているわけだ。

日本は「異常高温」状態に、高潮も威力増す

日本を脅かす台風は九九年、発生海域が北上し、比較的日本に近い海域で熱帯低気圧や小規模の台風が威

図3　世界の過去50年間の大洪水

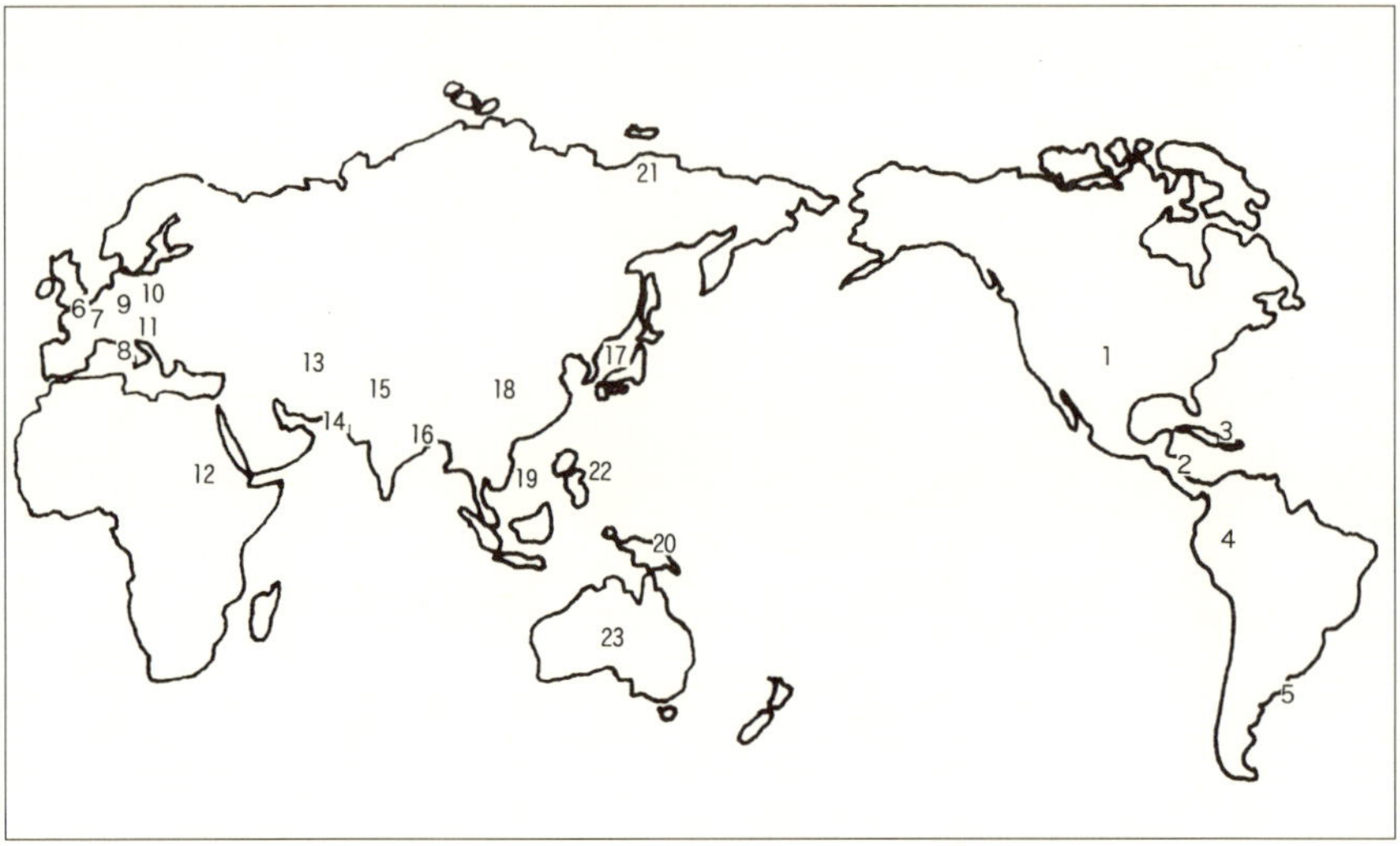

（出所）国際赤十字社・赤新月社連盟の『世界災害報告1999』による。
（注）番号は北米，南米，欧州，アフリカ，アジア，シベリア，オセアニアの順番で付けられている。

力を増すケースが増えた。同年九月下旬に北九州に上陸した中型の台風18号では、熊本県不知火町（人口一万人）で高さ七メートルもの堤防を越え、高潮が押し寄せた。大きな津波並みの高潮だった。全国で死者・行方不明者を約五〇〇〇人出した一九五九年（昭和三十四年）の伊勢湾台風でも、高潮の高さは三・五メートル程度だったから、最近の台風の威力が増していることが分かる。

不知火町の死者は一二人で済んだが、被害額（民家を除く）は町の年間予算（四〇億円）を上回る五三億円に達した（同町総務課）。東京地方では、これより一カ月前の九九年八月半ば、東京湾南海上の熱帯低気圧が荒川流域で、わずか二日間で四九八ミリの豪雨を降らせた。こんな雨量を記録したのは一九四七年（昭和二十二年）のカスリーン台風（この時は三日間で五四七ミリ）以来の出来事だ。建設省関東地方建設局荒川下流工事事務所では、荒川流域

表2　世界の過去50年間の大洪水

	国		発生年	死者（人）	被災者（人）	損害（米ドル）
1	アメリカ	ミシシッピ・ミズーリ	1993	40	3万1000	160億
2	中　米	ハリケーン「ミッチ」	1998	1万	670万	50-70億
3	カリブ海	ハリケーン「ジョージズ」	1998	4000	60万	100億
4	ペルー	エルニーニョ現象の降雨・土砂崩れ	1982-83	400	—	4億
5	アルゼンチン	洪水	1998	20	36万	25億
6	オランダ，ベルギー，イギリス		1953	2100	—	5億
7	ドイツ，フランス，ベネルクス	洪水	1993-95	0	—	65億
8	イタリア・フィレンツェ	洪水	1968	0	—	13億
9	チェコ，ポーランド，ドイツ	洪水	1997	100	21万	50億
10	スロバキア	洪水	1998	55	1万850	2450万
11	ルーマニア	洪水	1998	25	1万2000	1億5000万
12	スーダン	洪水	1998	1400	33万8000	900万
13	ウズベキスタン，キルギスタン	火口湖決壊	1998	110	2万5600	—
14	パキスタン	洪水	1998	1000	2万5000	—
15	インド北部，ネパール	大モンスーン	1998	3250	3600万	—
16	バングラデシュ	モンスーン降雨，熱帯サイクロン	1970	30万	—	—
		同上	1991	14万	—	—
		同上	1998	1300	3100万	2億2300万
17	韓　国	洪水	1998	400	18万8000	8億6800万
18	中　国	洪水	1954	3万	—	—
		洪水	1996	2700	1億	—
		洪水	1998	4150	1億8000万	300億
19	ベトナム	熱帯暴風雨	1998	50	240万	1370万
20	パプア・ニューギニア	高潮	1998	2200	9119	—
21	ロシア	雪融解	1998	15	5万1300	9800万
22	フィリピン	台風	1998	500	500万	—
23	豪　州	熱帯サイクロン	1974	15	—	2億3000万

（出所）国際赤十字社・赤新月社連盟の『世界災害報告1999』による。

表3　海面1m上昇による日本全国の被害は莫大な量・額になる

	面積	人　口	資　産
平均海面時	1.86倍	1.7倍	1.6倍
満潮時	2.7倍	2.0倍	2.0倍
台風または津波発生時	1.1倍	1.3倍	1.3倍

（資料）環境庁

に二〇〇年に一度の確率で降る可能性のある雨量を三日間で五四八ミリと想定し、東京都足立区で堤防が決壊した場合、都区部の東半分が洪水で水浸しになり、首都の機能が完全にマヒすると見ている。（※図4a・b参照）

このような「東京大洪水」が起きた場合、経済的な被害総額は約三八兆五〇〇〇億円に達すると推計されている（氾濫面積は八二・八平方キロ、被災人口一一六万三〇〇〇人）。地球温暖化によって、世界の海面が一メートル上昇した場合、環境庁は日本全国の護岸対策費をざっと二〇兆円と見積もっているから、「気象災害」の経済的な損害額は計り知れないのである。（※表3参照）

その温暖化を予告する自然環境からの警告シグナルでもあるのが、気温の上昇だ。日本ではますます「異常高温」状態が顕著になってきた。日本の気温はすでに過去一〇〇年間に一度上昇（世界平均は〇・六度上昇）しているが、その上昇の度合いが一九八〇年代後半から強まり、九八年は平年より一・三度も高く、過去一〇一年間で最も高い上昇率を記録した（それまでの記録は九〇年の一・二度上昇）。（※図5、6参照）

気象庁が一九九九年一〇月に公表した『異常気象レポート一九九九』によると、年間平均と月間平均の気温で高いほうから一—三位の現れる回数は九〇年代から急激に増えた。（※図7参照）

図４ａ　洪水で沈没する東京

●200年に1回（3日間で548ミリ）の豪雨が降り，足立区小台２丁目の荒川右岸16．75km（×印）で決壊した場合のシミュレーション。

●実際に1999年8月13日から２日間に497ミリの雨が降った。カスリーン台風（1947年）以来，戦後２番目の雨量だった。

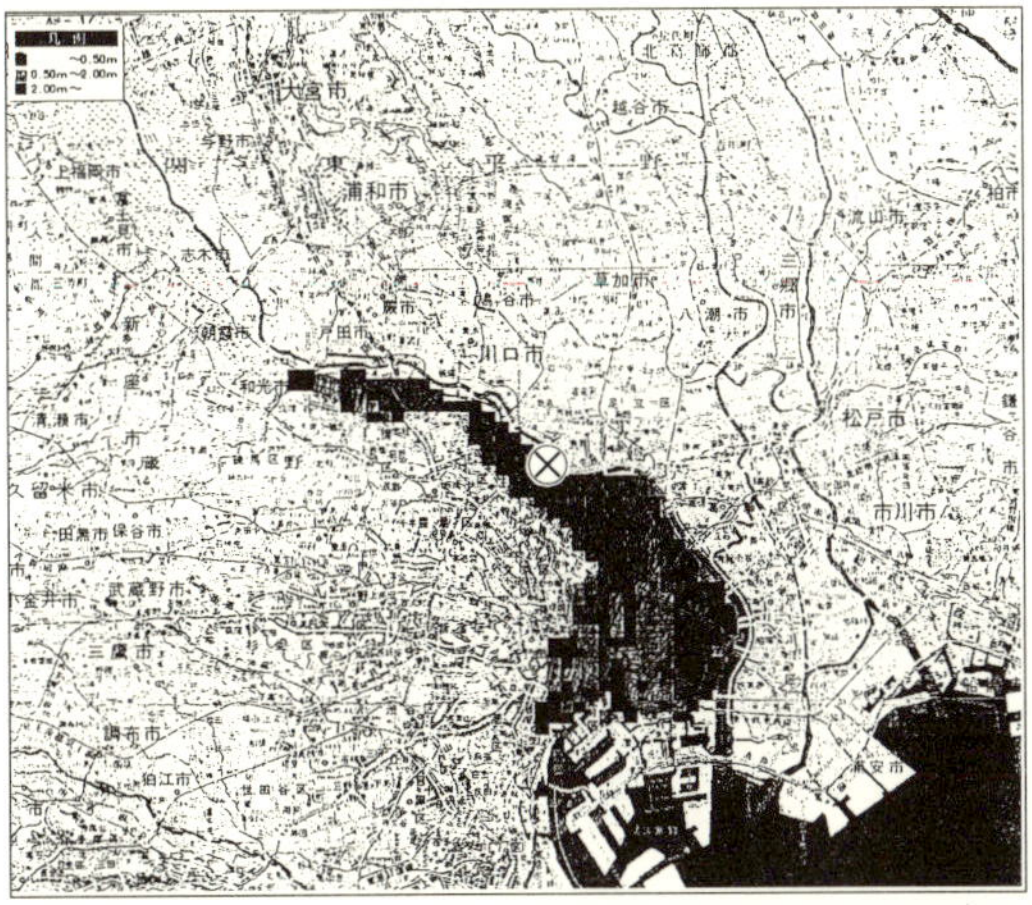

全被害状況	
浸水面積	82．8km^2
浸水区域内人口	1，163，031人
床下浸水戸数	18，085戸
床上浸水戸数	456，052戸
被害額	384，947億円

（資料）建設省関東地方建設局荒川下流工事事務所

図４ｂ　洪水で水没する大阪

●淀川流域もこれまで繰り返し洪水に見舞われている。淀川流域に200年に１回程度（２日間の雨量が302ミリ＝1953年の台風13号の250ミリの1．2倍）の豪雨が降った場合のシミュレーション。

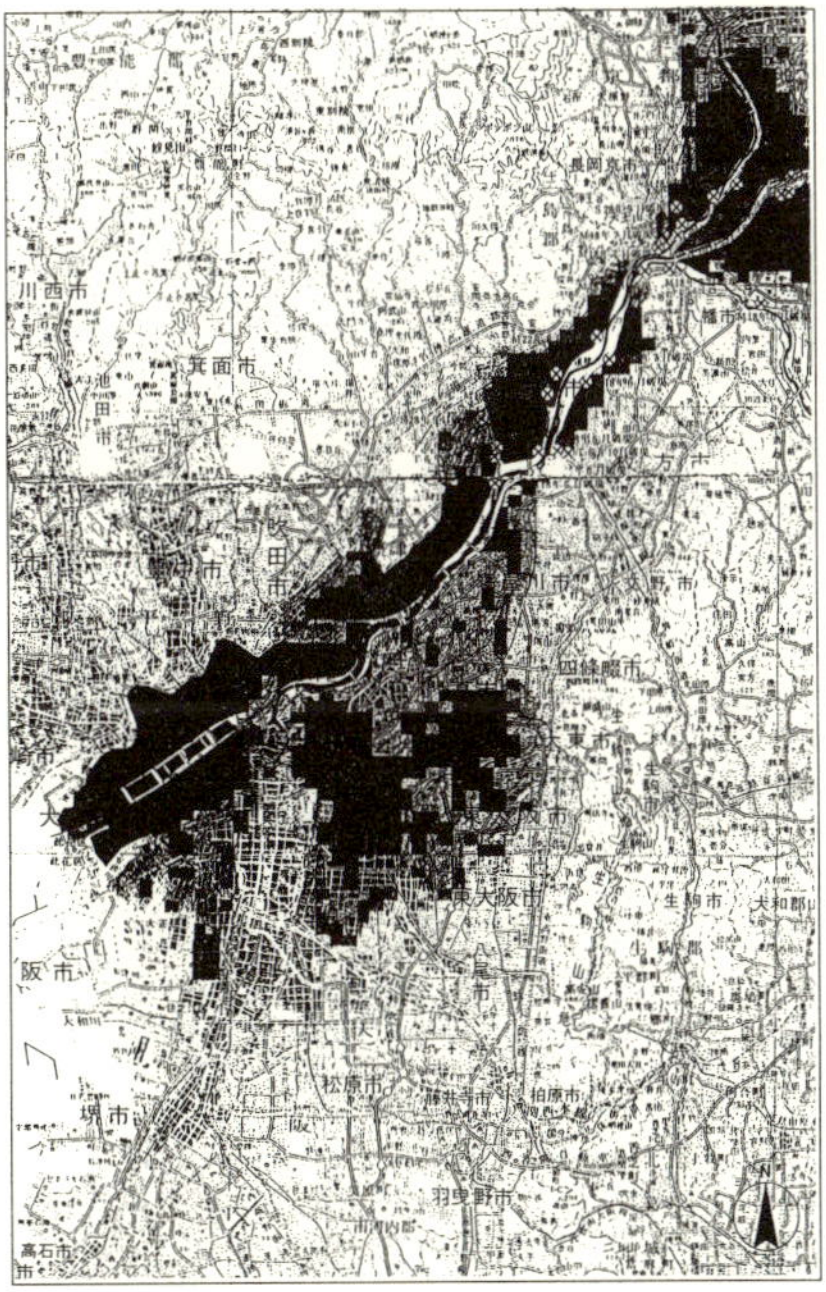

洪水氾濫危険区域内面積		29，000ha
洪水氾濫危険区域内戸数	0．5m 以下	68，000戸
	0．5m ～2．0m 未満	354，000戸
	2．0m 以上	467，000戸
	合　計	889，000戸
洪水氾濫危険区域内人口		2，660，000人

（資料）建設省河川局治水課

図５　世界の年平均陸上気温の平年差の経年変化

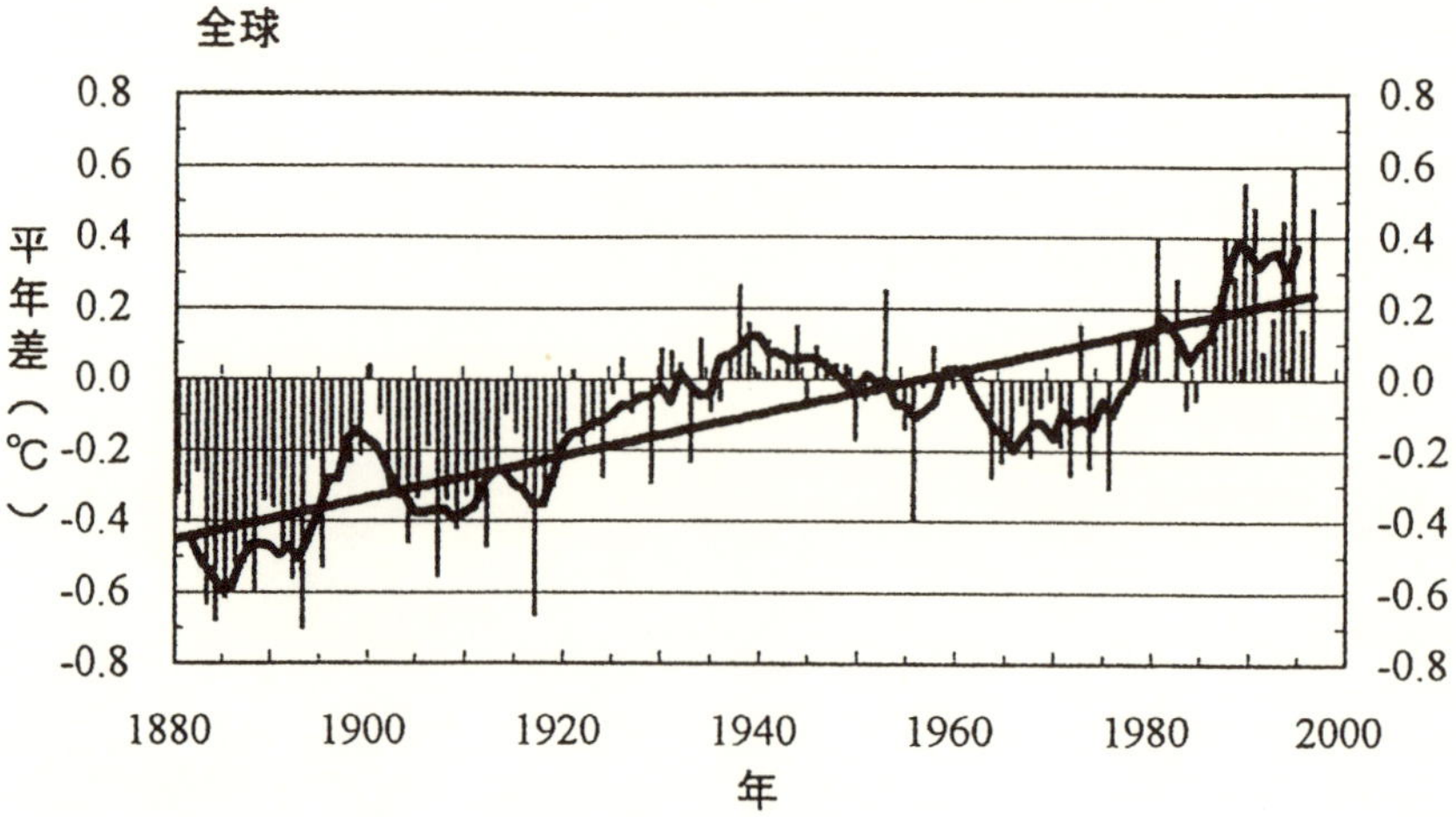

（注）棒グラフは年々の値，実線は５年移動平均値，直線はトレンドを示す一次回帰直線。平年値の期間は1961-90年。
（出所）気象庁の『異常気象レポート'99』による。

図６　日本の年平均気温の平年差の経年変化

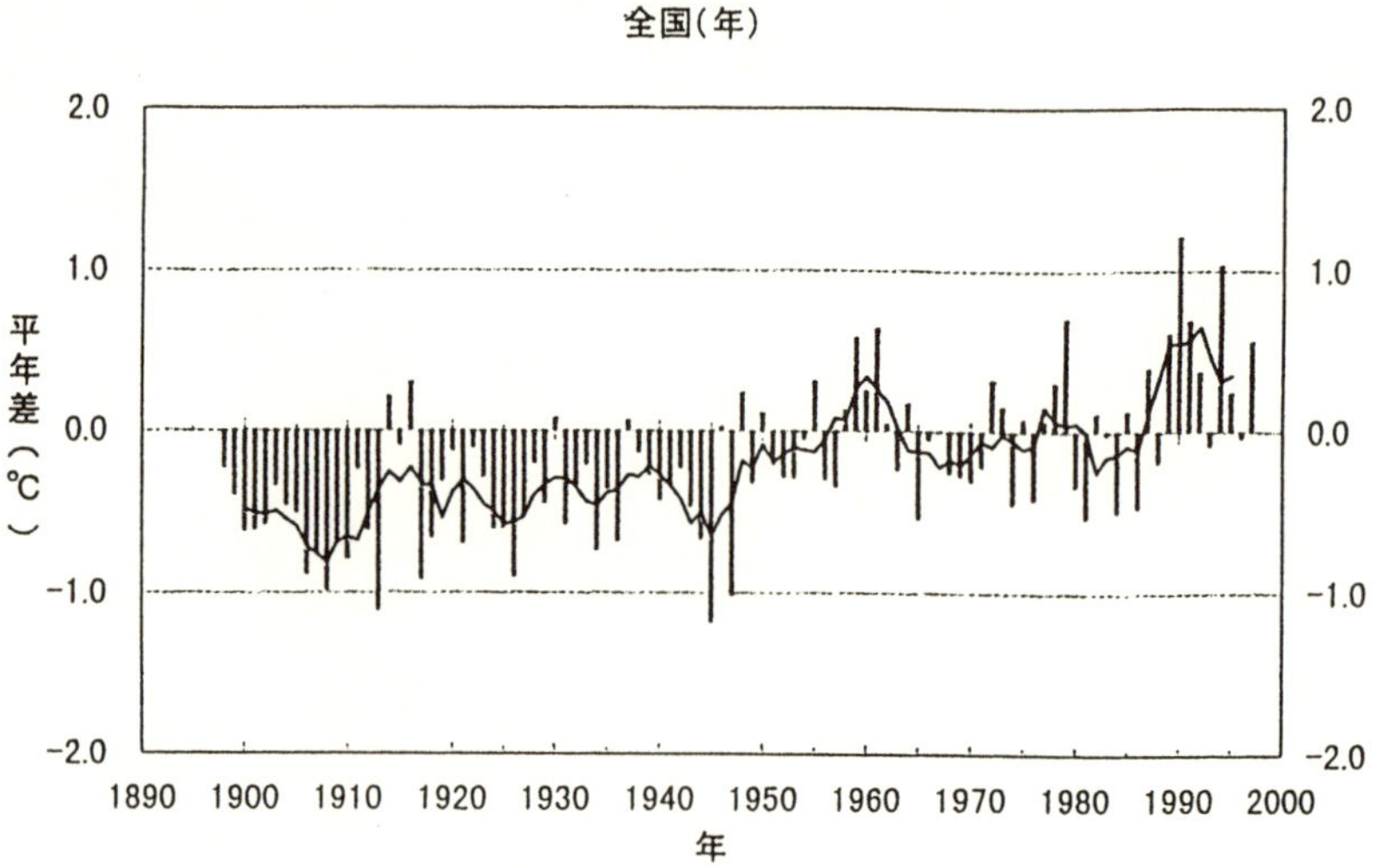

（注）棒グラフは年々の値，実線は５年移動平均値。平年値の期間は1961-90年。
（出所）気象庁の『異常気象レポート'99』による。

一日の最高気温も高いほうから一―三位の現れる回数が増える傾向にあり、九〇年代の出現回数が最も多くなっている。（※図8参照）

また一日の最高気温で三五度以上を記録した年間日数も、九〇年代はそれまでより倍以上増え、約四日となった。都市化の影響の少ない地域でも極端な高温の増加傾向が見られている。当然ながら逆に一日の最低気温の出現回数は、二十世紀を通じて徐々に減少し、九〇年代の出現回数はほとんどゼロになった。降水量は一九八〇年以降は平年値を下回る傾向が強かったが、九八年の降水量は平年と比べ一八％増え、五年ぶりに平年値を上回った。

こうした「異常高温」の原因として、気象庁は（一）九七年春から九八年夏にかけて発生したエルニーニョ現象によって東太平洋の海面水温が上昇し、その影響で大量の熱が大気中に放出され、対流圏全体で気温が高くなった（二）地上気温の平年差には数十年周期の変動が見られ、九〇年代はこの変動の高温期にあたる――と指摘している。

気象庁はエルニーニョ現象と地球温暖化の相関関係については明言していないが、国際赤十字社・赤新月社連盟は『世界災害報告一九九九』で地球温暖化によってエルニーニョ現象の規模が強くなっている可能性を示唆している。

日本に被害を与える台風の発生数は年々、変動が見られる。台風は、北西太平洋や南シナ海などで発生した熱帯低気圧のうち、最大風速一七・二メートルを超すものをいう。気象庁の『日本の異常気象レポート一九九九』によれば、平年の台風の発生数は二七・八個、接近数一一個、上陸数二・八個である。

図７　月平均気温の高い方から１位〜３位の出現数（全国31地点）

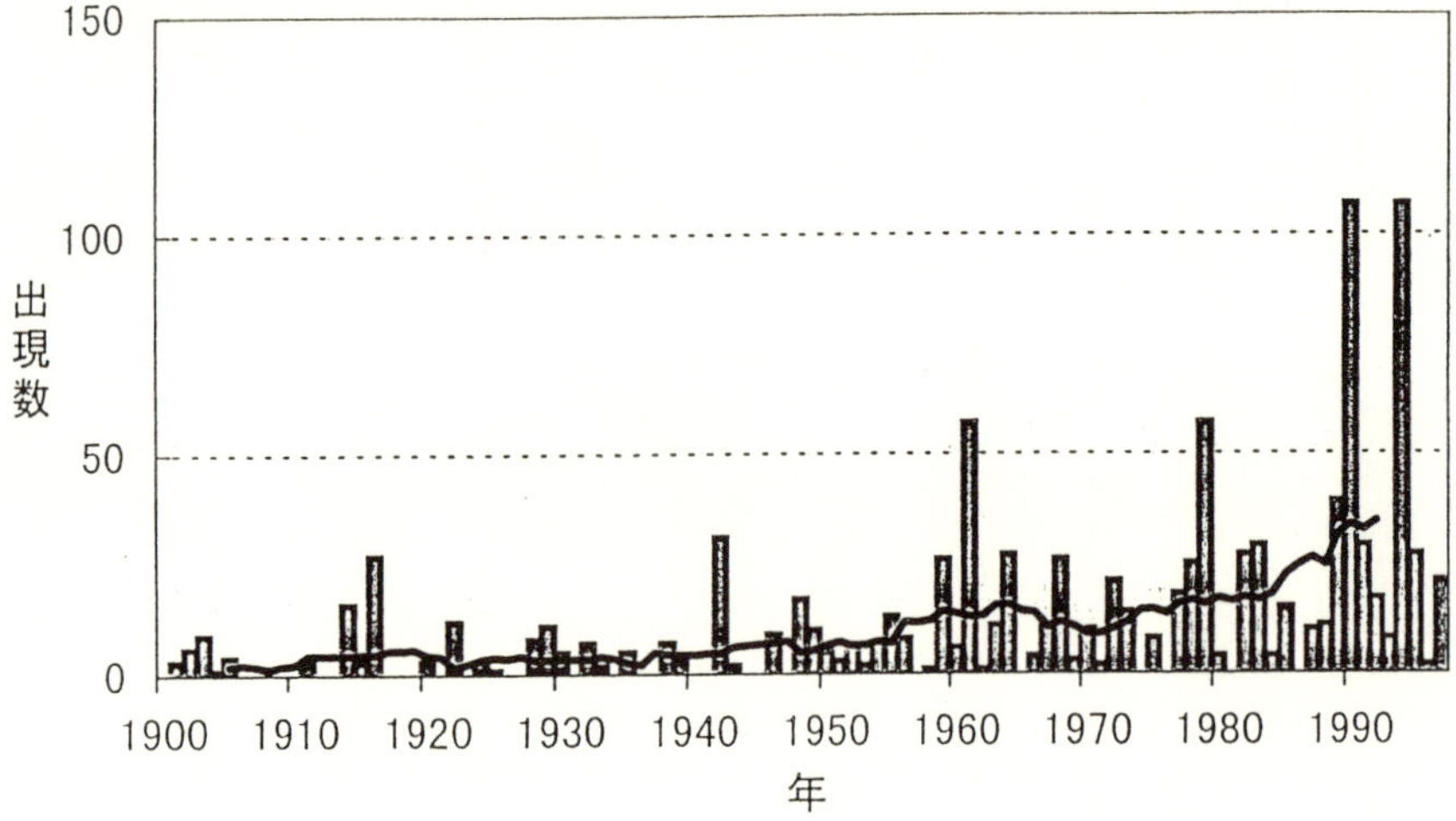

（提供）気象庁

図８　日最高気温の高い方から１位〜３位の出現数（全国31地点）

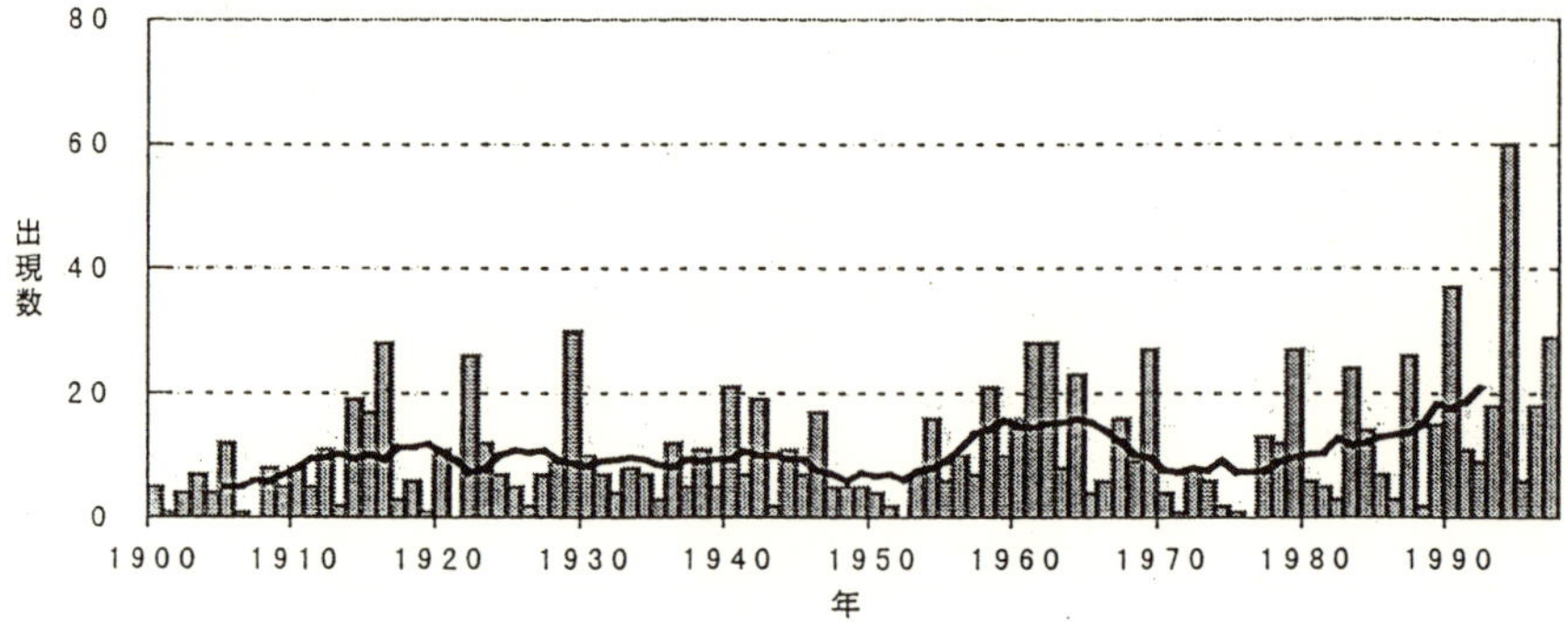

（注）日最高気温の高い方から１位〜３位の出現数の経年変化と11年移動平均（太い折れ線）。
（提供）気象庁

台風の発生数（五年平均）は一九六〇年代半ばに極大、七〇年代半ばに極小だったが、八〇年代に増加に転じ、九〇年代初めの極大期のあと減少に転じている。九八年の台風の発生数は一六個（接近八個、上陸四個）で、発生、接近数とも平年より少なかったが、逆に上陸数は平年より多かった。九九年には台風や熱帯低気圧の発生海域が日本に近い北へ移動したのが目につき、温暖化の兆候とみる専門家も多い。

史上最大級のハリケーン、風速八〇メートルの「ミッチ」が中米を直撃

北大西洋では一九九五年から九八年までの間に史上空前の三三個にのぼるハリケーンが発生した。その頂点を極めたのがハリケーン「ミッチ」だった。

東部太平洋の今世紀最大級のエルニーニョ現象が収まった九八年一〇月に発生したハリケーン「ミッチ」は、中米カリブ海地域を襲った過去約二二〇年間に西半球に襲来したハリケーンの中でも最大の被害をもたらした。国際赤十字社・赤新月社連盟の『世界災害報告一九九九』によると、「ミッチ」の中心気圧は九〇五ヘクトパスカル、最大風速は秒速八〇・六メートルもあった。日本で最大風速（最大瞬間風速ではない）を記録した台風は、一九六五年（昭和四十年）九月の「台風23号」で六九・八メートルである。いかに「ミッチ」が強力なハリケーンだったかが分かろう。

北大西洋全体では九八年、「ミッチ」の前に一〇個のハリケーンが発生した。しかも一〇月二五日には過去一〇〇年間の観測史上初めて四個のハリケーンが発達していた。

「ミッチ」はその一つで、一〇月二二日にカリブ海の南西海域（ジャマイカとパナマの中間）で発生し、一〇月二九日、中米ホンジュラスの北部沿岸に上陸した。そのあと速度を洋上の四分の一に落とし、ゆっくりと南下した。そして、ニカラグア国境近くで逆に向きを北西に変え、エルサルバドル国境沿いを北上し、さらにグアテマラを縦断、メキシコへ向かった。（※図9参照）

ホンジュラスに上陸してからグアテマラへ抜けるまでの四八時間のうちに、広範囲の地域で一〇〇〇ミリから一五〇〇ミリに達する降雨量が記録された。この降雨量はホンジュラスの首都テグシガルパの年間降雨量にほぼ等しい。

死者一万、ホンジュラスでは一〇〇万回以上も地滑りが激発

国際赤十字社・赤新月社連盟は、「ミッチ」による死者は被災国全体で約一万人にのぼったと推計している。そのうち、ホンジュラスの死者が六〇〇〇人、ニカラグアが二八〇〇人を占めている。ホンジュラスの死者は北部のサンタバルバラ、アトランティダ、ソロン県（各一〇〇〇人以上）、南部のコルテカ県（五〇〇人）に集中した。ホンジュラスではさらに約八万人が家を失って難民となり、家屋七万戸が損害を受けた。

ホンジュラスやニカラグアで人命に大損害を出したのは、被災の集中した地域が土壌の露出する地盤の弱い高地で、豪雨により地滑りや土砂崩れが多発したためである。米地質調査所の地滑り研究の専門家エド・ハープ氏は、ホンジュラス国内だけでも一〇〇万回を超す地滑りや土砂崩れが起きたと推定している。

図9　西半球最悪のハリケーン「ミッチ」の進路

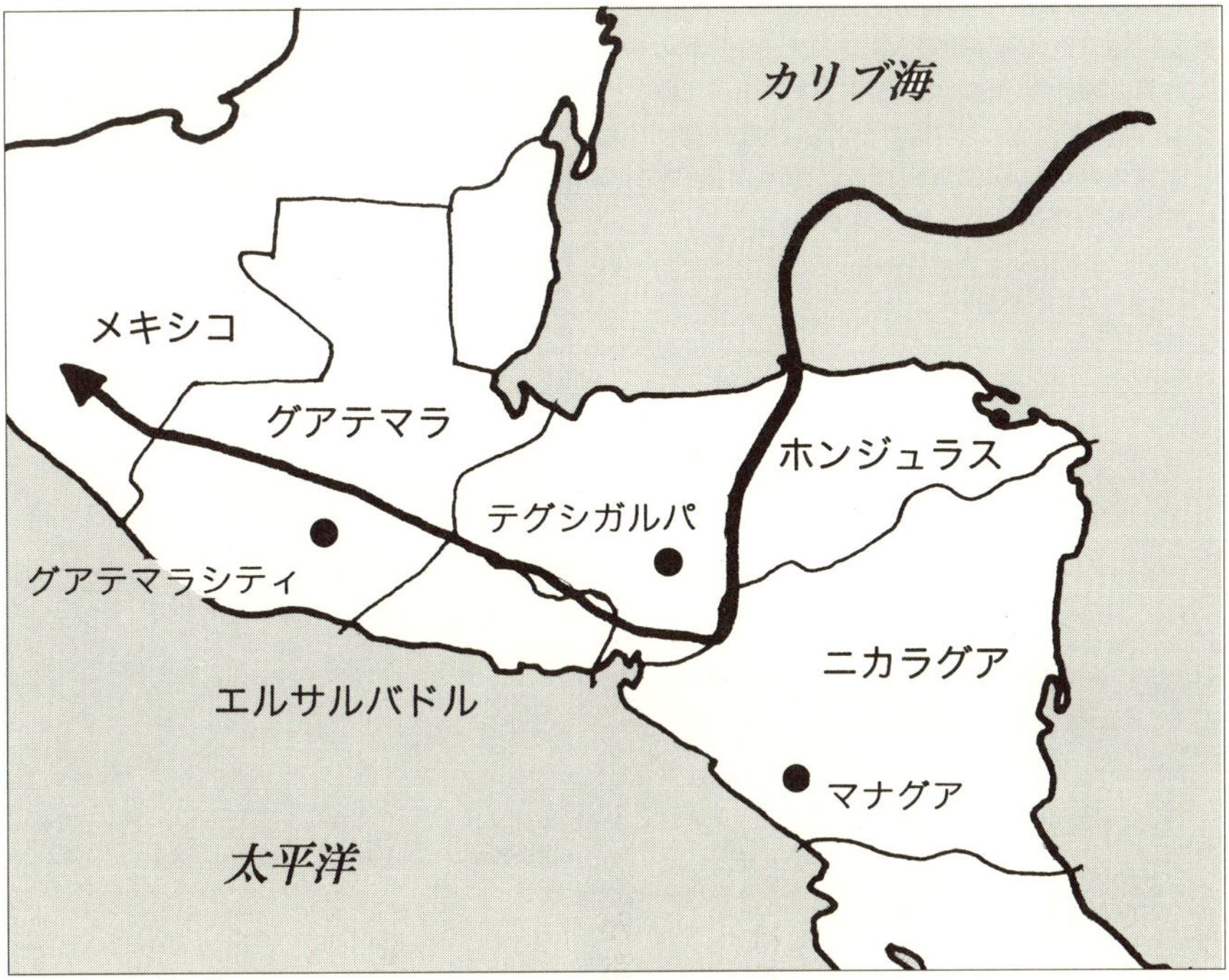

（出所）国際赤十字社・赤新月社連盟の『世界の災害報告1999』から。

ホンジュラスの首都テグシガルパ（人口八一万）の丘陵地帯には貧民街が沢山ある。その一つコロニアソト地区では地滑りによって家屋数百戸が消滅した。また首都の北部地区では洪水で堤防が決壊し多くの人が死んだ。（※図10 a〜c参照）

ニカラグアの火山では最大の地滑り、一一町村を呑み込む

ニカラグア北西部に聳える「ラスカシタス火山」（標高一四〇〇メートル）では、「ミッチ」の襲来で最大の地滑りが起き、火口から一〇キロ下にあったポソルテガ町や一〇カ所の村落を呑み込み、約一四〇〇人の生命を奪った。多くの地滑りは、過去に地滑りのあった地域で再発した。特にホンジュラスでは、こうした

図10　ハリケーン「ミッチ」の被害（ホンジュラス）

▶ａ　流された刑務所の塀の一部。白と茶の分かれ目が浸水した深さを表す。約４ｍと聞いた。（首都テグシガルパ。塔の前の人物は派遣団の松原健太郎氏）。同派遣団は他に末盛友浩，木村成卓の両氏が参加。

◀ｂ　巡回診療で訪れたラス・マンガスという村の奥の流された橋。川の名はカングレハル川。（ホンジュラス北部カリブ海沿いの町ラ・セイバ近郊）

▶ｃ　被災者の生活するビラ・オリンピカの避難所。（首都テグシガルパ）

（撮影・提供）慶応大学医学部・国際医学研究会（ＩＭＡ）第22次南米派遣団。

潜在的に地滑りの起こる可能性のある地域に住んでいる人たちが多いので、人口の急増と共に、再び地滑りに襲われる危険性が高まっている。

中米諸国の損害は五〇億ドル(約五五〇〇億円)に

中米諸国が「ミッチ」によって受けた被害総額について、国連開発計画(UNDP)は約五〇億ドル(五五〇〇億円)と算定している。このうち約七〇%(三六億ドル)がホンジュラスの被害額である(ニカラグアは約一〇億ドル)。

ホンジュラスの被害額は同国の国内総生産(GDP)の実に六〇%に相当する。被害分野別にみると、農業と林業が五〇%、住宅が二五%、残りの多くを道路と通信施設が占めている。イギリス政府の国際開発局の調査によると、ホンジュラスにある橋の六〇%、学校の二五%、さらに農業生産力の五〇%が破壊されてしまった。ホンジュラスはスペインの植民地だったが、この国の農業はほぼ全面的にバナナ栽培に依存する「モノカルチャー」(単一作物栽培)農業なのだ。

森林伐採で「ミッチ」の被害が悪化

地滑りや土砂崩れが多発したのは、土地がまる裸で樹木がないからだ。ホンジュラスの生物学者カルロス・

メドナ元環境相は、人間による森林劣化活動が「ミッチ」の被害を悪化させたと言っている。国際赤十字社・赤新月社連盟の『世界の災害報告一九九九』によると、ホンジュラスの森林面積は一九六〇年には国土の六三%を占めていたが、八〇年に五二%に減り、九八年には三七%と激減している。「ミッチ」が最悪の洪水を引き起こした南部のコルテカ周辺の丘陵地帯は、ここ数年間に森林の伐採でまる裸にされた地域だった。この国の天然林は松の木が中心だが、松の木は根がとても浅いので土壌を固定化しておく力が弱い。地滑りの多くは、根っこのある地層よりはるかに深い地層で起こっている。

国内総生産を上回るホンジュラスの対外債務

ホンジュラスの人口は六三四万人(一九九七年)で、人口密度から見ればまだゆとりがある。しかし、人口の年間増加率は三・一%と世界でも最高の増加率に苦しむ国の一つであり、一九五〇年以来、人口は四倍も激増した。人口の激増は貧困、都市化と結び付き、多くの都市では人々が川岸や丘陵地帯の急斜面に住み、災害を受けやすい状態にある。首都テグシガルパは居住に適さない土地だ。川が貫流する氾濫原の上に建設され、周囲は急な丘陵が取り囲んでいるからだ。

ホンジュラスは発展途上国であり、西半球でハイチに次いで二番目に貧しい国である。ホンジュラスの国内総生産(GDP)は四四億九〇〇〇万ドル(一九九七年)で、うち四〇%は保健、インフラストラクチャー(社会基盤)、緊急などのサービス部門への支出を必要としている。だが「ミッチ」の被災によって、その支出は不可能となった。しかもホンジュラスは、ＧＤＰを上回る対外債務を四五億ドル（約五〇〇〇億円）も抱えた重債務貧困国（ＨＩＰＣ）なのである。

先進国でも、一九九七年に大洪水に見舞われたポーランドでは、洪水後の復旧費用が国内総生産（ＧＤＰ）の約一％に達し、誕生したばかりのぜい弱な政府は巨額の財政負担を負うことになった。この復旧費用は同国の今後二年間の国家予算の二―三％に相当する規模だ。

大西洋のハリケーン多発は地球温暖化の影響

ハリケーン「ミッチ」は、被害の点では一七八〇年一〇月に中米を襲った「ザ・グレート・ハリケーン」（死者二万二〇〇〇人）以来、西半球における最悪のハリケーンだった。ハリケーンの最大風速や中心気圧は、近年の地球温暖化による気候変動で威力が増してきている。「ミッチ」は一〇月二六日にホンジュラスに上陸してから中米諸国を縦断したあと、メキシコからメキシコ湾へ出て勢力を何度も盛り返し、一一日後アメリカのフロリダ半島を通過し、ようやく大西洋へ抜けた。

大西洋側の大型ハリケーンの発生は、太平洋側のエルニーニョ現象のサイクル過程で起こるラニーニャ現象と関連性があると考えられている。エルニーニョ現象では南米ペルー沖の太平洋の海水温度が上昇するのに対し、ラニーニャ現象では逆にこの海域の水温が下がる。九八年六月に二十世紀最大規模のエルニーニョ現象が終息すると、ラニーニャ現象が始まり、上層大気の循環を狂わせ、熱帯のジェット気流の進路を変え、大西洋側のカリブ海でハリケーンを多発させた。

また、ハリケーンの発生と北大西洋の温かいメキシコ湾流など海流との関連性が疑われている。一九九〇年代半ばからメキシコ湾流は過去三〇年間で流れが最も強くなっている。エルニーニョ現象、ラニーニャ現象、上層大気の循環の変化、海流の変化など、これらすべての現象は、海水温度の上昇とかかわりがあり、地球温暖化が関係していると国際赤十字社・赤新月社連盟は推測している。

2　海面上昇による「水没」か、干ばつによる「水戦争」か

一段と早まる世界の気温、海面の上昇の予測

今や地球温暖化は、このように大規模な「気象災害」を引き起こす原因と考えられるようになり、その規模が54555ますます大きくなりつつある。「気象災害」によって死活的な影響を受けるのは、海面すれすれにある「島嶼《しょ》国」である。

「気候変動に関する政府間パネル」（ＩＰＣＣ）の第二次評価報告書（一九九五年）は、二一〇〇年に地球の平均気温が〇・五度から三・五度（中位で二度）、海面が一三センチから一メートル（中位で五〇センチ）

上昇すると予測している。この中位の予測をとって二一〇〇年に気温が二度、海面が五〇センチ上昇するという説が常識化している。しかし、世界的に年々激しさを増す異常気象と「気象災害」の状況から見れば、このような中位の予測程度ではとても収まりそうにないから、島嶼国に住む人たちは一段と危機感をつのらせているのだ。

事実、世界自然保護基金（ＷＷＦ）は九九年一〇月に公表した『日本の気候変動シナリオ』で、世界の気候変動がＩＰＣＣの予測より一段と早まると予測している。このＷＷＦの中位の予測によれば、少なくとも二〇八〇年には世界の気温が二度から二・五度、海面が五三センチから五八センチ上昇してしまう。驚くことは、大気中の二酸化炭素（CO_2）濃度の急増次第で、早ければ二〇五〇年にも気温が二・六度、海面が六八センチ上昇する可能性さえ指摘されていることだ。（※**表４**参照）

現実化した島嶼国の海面上昇、悲痛な国家消滅の叫び

島嶼国は太平洋、インド洋、カリブ海などに点在し、三五カ国が「小島嶼国連合」（ＡＯＳＩＳ）を組織している。一九九八年一一月の「気候変動枠組み条約の第四回締約国会議」（地球温暖化防止ブエノスアイレス会議）で、西太平洋に浮かぶミクロネシア連邦のレオ・Ａ・ファルカム副大統領などが「地球温暖化の対策が早急に講じられない限り、島嶼国は消滅してしまう」と悲痛な訴えを行った。（※第Ⅱ部の発展途上国の発言参照）

島嶼国の陸地の高さは海面から数メートル以下しかない。中部太平洋のキリバスをはじめ、西太平洋のマー

シャル諸島、南太平洋のツバル、トケラウ、ココス諸島、キーリング諸島などは、海面からの高さが三メートル以下しかない。

二十一世紀半ばに水没の島嶼国も。キリバスやモルディブでは既に冠水の被害

国連環境計画（ＵＮＥＰ）は、太平洋の島嶼国の中で海面の上昇にいちばんぜい弱な国としてキリバス、マーシャル諸島、ツバル、トケラウを挙げている。国連環境計画は、予測された海面上昇が起これば、これらの島嶼国は荒廃し、消滅に追い込まれるだろうと結論づけている。国際赤十字社・赤新月社連盟は、この時期が早ければ二十一世紀の半ばにも到来する可能性があると指摘しているから、事態の深刻さが理解でき

表４　世界の気候変動シナリオ

シナリオ	CO_2濃度(ppm)	気温(摂氏)	海面上昇(センチ)
2020年代			
Ｂ１―低	421	0.6	7
Ｂ２―中	429	0.9	20
Ａ１―中	448	1.0	21
Ａ２―高	440	1.4	38
2050年代			
Ｂ１―低	479	0.9	13
Ｂ２―中	492	1.5	36
Ａ１―中	555	1.8	39
Ａ２―高	559	2.6	68
2080年代			
Ｂ１―低	532	1.2	19
Ｂ２―中	561	2.0	53
Ａ１―中	646	2.3	58
Ａ２―高	721	3.9	104

(注)ppmは体積比率で100万分の1。1999年のCO_2濃度は370ppm。このシナリオは，CO_2排出量4%減少（シナリオＢ１）から32%上昇(同Ａ２)の４シナリオ。
(資料)世界自然保護基金の『日本の気候変動シナリオ』による。

よう。

中部太平洋に浮かぶキリバス(人口八万二〇〇〇)は、サンゴ礁を中心とした三六の島から成る。その島々は海面からわずか一メートルとすれすれな上に、幅が数メートル、長さが数キロ程度しかないので、海水の浸食を受けやすく、すでに道路や建物、村落が破壊され始めている。(※第Ⅱ部の途上国の主張参照)

西太平洋に浮かぶマーシャル諸島の首都マジュロ(人口一万三〇〇〇)のある同名のマジュロ環礁の八〇%は、海面上昇により消滅する可能性がある。同諸島のトーマス・キジナー元外相は一九九四年の国連島嶼国会議で、海面の上昇によってマーシャル諸島は原爆と同じように効果的に消滅できると発言している。太平洋の西サモアでは、サイクロンの襲来は平均一世紀に一個程度だったが、一九八〇年代末から九〇年代初めの四年間に三個もの猛烈なサイクロンの襲来を受けた。

全部で一一九〇に及ぶサンゴ礁の島々で構成されるインド洋のモルディブは、海面から二―四メートル顔を出している。だが、島民二七万人のほとんどは二メートル以下の島に住んでおり、首都マレ(人口六万三〇〇〇)の空港の滑走路はすでに高潮の被害を受け始めている。

島嶼国の多くは古いサンゴ礁の上に建設され、周囲の新しく生長したサンゴが防波堤の役割も果たしている。サンゴ礁は何百年、何千年という長い年月をかけてサンゴが海面まで積み重なって出来た地形だ。サンゴは動物であり、サンゴの透き通ったポリプという生物の体内に褐色藻が共生し、この藻がすみかを提供してもらう代わりに炭酸同化作用を通じて海水の二酸化炭素(CO_2)を吸収し、石灰質のサンゴの骨格を作っているのだ。サンゴは温かい海面温度を好むが、地球温暖化が急速に悪化して海面温度が二九度以上になれば、サンゴは生きて行けない。サンゴの死を意味する「白色化現象」が最近二〇年間拡大し続けている。すでに人間の手によって五―一〇％のサンゴ礁が消滅しており、今後二〇―四〇年間にさらに六〇％のサンゴが死滅する可能性がある。

キリバスの首都は全島移住計画が緊急課題に

そんな事態が来ないうちに、多くの島嶼国は地球温暖化がもたらす一層激しい暴風雨や高潮をもろに頭から被り、ますます護岸が浸食を受けるようになるだろう。また、降雨によって地表の浅い砂の層にたまった真水の層に海水がしみ込むので、こうした真水を飲み水として利用している島には、人間が住めなくなる可能性が大きい。このような島嶼国として、カリブ海のバルバドス（人口二六万五〇〇〇）、アンティグアバーブーダ（人口七万）、バハマ（人口二九万）などが挙げられている。

日本では一九八六年に伊豆・大島が大噴火したとき、全島民が一時島の外へ避難したことをまだ記憶にとどめている人もいるかもしれない。差し迫る地球温暖化の海面上昇によって、島嶼国の人々の唯一の生き残り策として現在、全島民、あるいは国家全体の避難計画が検討され始めている。この避難計画を実行する際の最大の問題は、数年間で島民が新たな生活を出来る場所を確保することだ。つまり緊急に難民キャンプを設営し、失われた生活を保証することが出来るかどうかにかかっている。南太平洋環境研究所連合が作成した国連環境計画の研究は、一部の島嶼国の当局者に対し厳しい警告を発している。例えば、キリバスの首都バイリキのあるタラワ環礁では、しかるべき当局が即時再定住計画を作成するよう勧告を受けているという から穏やかではないのだ。

人類の半分が住む沿岸地帯を海面上昇が直撃

しかし、世界の沿岸地域では早くも気候変動の容赦のない影響をすでに受け始めている。世界の人口は一九九九年九月に六〇億人を突破した。沿岸地域は世界の陸地のごく一部を占めているに過ぎないが、国際赤十字社・赤新月社連盟によると、世界の人口の約半数にあたる三〇億人がこの地域に住んでいる。しかも沿岸地域には、大都市圏や土地のいちばん肥沃な農業地帯が集中している。世界で最も大きな一五都市圏のうち一三はこの沿岸地域にあり、しかも沿岸地域の人口は世界平均の二倍の速度で増加している。

地球温暖化に伴う海面の上昇により、過去一〇〇年以上の間に世界の海面が約二〇センチ上昇した結果、世界では毎年、三〇〇万人が洪水によって家を失っている。その多くが沿岸地域の居住者であり、また沿岸地域では一〇〇〇万人が絶えず洪水の危険にさらされ、別に四六〇〇万人が暴風雨による高潮の被害を受けている。

気象を研究する科学者たち（前記の世界自然保護基金とは別）は、海面の上昇が今後加速され、二〇八〇年までに四四センチ上昇すると予測している。しかし、グリーンランドや南極の大氷床が予測より早く融解するようなことになれば、海面上昇は倍加する可能性がある。すでに多くの地域で海流の変化や地盤の自然沈降によって、世界の平均より数倍も高い海面上昇に直面している。

洪水の発生度は一〇倍に、阻止は不可能

イギリス気象庁所轄のハドレー・センターとオランダのデルフ水力学研究所は、世界で洪水の発生する危険度が二〇八〇年までに実に一〇倍も高くなり、多くの地域で一年に一回以上洪水に見舞われると予測している。この研究は、「気候変動に関する政府間パネル（ＩＰＣＣ）」の海面上昇予測を、沿岸地域の人口増加と沿岸防護の拡充対策と関連づけて、その影響を初めて評価した研究である。こうした過程を食い止めることは不可能だ、と国際赤十字社・赤新月社連盟は極めて悲観的な見方をしている。大気気温の高温化によって海面だけが温まった結果、海水の中層から深層への長期的な循環作用が、ほとんど起こらなくなった。ハドレー研究所が、海洋物理学の標準モデルを用いて行った予測によれば、気候変動をいま直ちに阻止することが出来たとしても、海面温度の上昇は徐々に深海へ広がっていくので、少なくとも今後五〇〇年は海面が上昇し続けるというのだ。

海面の上昇は先進国、発展途上国を問わず一様に脅威を及ぼすことになろう。こうした危険な大都市としては、日本の東京、大阪をはじめ、中国の上海、香港、天津、ジャカルタ（インドネシア）、バンコク（タイ）、シドニー（豪州）、ラゴス（ナイジェリア）、アレキサンドリア（エジプト）、レシフェ（ブラジル）、サンクト・ペテルスブルク（ロシア）、ハンブルク（ドイツ）、ベニス（イタリア）の一四都市が挙げられてい

る。（※図11参照）

大都市防護の堤防、天文学的な財政負担

これらほとんどの大都市は堤防を高くしたり防壁や防柵を建設して、海面上昇に備えなければならない。この建設費は天文学的な巨額にのぼる。まして人口過密の農村地域を海面上昇から守るには、ほとんどの国の財政負担能力を超えている。インド洋上に浮かぶ島嶼国のモルディブでは、いまでも沿岸一メートル当たり一万三〇〇〇ドル（約一四〇万円）にのぼる防護費を投じている。今後、海面が五〇センチ上昇するだけでも、小国のオランダでは防護費用として実に三兆五〇〇〇億ドル（約三八五兆円）が必要となる。

いちばん大きな脅威を受けるのは、河川のデルタ地帯と低地の島嶼国だ。五〇センチの海面上昇で人口三〇〇〇万の長江のデルタ地帯を抱える中国東部の沿岸地域は洪水に見舞われる恐れがある。ブラマブトラ川とガンジス川の広大なデルタ地帯に挟まれたバングラデシュでは、上流からの泥土が運ばれ新たな土地が形成されない限り、大部分の土地が失われることになるだろう。エジプトのナイル川のデルタ地帯では、海面の上昇による洪水で七〇〇万人が家を失い、同国の耕地の一二％が消失すると見られている。ナイル川の上流にアスワンハイ・ダムが建設されて以来、下流へ沈殿物がほとんど運ばれて来ないので、デルタ地帯が地盤沈下し、地中海に浸食され始めている。

またパキスタン、ベトナム、モザンビークの河川のデルタ地帯には、多くの住民が住んでおり、アフリカ

図11　海面上昇や高潮の被害が予測される世界の大都市，島嶼国，沿岸地帯

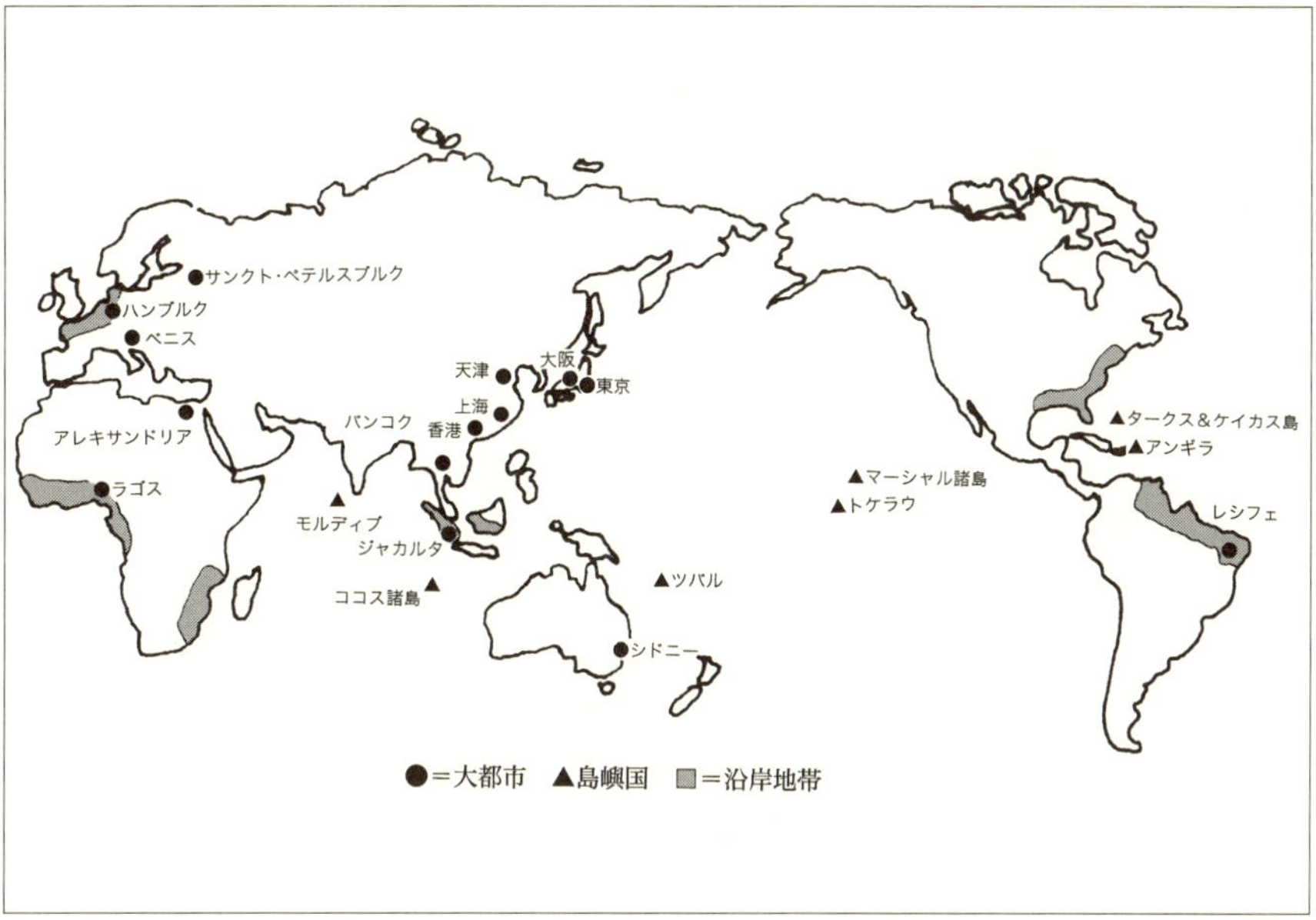

（資料）国際赤十字社・赤新月社連盟の『世界災害報告1999』による。

の西海岸にあるセネガル、ガンビア、シエラレオネ、ナイジェリア、カメルーン、ガボンでも、低地の沿岸地域に多くの大都市が存在している。地球温暖化に伴う海面上昇は世界の多くの国の経済を破壊しかねないのだ。

途上国の干ばつや飢えは一層深刻に

このように水害に苦しむ国がある反面、地球温暖化の引き起こす気候変動は、逆に多くの途上国を破滅的な干ばつと飢餓状態に追い込みつつある。大陸の内陸部では水分の蒸発率が上昇して砂漠が拡大し、砂漠の端にある河川が干上がり、不作を招いている。アフリカのサハラ砂漠以南をはじめ、アジアの南部、東部、南東部、中南米の熱帯地域、太平洋の島嶼国などでは食糧不足と飢えの危険性が高

まっている。英オックスフォード大学環境変化研究学部は、アフリカの貧困層にとって最も大切な穀物であるキビの収穫量が三分の二に低下する可能性があるという。サハラ砂漠以南地域からエチオピア、ジンバブエに至るアフリカの草原地帯は、過去二五年間、大干ばつと飢餓に見舞われている。今後ますます干ばつが進み、砂漠化が悪化すると見られている。中南米でも同じような脅威に直面しており、大草原地帯の穀物や家畜の生産量が激減し、特に小麦生産量が五~五〇％程度減収となるという予測さえ出ている。

国際河川の水量激減で水戦争の多発も

乾燥地域で降雨量が減れば、すでに過剰くみ上げが深刻化している地下水の貯蔵量に打撃を与える。国際赤十字社・赤新月社連盟は、現在の気候モデルに基づく専門家の予測として、大気中の二酸化炭素（CO_2）の濃度が現在の二倍に増え（温暖化が悪化すれば）、世界の乾燥地域を流れる河川の水量が激減する、と指摘している。例えば、パキスタンの世界最大の灌漑システムに水を供給しているインダス川の水量は実に四三％も減少する。また西アフリカの五カ国に水を供給しているニジェール川の水量は三一％、さらにエジプトとスーダンの生命源となっているナイル川の流量は一一％少なくなるという。このように国際河川の水量が激減すれば、下流に位置する諸国の不満が高まり、水利権を確保するための水戦争が勃発する危険性が高まる、と国際赤十字社・赤新月社連盟は指摘している。国連環境計画が、二十一世紀に地球温暖化と並行して、世界の水不足問題が深刻になると警鐘を鳴らしていることを忘れてはならない。

第Ⅰ部　「新・南北問題」とは何か

1　旧来の南北問題の構図

「自然災害」の損害保険は先進国に恩恵、途上国にはいまだに無駄なぜい沢

地球温暖化が進み、二十世紀末には大規模な経済的損害をもたらす「気象災害」が増えた。序論の1で触れたように、世界が一九九八年に地震、火山噴火などを含む、すべての「自然災害」から受けた経済的な損害額は、九三一億ドル（約一〇兆二四五〇億円）に達した。それまでの過去一〇年の年間平均損害額は六二一億ドルだったから、九八年はその額を三四％も上回っているのだ。

しかも一九九〇年代の大規模な「自然災害」の発生件数は、六〇年代と比べ三倍に、また世界の経済的な

損害額は九倍にそれぞれ急増している。しかし、「自然災害」の人的な損害のほうは、九八年の被災者が一億二六八〇万人、死者が五万九三〇〇人だったのに対し、被災者はそれまでの過去一〇年間の年間平均一億七一四〇万人と比べるとかなり減り、死者も二六〇〇人微増した程度だった。（国際赤十字社・赤新月社連盟の『世界の災害報告一九九九』）

世界の「自然災害」の損害保険は一六%余りしか支払われていない

日本では一九九五年（平成七年）一月に六四三二人の死者を出した阪神大震災（神戸・淡路大地震）のあと、地震保険への関心が高まり始めたが、世界でも「自然災害」に対し、損害保険が掛けられている。しかし、すべての損害額に保険金が支払われるわけではない。九八年の場合、全「自然災害」の損害額のうち、一六・四%（約一五四億ドル＝一兆七〇〇〇億円）に保険金が支払われたに過ぎないのだ。この内訳を見ると、「気象災害」が九一%（約一四〇億ドル）を占め、地震が一%（一億ドル）、その他が八%（一三億ドル）となっている。「気象災害」のうち、暴風が八〇%、洪水が一一%を占めている。（※図1 - 1参照）

意外なのは、損害保険について先進国と途上国との間の経済的な補償の〝格差〟が余りにも大きいということである。

カリブ海地域一帯は、一九九二年に相次いで壊滅的なハリケーンに襲われ、損害保険会社が支払った保険金は総額約二二〇億ドル（約二兆四二〇〇億円）に達した。この年はハリケーン「アンドルー」だけで損害

図1－1　世界の自然災害の保険支払額（1998年）

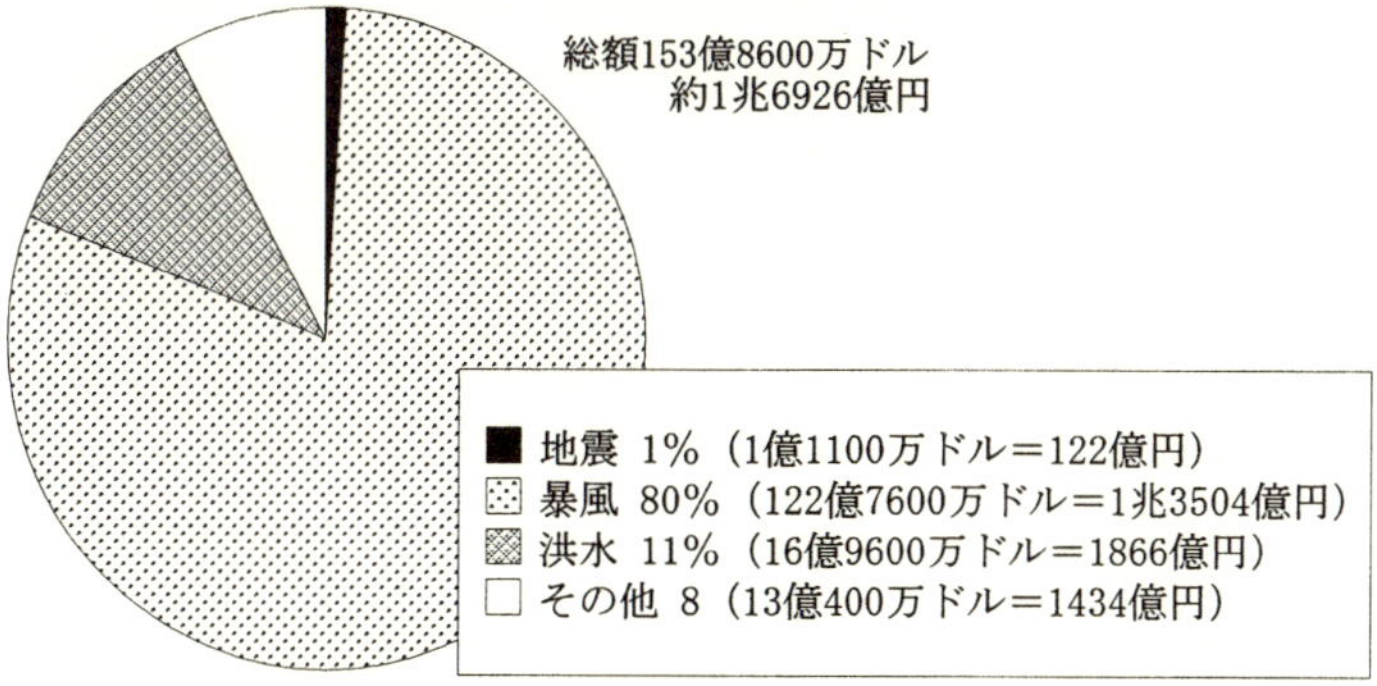

（出所）国際赤十字社・赤新月社連盟『世界災害報告1999』による。

保険金が七三%（一六〇億ドル）を占めている。中でもアメリカは「アンドルー」の直撃を免れたものの、同国の「自然災害」史上、最大の損害を受け、産業界の積立金のうち一〇分の一を失ったとされる。この年のハリケーンによって巨額の損害保険金を支払わなければならなかったことが、世界最大のイギリスの保険組織「ロイズ保険協会」が九〇年代初め、経営破たんを招く大きな原因の一つとなったのである。

甚大なハリケーン被害で損害保険の対象地域から除外されたカリブ海諸国

九二年にこうした一連のハリケーンによる影響をまともに受けた結果、世界の多くの保険会社は、カリブ海地域の損害保険を引き受けることを拒否する事態に至った。このため、九八年九月にハリケーン「ジョージ」が同地域一帯を襲った際には、多くの地域が保険の対象地域から除外されており、保険による財政的な支援が受けられなかった、と国際赤十字社・赤新月社連盟は指摘している。

「気象災害」による経済的な損害は年々、巨額化する一方であり、民間の損害保険会社だけではすでに手に負えなくなっている。とくに洪水の損害は巨額にのぼるので、洪水保険が適用されているほとんどすべての国で、民間と行政側が一体となって協定を結んで対処し始めている。

アメリカでさえ、民間の洪水保険は、官民の保険業者（機関）が加入する「全米洪水保険計画」の下に資金をプールし、運営されている。この制度は一九九三年、ミシシッピ川で大洪水が発生した際に活用された。ミシシッピ川は同年春と夏の大雨によって氾濫し、五万四〇〇〇人が被災し、二〇〇億ドル（約二兆二〇〇〇億円）に及ぶ経済的な損害を出した。この川の平野部の堤防は、民間企業と米エンジニア公社など政府機関によって建設されている。政府機関の築いた堤防は一〇〇年に一度の洪水に耐えられるように設計されているが、九三年にミシシッピ川が大氾濫した際には、民間企業が建設した堤防の約八〇％が決壊してしまったのだ。

洪水保険については、スペインでもアメリカに似た方式がとられている。

一九九八年は、史上まれに見るほど洪水が多い年だったが、今後さらに地球温暖化が進めば、世界各地で暴風がもっと多発し、洪水や干ばつによる自然火災の発生回数が激増するようになる、と大方の気象学者たちの見方は一致している。そうなれば、必然的に保険金の支払い請求が増大するから、損害保険会社は気候変動に対し世界的な行動を取るよう訴えている。

中国の黄河・長江の洪水の保険補償は三％余り

「アメリカ再保険協会」のフランクリン・ナッター会長は、一九九五年に、保険会社は最初に気候変動の影響を受けた被害者であり、気候変動は保険業界を破産に追い込む可能性があると警告し、地球温暖化を含む地球環境問題に対処するため、国連環境計画（ＵＮＥＰ）と協力する方針を打ち出した。また同協会は九七年に、地域的な暴風や水循環の過程で起こるどんな小さな変化でも資産の損害増大を招く可能性があり、人間の健康（とりわけ疾病の拡大）が保険や福祉産業に影響を与えるかもしれないと警鐘を鳴らしている。

しかしながら現実には、世界の損害保険会社の関心は専ら豊かな先進国に向けられているのが実情だ。

例えば、九八年五月から九月にかけて、中国の黄河と長江が氾濫した時には、推定三〇〇億ドル（約三兆三〇〇〇億円）にのぼる経済的な損害を出したが、このうち保険で損害が補償されたのはわずか三・三％（一〇億ドル）に過ぎなかったのである。

また九八年一〇月に中米カリブ海諸国を襲ったハリケーン「ミッチ」の経済的損害（国連開発計画は五〇億ドルと推定）について、ミュンヘン再保険会社はもっと多額の七〇億ドルと見積もり、そのうちわずか二％（一億五〇〇〇万ドル）しか保険金が支払われていないとしている。

豊かな先進国の世界に住む人々にとっては、損害保険は災害に備える重要な対策となるが、貧しい途上国の世界に住む多くの人々にとっては、掛ける保険金が無いのだから、損害保険などはしょせん無駄な贅沢に過ぎないのである。

国際的な援助機関は、損害保険会社と提携し、貧しい途上国の大災害を予測したり、それらに対処する戦略計画を立案すると同時に、地球温暖化を減じ、その影響を緩和するため、適時に措置を講じるよう各国政府に働き掛けることが急務となっている。

国際赤十字社・赤新月社連盟は、世界の人道的な機関に対し、各国の保険業界や政府に働き掛け、「自然災害」によって最も過酷な被害を受けている途上国の貧しい人たちがもっと損害保険による補償を受けられるようにすべきだ、と訴えている。「気象災害」をはじめ「自然災害」は、途上国の中でも最も貧しい途上国にいちばん過酷な打撃を与える。これらの最貧国の人々は洪水の発生しやすい不毛の土地に住んでいるからだ。

露呈し始めた新しい「南北問題」の構図

世界が二十世紀後半に取り組んだ大きな課題は、一九六〇年代から「国連開発の一〇年」として国連が一〇年ごとに四次にわたって理想を掲げてきたように、豊かな先進国（北）が貧しい発展途上国（南）を助け、南北の経済格差を緩和することだったはずだ。しかし二十世紀末になっても、この格差は縮まるどころか、逆に多くの途上国では貧困がつのり、南北の経済格差は広がるばかりだ。

いわゆる「南北問題」は、今までは先進国が途上国に対し経済援助や技術移転をして、途上国の経済開発を促せば解決が可能だと考えられてきた。しかし、二十世紀末になって、こうした政治経済の力学関係に基づくステレオタイプ的な考え方に対し、完全に赤信号がともったと言えよう。途上国で「自然災害」の九〇％（死者の九六％）が発生し、途上国の疲弊が一層ひどくなったからだ。序論で述べたように、「自然災害」のうち大半を占めるのが「気象災害」であるが、この「気象災害」は全地球規模で進行する地球温暖化の引き起こす気候変動によって世界中で多発するようになった。

二十一世紀には地球温暖化が一段と悪化し、二〇二五年には途上国の人口の六〇％が「気象災害」の被害を受け、貧困がさらに深刻化しそうなのだ。しかも、この地球温暖化を加速させているのが、先進国が一貫して追求してきた化石燃料を浪費する工業化文明であるにもかかわらず、先進国に追いつこうと、ひたすら開発路線を突っ走る中国、インドなど多くの途上国が化石燃料の消費量削減にたやすく応じる兆候は見られない。

しかし、地球温暖化の責任を先進国と途上国が互いになすり合って綱引きをしているすきに、大気中の二酸化炭素（CO^2）の濃度が着実に上昇し続け、温暖化を進行させ「気象災害」の被害をますます大きくさせているのだから、何とも皮肉である。

世界の政治経済の力学関係を超越し、まるでブーメラン効果のように、全地球規模で先進国、途上国を問わず全人類へ共通に襲いかかってくる地球温暖化は、人類の生存のあり方そのものに変革を迫っている。従来の「南北問題」の構図は根底から問い直しを迫られ、色あせてしまうに違いない。

途上国の経済成長率の上昇を目指した「国連開発の一〇年」の破たん

これまでの「南北問題」は、一九四五年（昭和二十年）の第二次世界大戦の終結後に激化したアメリカと旧ソ連の勢力争いによる「東西対立」の〝対軸〟として生まれた。旧植民地諸国や旧属領は、一九五〇年代に相次いで独立して国連に加盟し、途上国グループとして結束して先進国側と政治・経済交渉に臨む地位を確保したのである。

しかし当時、途上国は東西両陣営の草刈り場でもあり、東側に対抗して西側は彼らを自陣営に取り込む必要があった。こうした深謀遠慮を背景に、ケネディ米大統領の発案によって、一九六一年の第一六回国連総会で六〇年代を「国連開発の一〇年」とする目標が決まり、途上国全体の経済成長率を年間平均五％まで引き上げることになった。

このケネディ大統領の提案はさらに第二次、第三次、第四次の「国連開発の一〇年」へと引き継がれ、その後の南北交渉の方向を決定づけることになった。しかし、第一次から第三次までの「国連開発の一〇年」の目標は、ＧＮＰの成長率を一〇年ごとに数量的に引き上げることが中心となり、先進国と途上国の経済格差の解消には役立たなかった。

それでも一九六〇年代の一〇年間には途上国の開発問題に取り組む国連の機構作りが進んだ。また西側諸国による経済協力開発機構（ＯＥＣＤ）も設立され、途上国への援助を扱う「開発援助委員会（ＤＡＣ）」が

ＯＥＣＤ内に設けられた。

六〇年代の途上国の年間平均成長率は目標を〇・三ポイント上回った。だが、一人当たりのＧＮＰの年間平均成長率は先進国と比べ一ポイントも低い二・七％にとどまり、南北の経済格差は逆に拡大してしまったのである。

このような状態では途上国の発展はとても望めないと、貿易と援助を中心とした六〇年代の南北問題の取り組み方に対し、途上国の間で不満が高まった。彼らは、世界の現行の経済体制は途上国が独立する以前の植民地時代に、先進国が築き上げた途上国に受け入れ難い体制だと非難し、経済体制の構造改革を主張した。一九七〇年代の南北問題は政治イデオロギー問題へと一変してしまった。途上国のＧＮＰの年間平均成長率の目標は一段と高くなり、七〇年の第二五回国連総会で採択された第二次「国連開発の一〇年」では、ＧＮＰの年間平均成長率は六％（一人当たりは三・五％）とすることになった。

「資源ナショナリズム」の台頭と「新国際経済秩序」の挫折

東西冷戦時代の緩衝役として六〇年代に重要な役割を果たしてきた非同盟諸国会議は、七三年の第四回首脳会議で「経済宣言」を採択し、「資源ナショナリズム」の姿勢を鮮明にし、先進国を中心とした経済体制の構造改革を迫った。

折から同年、イスラエルとアラブ諸国の間で勃発した第四次中東戦争を契機に、石油輸出国機構（ＯＰＥ

Ｃ）は原油の禁輸と価格の四倍引き上げを強行し、世界に第一次「石油危機」の衝撃をもたらした。第一次石油危機は、産油国が一次産品である石油を「武器」として発動できることを示したもので、一次産品国の非同盟諸国を勢いづけた。七四年の第六回国連経済特別総会は、非同盟とＯＰＥＣの急進派諸国の主導する「資源総会」となり、「新国際経済秩序（ＮＩＥＯ）宣言」が採択された。この新国際経済秩序は、途上国の貿易問題を扱う国連貿易開発会議（ＵＮＣＴＡＤ）など、国連のその後の南北交渉を左右する途上国の指導原理となった。

さらに第五次中東戦争の翌七九年、「石油武器」が再発動され、第二次「石油危機」が起こった。第一次、第二次石油危機は、確かにＯＰＥＣにとっては資源ナショナリズムを鼓吹し、先進国に打撃を与えた。だが、途上国も石油価格の高騰と超インフレのダブルパンチに見舞われ、途上国同士でも産油国と非産油国の発展の格差、分極化を招き、生産者同盟の成果を挙げることはできなかった。その結果、途上国全体が七〇年代の第二次「国連開発の一〇年」で達成したＧＮＰの年間平均成長率も、当初の目標を〇・三ポイント（一人当たりは〇・四％）も下回ってしまったのである。

「失われた一〇年」と累積債務問題の噴出

それにもかかわらず、一九八〇年代の「国連開発の一〇年」では、途上国のＧＮＰの年間平均成長率は七％（一人当たりは四・五％）と一段と高めの目標が設定されたのである。新国際経済秩序を実現するため、

ＯＰＥＣを中心とする途上国グループ「Ｇ77」は七九年、一次産品、エネルギー、貿易、開発および通貨・金融の五問題を一括して国連総会の場で交渉しようという国連南北包括交渉（ＧＮ）を提案した。しかし西側先進国は、通貨・金融問題は世界経済の安定した発展を金融面からはかる国際通貨基金（ＩＭＦ）、世界銀行など、問題によって国連の専門機関に任せるべきだと反対し、八三年までの足かけ四年半に及ぶ議論の末、このＧＮ提案はつぶれてしまった。

相次ぐ石油危機の後遺症からこの時期、先進国は経済停滞期に直面し、南北問題へ積極的に対応する余裕を失った。また石油は供給過剰状態に陥り、ＯＰＥＣの発言権が弱まり、南北問題は進展が見られなかった。途上国の資源ナショナリズムの要求は求心力を失い、その勢いが衰えた。他方で途上国の抱える累積債務問題が深刻化し、なかでもアフリカなど後発開発途上国（ＬＬＤＣ）の地盤沈下が激しくなった。第三次「国連開発の一〇年」のＧＮＰ成長率目標を達成した途上国は、アジアの新興工業国・地域群（ＮＩＥＳ）など一部の途上国に過ぎないという結果に終わった。

こうして一九八〇年代は、Ｇ77が名付けたように「失われた一〇年」となった。その反省の意味もあり、一九九〇年代の「国連開発の一〇年」の目標として、途上国全体のＧＮＰの年間平均成長率は掲げない代わりに、優先課題として①貧困と飢餓の撲滅②人的資源の開発③人口問題④環境問題と取り組むことになったのである。

貧困が存在する限り「南北問題」は解消しない

二十世紀の後半、世界は国連を中心に途上国のＧＮＰの年間成長率を引き上げることによって、先進国と途上国との間の経済格差を是正しようとした。途上国側は「資源ナショナリズム」を鮮明にして「新国際経済秩序」、「国連南北包括交渉」などを打ち出して、先進国側に現行の世界経済体制の構造改革を迫った。しかし、その格差は一層広がり、貧困と飢餓は悪化した。貧困と飢餓は「南北問題」を引き起こす根本的な原因であり、国家や地域に貧困と飢餓が存在する限り、たとえ表現する言葉が異なっても「南北問題」は決して解消されないだろう。

「南北問題」は、言葉を換えて言えば、世界の現行の経済、貿易、通貨・金融体制に改革を迫る途上国側と、その既得権益を守ろうとする先進国側との対立でもあった。途上国側は、国連総会第二委員会や経済社会理事会、国連貿易開発会議（ＵＮＣＴＡＤ）で経済、貿易、通貨・金融問題の改革を繰り返し迫った。

しかし、その実際の執行機関として、貿易問題には関税を撤廃して自由貿易の実現を目指すガット（関税・貿易一般協定、一九九五年から世界貿易機関＝ＷＴＯ＝に移行）、また通貨・金融問題にはＩＭＦと世界銀行が存在し、これらの三機関はいずれも先進国が実権を握っているから、成果を挙げられなかった。途上国側は、世界の現行の経済体制は多くの途上国が独立する以前の植民地支配時代に、旧宗主国である先進工業国が築いたものだと非難し、ＵＮＣＴＡＤ内に通貨・金融問題を取り込もうとしたり、ＩＭＦと世界銀行を途上国の発言権の強い機関に変えようとしたりして、先進国側の強硬な反発を買ったのである。

ＩＭＦと世界銀行は、第二次世界大戦の終結する前年の一九四四年に、連合国の四四カ国が米ニューハンプシャー州ブレトンウッズで国際通貨金融会議を開き、国際通貨協定と国際復興開発銀行協定を結んで創設が決まり、翌四五年に誕生した。この二つの協定は総称して「ブレトンウッズ協定」と呼ばれている。ＩＭＦは、為替の安定と資金の融資による加盟国の国際収支の不均衡の是正を主要な任務としている。世界銀行は、国際復興開発銀行（ＩＢＲＤ）、国際開発協会（ＩＤＡ）、国際金融公社（ＩＴＣ）、多国間投資保証機関（ＭＩＧＡ）の総称で、途上国の経済・社会開発の促進と生活水準の向上を助けるプロジェクトへの融資、政策助言、技術援助などを主要な任務としている。

ＩＭＦも世界銀行も本部がワシントンにあり、ＩＭＦの総裁は西欧諸国から、また世界銀行の総裁はアメリカから選ぶのが慣例となっており、先進国、特にアメリカと西欧の影響力が強い。

先進工業国の植民地支配時代の禍根

途上国側が「南北問題」の根源として繰り返し告発してきた、先進工業国による植民地支配時代から連綿として続く世界経済体制。ポルトガル、スペイン、オランダ、イギリス、フランスなど、ヨーロッパの強国は「大航海時代」を先途として、十五世紀から十九世紀にかけて中南米、アジア、北米、アフリカなどへ相次いで進出し、植民地支配体制を固めた。スペインとポルトガルの植民地経営は十六世紀末には弱体化したが、十七世紀初めから代わってオランダ、イギリス、フランスの植民地経営が活発化した。

これらの諸国は、十八世紀後半（一七六〇年）イギリスに興った産業革命が本国内で進み、海外に原料供給地と製品販売市場を確保する必要性が急務となり、積極的に植民地経営に乗り出し、原住民を搾取する植民地社会を築き上げたのだ。産業革命の開始は、富国強兵のために外国貿易を盛んにするという、それまでの重商主義経済の理論的な崩壊を意味していた。

途上国のモノカルチャー化が貧困と飢餓の主要原因の一つに

植民地経営の残した最大の問題の一つは、被植民地国を国際分業体制に組み込んで、一次産品のモノカルチャー（単一作物栽培）農業国に特化して経済停滞をもたらし、今日の貧困と飢餓を招く主要な原因の一つを作ったことである。

もう一つの重要な問題は、植民地体制が現地の伝統的な封建勢力と結託し、当時の世界経済と密接に結びついた強権的な支配体制を確立したことだ。貴族、地主、官吏など現地の特権層は外国利権と結びつき、富裕化して土地を独占し、植民地の庶民、とくに農民を貧困へと追い込んだ。

植民地体制は、都市を拠点とする宗主国と現地特権層が農村を搾取する社会でもあったから、必然的に都市化が進み、スラム化を招いた。貧困は飢えと化し、衛生状態の悪化から彼らの寿命は短く、第二次大戦以前のアフリカやアジアの平均寿命は三〇歳から四〇歳に過ぎなかった。今日、途上国に広がった人類の業病

「エイズ（後天性免疫不全症候群）」流行の遠因も、遡及すれば植民地支配時代に端を発する貧困、衛生状態の悪化に求められるのである。

植民地経営で貿易の販路を築いたイギリスは、産業革命に伴い工業立国へと転換し、十九世紀半ば、自国の穀物価格維持のために実施した穀物法を撤廃し、原料や穀物を輸入する代わりに製造品を輸出するという国際分業の道を選んだ。この理論的な背景となったのが、自由貿易を説いた古典派経済学者のアダム・スミスやリカードである。イギリスは十九世紀後半「世界の工場」として君臨した。国際分業は、ヨーロッパ以外の諸国を非工業化、低開発化して、自国の製造品を輸出する市場として確保する役割を果たした。

イギリスの製品輸出市場にされたインド

その代表的な例がインドである。インドはもともと綿工業の発祥の地であり、十九世紀初めまでは世界最大の綿布輸出国だった。ところが十九世紀半ばには、イギリスの綿布の六〇％を買い取る輸入国に転じてしまった。

インドでは十六世紀初めポルトガルがゴアに総督府を置き貿易を独占していた。だが十七世紀初め、イギリスとオランダが進出して、この世紀の半ばにインドからポルトガルを追い出した。イギリスは一六〇〇年に東インド会社を設立し、さらにフランスも一六六四年東インド会社を再建し、両国はインドの植民地経営権を争って内戦を繰り広げた末、イギリスがインドの植民地経営権を独占することになった。

イギリスがインドの独占支配に躍起になったのは、産業革命に伴い、原料生産地および製品輸出市場として植民地のインドが死活的に重要だったからにほかならない。こうしてインドには機械で織ったイギリス製の綿布が大量に流れ込んだため、インド固有の木綿工業が壊滅し、都市には失業者があふれ帰農者が急増し、農村のいっそうの貧困化が進んだのである。

二十世紀末になってもモノカルチャー農業から脱しきれない中南米諸国

十六世紀から十七世紀にかけて、スペインは中米から太平洋側の南米諸国を、またポルトガルとオランダはブラジルなどを相次いで植民地化した。スペインの中南米における植民地支配は、国家行政官の管轄下のもとに行われ、メキシコの原住民マヤ人やペルーのインカ帝国を滅ぼして富を略奪するなど、国家的、組織的な手段がとられている。（※図1 - 2参照）

中南米諸国は一次産品の輸出を通じてヨーロッパ諸国主導の世界経済に組み込まれた。このころの一次産品は主として金、銀などの貴金属だったが、十九世紀後半にはヨーロッパの技術革新がさらに進んで、工業生産活動が活発化し、工業原材料と食糧の輸出が急速に伸びた。一七七六年に独立したアメリカへの原材料と食糧の輸出も急増し、中南米諸国の輸出構造はこうして形作られていったのだ。

中南米の主要国の独立は他の地域より早く十九世紀後半に相次いだが、一次産品に依存する輸出構造を脱却できず、総輸出に占める一次産品の割合は、一九一三年においても実に九八％を占めていた。その比率は第二次大戦から一五年を経た一九六〇年に九七%とほぼ変わらず、「失われた一〇年」の始まる一九八〇年に至っても八五%を占め、一九九六年になってようやく五五%(工業製品の輸出は四五%)へと低下した。

一九九六年の一次産品の比率低下は、中南米諸国の総輸出額の約半分を占めるメキシコ、ブラジルといった二大国の工業製品の輸出が急増したことによるものであり、多くの諸国の一次産品への依存度は相変わらず高い状態が続いている。

図1-2 ヨーロッパの強国に植民地化された南北アメリカ(17世紀半ば)

例えばエクアドル(主に石油、バナナ、エビ類)は九二%、ホンジュラス(主にコーヒー、バナナ、エビ類)は九〇%、チリ(主に銅)は八七%、ペルー(主に魚・肉粉、銅)、ベネズエラ(主に石油)およびパナマ(主にバナナ、エビ類)は各八六%、ボリビア(主に亜鉛、スズ、天然ガス)は八四%などと、一次産品の占める割合がそれぞれ異

様に高い。

中南米諸国全体の一九九六年の輸出総額に占める一次産品の割合は、他の途上国地域、例えば東アジアの二五％、南アジアの二四％と比べても高いうえ、輸出先も欧州連合（ＥＵ）諸国とアメリカだけで六〇％を占めており、植民地支配時代の一次産品依存型経済を脱していないのである。

オランダは十六世紀初め、同国の東インド会社によってインドネシアのジャワ島のバタヴィア（現ジャカルタ）に要塞都市を建設し、十八世紀半ばまでにジャワ島を直接統治下に置いた。そして香料・砂糖・コーヒーなどモノカルチャー作物の強制栽培制度を敷き、住民の困窮を深める結果を招いた。スペインは十六世紀後半ルソン島にマニラ市を建設し、フィリピンの植民地経営の拠点にしている。（※図１‐３参照）

ヨーロッパ諸国によるアフリカ大陸の「紙上分割」と勢力争い

ヨーロッパの強国による大陸の植民地分割競争は、十九世紀後半（一八八〇年以降）から本格化した。その最大の被害をこうむったのが、人類の発祥地でもあるアフリカ大陸だった。それでなくてもアフリカは、十五世紀半ばから十九世紀までヨーロッパ諸国による大西洋奴隷貿易によって、約一〇〇〇万人以上が西インド諸島、ブラジル、アメリカ南部などへ奴隷として輸出された。アフリカ大陸は大量の労働人口を奪われ、伝統的な手工業が衰退し生産力が低下していた。

産業革命の展開によって十九世紀、産業を大規模に機械化したヨーロッパ諸国は、アフリカ大陸を奴隷の

図1-3　ヨーロッパの強国に植民地化された東南アジア
（19世紀末）

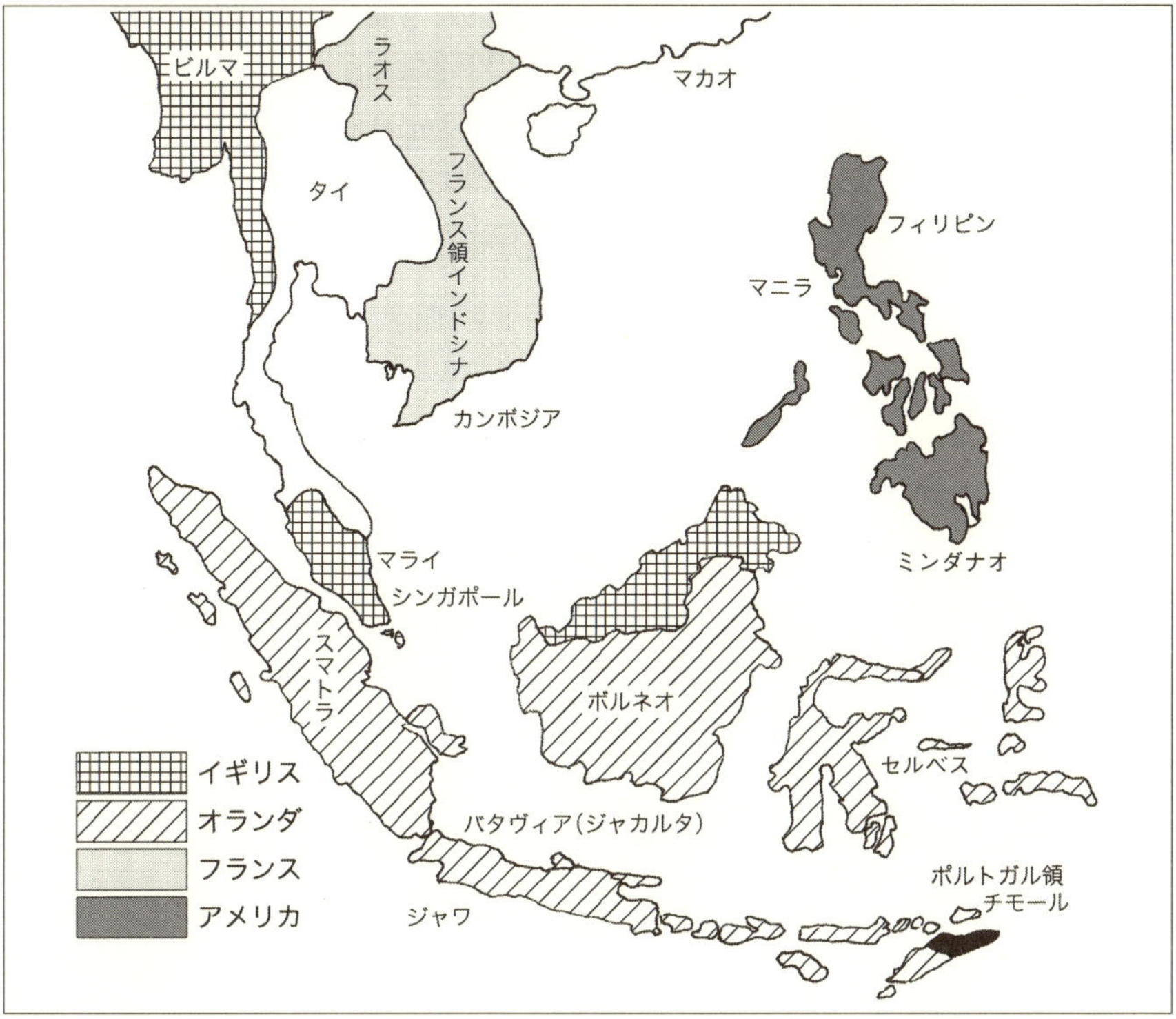

供給地としてではなく、原料供給地および製品輸出市場として重視する政策へと転換した。十九世紀後半、資本の蓄積が進み、帝国主義化したヨーロッパ諸国はアフリカ大陸の分割支配に着手した。ヨーロッパの十四カ国は、一八八四年から八五年にかけベルリン会議を開き、アフリカ大陸の既得権益を相互に認め、新たな植民地化を許すベルリン協定を結んだ。このあと、ヨーロッパ諸国によるアフリカ大陸の分割、植民地化競争が一段と激しさを増した。「紙上の分割」と呼ばれるこの会議によって、それから二十世紀までのわずか一五年のうちに、アフリカ大陸のほとんどの地域が、強固な既得権益を確保していたイギリス、フランス、

ポルトガル、ドイツ、ベルギー、スペイン、イタリアといった七カ国によって分割、植民地化されてしまったのだ。（※図1‐4参照）

独立のいちばん遅れたアフリカ諸国

旧植民地国の独立は中南米がいちばん早く十九世紀に相次いだ。アジアの独立は第二次世界大戦の終結した一九四五年から五年間に集中したが、アフリカの独立はそれから約一〇年遅れた。アジアでは第二次大戦によってイギリスやフランス、オランダにしろ、日本にしろ、植民地体制そのものが崩壊した。しかし、アフリカは第二次大戦中、旧宗主国への原料供給地としての役割を担い、植民地体制自体が大戦後も生き残ったからである。

欧米諸国の植民地問題を論じる場合、日本も欧米諸国を見習って二十世紀前半、第二次世界大戦を頂点として、朝鮮半島、中国、東南アジア諸国の植民地化をはかって失敗したことを指摘しておかねばなるまい。

図1-4　ヨーロッパの強国に植民地化されたアフリカ(1914年当時)

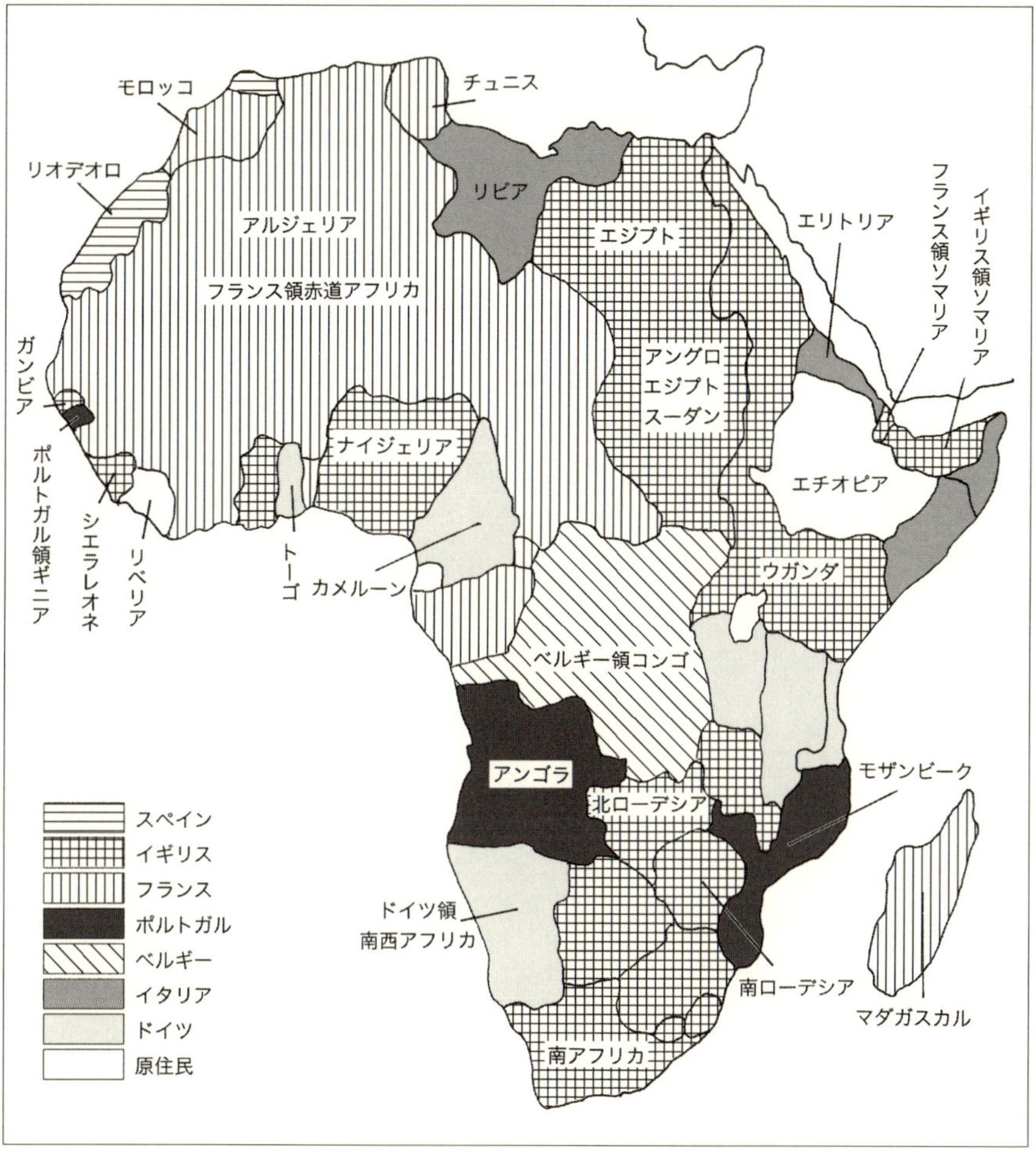

2　情報化時代の落とし穴
――IT革命は、公平な世界をつくらない――

情報技術（IT）革命に酔いしれ始めた二十世紀末の世界だが、そこには、かつての植民地支配時代に中南米やアフリカ、アジアの諸国が辛酸をなめたモノカルチャー（単一作物栽培）農業と同じように、現在の途上国は情報技術（IT）による新たな植民地化の運命をたどる危険性が秘められているのである。

十六世紀から二十世紀半ばに至るまでヨーロッパの強国を中心に続いた植民地支配は、単に政治・経済の分野だけに限ったことではなく、被植民地国の文化・文明にまで深く浸透していることを忘れてはならない。

IT革命が要求する産業と職業の構造改革

途上国が情報技術を吸収し、活用するためには、その前提として第一に、国民の識字率が高く、情報技術をかみ砕ける程度の高等教育が普及していなければならない。第二に、その吸収した情報技術をその国に適した生産活動に結びつけられるインフラストラクチャー（社会基盤）が整備されている必要がある。第三に、他国からの情報を吸収するだけでなく、逆に世界へ独自に発信できる情報（コンテンツ）を保有し、新たにそれを開発できる能力が絶対欠かせない。

十八世紀後半に興った旧来の産業革命は、蒸気機関と鉄道の発明によって綿布産業が火をつけたものだった。だが、二十世紀末のＩＴ革命は、端的に言えばコンピューターと情報・通信産業が担う新型の産業革命であり、そこで働く労働者には高度な技術能力と数学や自然科学などの専門知識が不可欠となり、旧産業革命の延長線にある産業で働く労働者では務まらない。明らかにそこには産業と職業の構造改革を伴う。

高等教育の普及度が低い途上国で、ＩＴ革命は可能なのか

ＩＴ関連産業の職業として、アメリカ商務省は例えば科学者、コンピューターの技術者、システム・アナリスト、プログラマー、オペレーター、システム管理者をはじめ、電子・電気技術者、エレクトロニクス修理技術者、データ入力者、電子・半導体・電気機器組立工、データ処理機械修理技術者、放送技術者、電話・ケーブルテレビ設置・修理工などを挙げている。アメリカの国内総生産（ＧＤＰ）に占めるＩＴ関連産業の割合は、一九八五年に四・九％だったが、パソコンとインターネットの普及に伴い、九八年には八・二％へと急成長し、さらに急激な拡大が続いている。

こうしたＩＴ関連産業とそれに従事する職業は、アメリカ、ヨーロッパ、日本をはじめ、高等教育の普及した先進国だからこそ創出が可能なのであり、現在のような途上国の高等教育の普及度と社会基盤の整備程度では容易に創出できるものではない。

遅々として伸びない途上国の高等教育の普及度

それは理工系を含む高等教育全体の普及度を見れば分かる。高等教育を受けた同世代の割合は、先進国の高所得国では一九八〇年の三四%から九六年には五八%へと二倍近くも急激に拡大している。国別で同世代の占める割合は、カナダが五七%から九〇%に、アメリカが五六%から八一%に伸びたのをはじめ、豪州が二五%から七六%に、フィンランドが三二%から七一%に、フランスが二五%から五二%に、さらに日本が三一%から四三%へと拡大している。先進国におけるＩＴの普及度は、明らかに高等教育の進展と連動した動きが顕著なのだ。

これに対して、途上国の高等教育の普及度は遅々として伸びていない。途上国の中でも低所得国では一九八〇年の四%から九六年にようやく五%に微増し、また低中位所得国では八%から一一%に拡大したに過ぎない。世界全体における高等教育の普及度も一九八〇年の一三%から九六年の一九%に拡大したに過ぎない。

アフリカ一六カ国の高等教育の普及度はわずか一%

地域的に見て高等教育の普及度が最も低いのは、やはりアフリカだ。サハラ砂漠以南のアフリカ諸国では一九八〇年の一%から九六年に三%に微増したに過ぎない。しかしアフリカ全体では九六年の場合、アンゴラ、中央アフリカ、チャドをはじめ、ブルキナファソ(旧オートボルタ)、ブルンジ、エリトリア、エチオピア、ガーナなど一六カ国が未だにわずか一%に低迷しているのだ。**(※表1-1参照)**

表1-1　高等教育の普及度の低いアフリカ・中東諸国

国名	1980年	1996年
〈アフリカ〉		
アルジェリア	6	13
アンゴラ	0	1
カメルーン	2	4
ベニン	1	3
ボツワナ	1	6
中央アフリカ	1	1
チャド	0	1
ブルキナファソ	0	1
ブルンジ	1	1
コンゴ民主共和国	1	2
コンゴ共和国	5	8
コートジボワール	3	5
エリトリア	−	1
エチオピア	0	1
ガンビア	−	2
ガーナ	2	1
ギニア	5	1
ギニア・ビサウ	1	1
ケニア	1	2
レソト	1	2
マダガスカル	3	2
マラウイ	1	1
マリ	1	1
モーリタニア	1	4
モーリシャス	1	7
モロッコ	6	11
モザンビーク	0	1
ナミビア	−	9
ニジェール	0	1
ナイジェリア	−	4
ルワンダ	0	1
セネガル	3	3
シエラレオネ	1	2
スーダン	2	4
タンザニア	0	1
トーゴ	2	4
チュニジア	5	14
ウガンダ	1	2
ザンビア	2	3
ジンバブエ	1	7
〈中　東〉		
イラク	9	11
イラン	−	17
オマーン	−	6
サウジアラビア	7	16
シリア	17	15
イエメン共和国	4	4

(注)単位%。
(出所)世界銀行の『世界の開発指標1999』による。

表1-2　高等教育の普及度の低いアジア諸国

国名	1980年	1996年
バングラデシュ	3	6
カンボジア	2	1
中国	2	6
インド	5	7
インドネシア	4	11
ラオス	0	3
マレーシア	4	11
モンゴル	22	17
ミャンマー	5	6
ネパール	3	5
パキスタン	2	3
パプア・ニューギニア	2	3
スリランカ	3	5
ベトナム	2	5

(注)単位%。
(出所)世界銀行の『世界の開発指標1999』による。

表1-3　高等教育の普及度の低い中南米・その他諸国

国名	1980年	1996年
〈中南米〉		
ブラジル	11	12
キューバ	17	12
コロンビア	9	19
エルサルバドル	13	17
グアテマラ	8	8
ハイチ	1	1
ホンジュラス	8	11
ジャマイカ	7	8
メキシコ	14	16
ニカラグア	13	13
パラグアイ	9	11
トリニダードトバゴ	4	8
〈その他〉		
アルメニア	30	12
キルギス	16	12
マケドニア	28	18

(注)単位%。
(出所)世界銀行の『世界の開発指標1999』による。

次に低いのは東南アジアと太平洋地域で三%から八%に、三番目に低い南アジア地域では五%から六%に拡大した程度である。九六年の場合、カンボジアが最も低く一%、次にラオス、パキスタン、パプアニューギニアの三カ国が各三%、さらにネパール、スリランカ、ベトナムの三カ国が各五%と続いている。(※**表1-2**参照)

四番目に低い中東地域(北アフリカも含む)では一一%から一六%に、五番目に低い中米・カリブ海地域では一四%から一九%に拡大したに過ぎない。九六年の場合、中南米ではハイチが一%、グアテマラ、ジャマイカ、トリニダードトバゴの三カ国が各八%、また中東ではイエメン共和国が四%、オマーンが六%と高

等教育の普及度が低い。（※表1－1、3参照）

「情報リテラシー効果」への期待は、読み書きできない途上国には幻影

もっと現実的なことは、読み書きのできる識字率の問題がある。私たち人間は日常、頭の中で何かものを考えるときは言葉で考えている。その言葉を表現するのは文字であるが、その文字を未だに読み書きできない人が途上国には多いのだ。（※表1－4～7参照）

表1-4　アフリカの識字率（1997年）

国名	男性	女性
アルジェリア	14	32
ベニン	33	67
ボツワナ	17	9
ブルキナファソ	58	81
ブルンジ	36	43
カメルーン	7	10
中央アフリカ	27	48
コンゴ共和国	3	5
コートジボワール	33	46
エジプト	25	41
エチオピア	47	51
ガンビア	39	55
ガーナ	9	17
ギニアビサウ	32	66
ケニア	5	8
レソト	18	2
リビア	0	10
マラウイ	20	42
マリ	34	49
モーリタニア	44	62
モーリシャス	8	7
モロッコ	26	47
モザンビーク	28	59
ナミビア	11	8
ニジェール	71	88
ナイジェリア	13	20
ルワンダ	16	21
セネガル	43	62
南アフリカ	10	10
スーダン	19	33
タンザニア	8	15
トーゴ	15	11
チュニジア	4	15
ウガンダ	16	31
ザンビア	10	18
ジンバブエ	0	2

（注）読み書きのできない15-24歳の若者の割合。単位%。
（出所）世界銀行の『世界の開発指標1999』による。

表1-7　中東・その他の識字率(1997年)

国名	男性	女性
〈中東〉		
トルコ	2	8
イラン	5	10
イスラエル	0	1
ヨルダン	2	0
クウェート	9	8
レバノン	3	8
オマーン	1	7
サウジアラビア	6	12
シリア	5	25
アラブ首長国連邦	14	7
イエメン共和国	19	61
〈その他〉		
ブルガリア	0	1
ルーマニア	1	0

(注)読み書きのできない15-24歳の若者の割合。
　単位%。
(出所)世界銀行の『世界の開発指標1999』による。

表1-5　中南米の識字率(1997年)

国名	男性	女性
アルゼンチン	2	1
ボリビア	3	8
ブラジル	10	7
チリ	2	1
コロンビア	4	3
コスタリカ	2	2
ドミニカ	10	9
エクアドル	3	3
エルサルバドル	12	14
グアテマラ	16	29
ハイチ	40	41
ホンジュラス	22	21
ジャマイカ	11	4
メキシコ	3	5
ニカラグア	33	32
パナマ	3	4
パラグアイ	3	3
ペルー	2	6
プエルトリコ	3	2
ウルグアイ	1	0
ベネズエラ	3	2

(注)読み書きのできない15-24歳の若者の割合。
　単位%。
(出所)世界銀行の『世界の開発指標1999』による。

表1-6　アジアの識字率(1997年)

国名	男性	女性
バングラデシュ	42	63
カンボジア	36	43
中国	1	4
インド	23	44
インドネシア	2	4
マレーシア	3	3
ミャンマー	9	11
ネパール	27	62
パキスタン	31	61
フィリピン	2	2
シンガポール	1	0
スリランカ	3	4
タイ	1	2
ベトナム	3	3

(注)読み書きのできない15-24歳の若者の割合。
　単位%。
(出所)世界銀行の『世界の開発指標1999』による。

パソコンや携帯電話を使ってインターネットで相手とコミュニケーションしたり、電子商取引（Eコマース）をする場合、基本的な読み書きができなければインターネットは使えないし、まして日々の為替や株式など変動の激しい電子商取引などはとても手に負えない。お互いに伝え合う情報の内容が高度で複雑になればなるほど、豊富な知識と語彙が必要である。外国語も不可欠だ。

日本の情報通信の専門家や学者の中には、インターネットの習得に励めば英語がうまくなると悦に入ったり、ＩＴ革命そのものの「リテラシー（識字）効果」を評価する人が少なくない。しかしそれは、日本のような豊かな先進国に住んでいるからそのようなことが言えるのであって、未だに貧困と飢えに苦しむ途上国では、そのようにテクニカルな考察だけでは済まされないことが、途上国の現状を見れば火をみるより明らかであろう。

「世界情報基盤（ＧＩＩ）」を構築し、技術覇権と国力維持を狙うアメリカ

インターネットはもともと、アメリカの軍事関係の通信網（ネットワーク）が大学や研究機関の通信網に応用され、それが今日のように、一般社会のコンピューター通信網へと拡大したものである。アメリカは一九九三年、クリントン民主党政権の誕生と共に、ゴア副大統領が「情報スーパーハイウエー構想」を打ち出した。この構想を推進、展開させる有力な手足となったのがインターネットである。現在、アメリカは国内に電子通信網を張りめぐらす「全米情報基盤（ＮＩＩ）」から、世界中へ電子通信網を拡大する「世界情報基

盤（ＧＩＩ）」の構築へ向け、一段とオクターブを上げている。

産業革命以来、世界が歩んできた社会を大きく分けると、農作物や鉱業の原料を生産、取引する農業社会から工業化社会を経て、情報化社会へと移行しつつある。工業化社会では、製品や人間を運ぶ高速道路（ハイウエー）が必要だが、情報化社会では「情報スーパーハイウエー」が情報を移動させるスーパーハイウエーとなるのだ。しかし、こうした捉え方は、先進国と上位の途上国に適用される先進国中心の偏った見方だとも言える。一次産品の生産と輸出に未だに頼っている中位以下の多くの途上国に適用するのは難しい。

「情報スーパーハイウエー」を機能させるには、高性能のコンピューターが不可欠だ。アメリカは、こうしたコンピューターの研究開発自体がアメリカの安全保障と経済発展の命運を決めるとして、一九九一年にまず「高性能コンピューティング法（ＨＰＣＣ）」を制定し、「情報スーパーハイウエー」の構築に乗り出したのだ。確かに「情報スーパーハイウエー構想」は、ＩＴ革命をもたらし、今やコンピューター産業と通信、放送産業などを融合させ、高度情報化社会の構築へ向かって突き進んでいる。

しかしＩＴ革命は、世界でアメリカがテクノロジーの主導権を確保し、国力と影響力の優位性を維持するための手段となっている、重要な側面があることに留意する必要がある。アメリカの国力と世界的な影響力は、第二次大戦後、巨大な経済力と軍事力によって維持されてきたが、一九六〇年代後半から七〇年代前半にかけたベトナム戦争への本格介入によって挫折し、かげりを見せた。ベトナム戦争の終結後は、財政赤字の削減など国内政策の改革が功を奏して次第に持ち直し、一九八〇年末から九〇年初めにかけて「ベルリンの壁」と、社会主義陣営の盟主のソ連が相次いで崩壊し、世界はアメリカの独り舞台となった。

アメリカの〝覇権〟の象徴とも言えるドルが世界の基軸通貨の地位を保っているのは、世界一の国内総生産（GDP）と巨大な軍事力、さらに高度のテクノロジーが三位一体となって背景にあるからだ。そのうちの一つが弱体化しても、ドルの地位、つまりアメリカの覇権の維持には都合が悪い。

産業革命時代にはイギリスの蒸気機関が主導

高度情報化社会にあっては、テクノロジーの開発が死活的に重要な意味を持つことを、過去の歴史が教えている。十八世紀後半の産業革命時代には、イギリスが世界の覇権国家であり、その覇権を象徴したのがポンド通貨だった。コンピューターを駆使する現在のアメリカと同じように、イギリスは当時の高度テクノロジーである蒸気機関を紡績、鉄道などの産業活動に導入し、巨大な経済力を築いた。イギリスは蒸気機関という高度テクノロジーを産業化し、そこで製造された商品の輸出市場を広く海外に求め、植民地化をはかった。植民地支配を受けた国は原料の供給国にされ、農作物はモノカルチャー化された。イギリスの成功を多くのヨーロッパの強国が見習った。宗主諸国が輸出した商品は、被植民地国の地場産業をも衰退させ、貧困、飢えをもたらす主要な原因となった。

情報を送り届ければ衣食住は満たされるのか

進行中のＩＴ革命ならぬ新産業革命は、いったい何を目指しているのか。多くの途上国の貧困と飢えは二十一世紀を迎えるというのに、依然として解消されていないし、高等教育の普及度も依然として低い。人間として生きるうえでまず絶対欠かせないのは、何といっても衣食住である。日常食べる食糧をはじめ、衣服や家が満足に得られない国の人たちに対し、いたずらにインターネットで情報を送り届けても、どのように役に立つのだろうか。消化不良は免れないだろう。

しかし、世界銀行のジェームズ・ウォルフェンソン総裁（アメリカ）は、逆にこう明言している。

「先進国と途上国の情報技術面における格差をうずめ、途上国に情報革命をもたらしたい。インターネットによって、五年後に最も貧しい村の住民でさえも、世界のあらゆる人々と交信ができるようになるかもしれない。インターネットは、貧困の解決に計り知れないほどの力を発揮する。なぜなら、知識やインターネットを通じた取引は、金銭に換えられない価値を持つからだ」（二〇〇〇年二月一六日付『読売新聞』朝刊）

ウォルフェンソン総裁の発言は、衣食住の確保できた国を対象にしているのなら理解もできるが、現状のような途上国に向けられているなら、素直に納得できない人が多いかもしれない。

情報を持てる者と持たざる者との格差是正とは

こうした発想は、「情報スーパーハイウエー構想」を打ち出したアルバート・ゴア・Jr.米副大統領のイニシアチブに基づいており、ウォルフェンソン総裁の考え方はアメリカの方針そのものなのである。ゴア氏が副大統領として参加し、一九九三年に発足した第一次クリントン政権は、「全米情報基盤（ＮＩＩ）行動アジェンダ」を発表し、米政府が「情報スーパーハイウエー構想」に正式に取り組むことを表明した。ＮＩＩ行動アジェンダは「情報がアメリカの最も重要な経済的資源であり、アメリカの命運は情報基盤の構築にかかっている」と強調した。

「情報基盤（Information Infrastructure）」がかかわる分野は、非常に範囲が広い。映像や音声、文字などのデータを送受信、処理、表示したりするために使う装置・設備（ハードウエア）だけにとどまらない。映像、音声、研究、商用データ、新聞、図書館所蔵の文書類といった情報そのものをはじめ、それらを有効に活用するためのアプリケーションやソフトウエア、相互接続に必要なネットワークの標準化、情報の機密性や個人のプライバシーを確保する伝送コード、それらを研究開発、機能させる人材など、あらゆる分野に及ぶ。ゴア氏は「アメリカはこうした情報基盤を構成するすべての要素を開発し、統合しなければならない」と言い切っているのである。

情報を自由にやり取りするには、まず基幹の通信手段である電話料金が高くては不可能である。アメリカでは、すでに一九八〇年代半ばから世界最大の電話会社AT&Tが独占していた電話事業に他社を参入させ、国内の長距離電話料金の大幅な値下げをはかり、国内の参入者へ通信市場の開放を進め、「情報スーパーハイウエー」構築の準備を整えている。

こうした経験を活かし、NII行動アジェンダは、民間投資の奨励と競争の促進を二つの柱として、さらに（一）市場の急激な変化に対応可能な柔軟な新規則の枠組みを整備し（二）情報を提供するすべての人がネットワークに自由に参入できることを保証し（三）すべての人が利用できる共通のサービス（ユニバーサル・サービス）を確保するという合わせて五つの原則を掲げ、NIIの構築を本格的に開始したのだ。

このユニバーサル・サービスについて、ゴア氏は「情報化社会では『持てる者』と『持たざる者』の二分極化は許さない」と述べ、情報化社会における貧富の格差の解消を目指すことを鮮明に打ち出している。

ゴア氏は翌九四年、ブエノスアイレスで開かれた国際電気通信連合（ITU）の第一回開発会議で、このNIIを地球的規模の「世界情報基盤（GII）」に拡大することを表明し、情報スーパーハイウエーを世界中に張り巡らして〝グローバル・コミュニティ〟を築くことを宣言した。

ゴア氏はGII構築の理念として、「全人類の持続可能な発展の実現」を掲げ、さらに「GIIは人類という大家族が瞬時に意思を通じ合える手段となり、より豊かな生活を築くために必要な情報を提供してくれる。情報を共有し、地球的規模のコミュニティとして意思の疎通をはかれるようになれば、持続可能な経済発展を実現し、強固な民主主義社会を築き、その結束を強化できる」と礼賛している。

電気通信の未発達こそが、経済開発の妨げというアメリカの主張

豊かな先進国と貧しい途上国の格差が厳然として存在する現在の世界にあっては、ゴア氏、つまりアメリカの提唱する理想はそれなりの説得力を持っていることも確かである。だが、貧しい途上国の実情から見れば、こうしたアメリカ流の理想主義が途上国内で実現できるか大いに疑問である。

ゴア氏はＩＴＵの第一回開発会議で「経済協力開発機構（ＯＥＣＤ）の加盟国二四カ国（先進国）の人口は現在、世界の人口の一六％を占めるに過ぎないのに、主要電話回線の七〇％、移動体電話の九〇％を独占している」と述べ、さらに「経済開発の後れが電気通信の未発達の原因だという指摘は本末転倒であり、電気通信システムの未発達こそが経済開発を妨げているのだ。（電気通信システムについて）豊かな国と貧しい国の格差、国家間の不均衡を見過ごしてはならない」と反論している。

しかも、そうした格差を縮めるための対策として、ゴア氏は、先進国と途上国との間の技術協力の推進、新技術の導入や利用に必要なノウハウのアメリカ自身による提供、さらに世界銀行など国際機関による資金援助などを具体的に提示している。

しかし、アメリカの推進するＩＴ革命には大きな矛盾が潜んでいる。世界情報基盤の構築を通じて、世界的に公平な社会をつくろうと説く反面、アメリカの技術覇権を追求し続けているからだ。事実、ゴア氏自身が「アメリカが情報化時代の恩恵を享受するには、情報基盤を構成するすべての要素を開発し、統合するこ

とが必要だ」と言い、アメリカ主導によるＩＴ革命の推進をあらわにしている。

ＩＴ革命は、すでにアメリカ社会ではインターネットによる初歩的なコミュニケーションの段階を通過して「デジタル・エコノミー」社会へと突入し、通信、放送、映像産業の融合、Ｅコマース（電子商取引）へと拡大の一途をたどっている。途上国との格差は縮まるどころか、逆に広がるばかりなのだ。

世界にはアメリカの一〇〇万分の一台以下しかホストコンピューターが無い国がある

世界のインターネットの利用者は一九九八年末現在で一億三三二〇万人に達したが、二〇〇二年末には三倍近く（三億六〇〇万人）に急増するとみられている。（※図１-５参照）インターネットの九八年の国別（地域別）利用者では、アメリカが約半分の四八・六％（約六四七〇万人）を占め、日本は一〇・五％（約一四〇〇万人）となっている。（※図１-６、７参照）世界各国が保有するホストコンピューター（情報処理で主役を果たす大型コンピューター）の数は、国民総生産（ＧＮＰ）の額と大体比例し、ＧＮＰが多いほど、つまり先進国ほどホストコンピューターの保有数も多い。独走するアメリカ（二一二〇万台）を筆頭に、日本、イギリス、ドイツ、カナダ、豪州などがあとに続き、保有数一万台以上（四八カ国）の上位は先進国が占めている。（※図１-８参照）
これに対して、ホストコンピューターが一万台以下しかない国のほうが圧倒的に多く、そのほとんどは途上国が占めている。なかにはわずか一〇台以下しかない国（地域）が一一もある。（※図１-８参照）

図1-5　世界のインターネット利用者

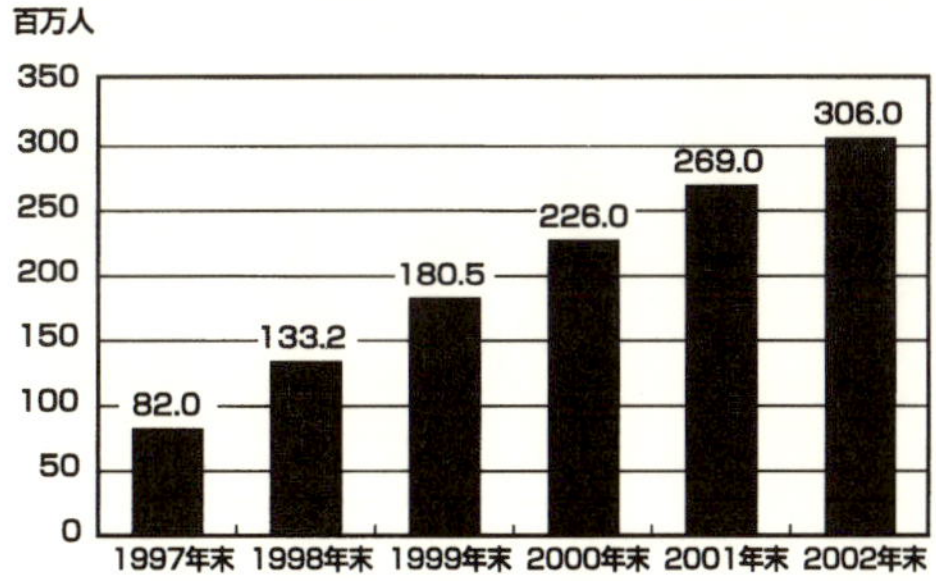

(出所)『インターネット白書'99』による。
(資料)*Access Media International*, 1999.

図1-6　インターネット利用者の国(地域)別内訳

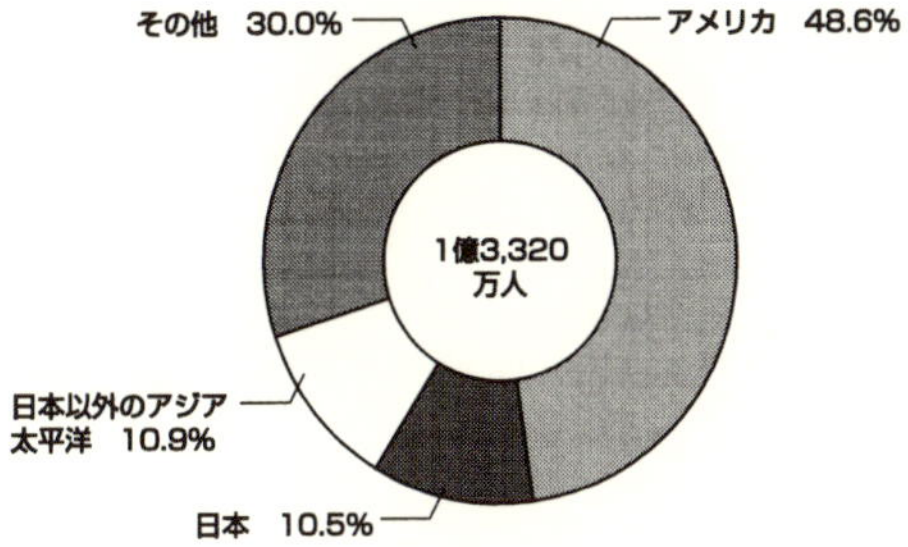

(出所)『インターネット白書'99』による。
(資料)*Access Media International*, 1999.

図1-7　アジアのインターネット利用者の国別内訳

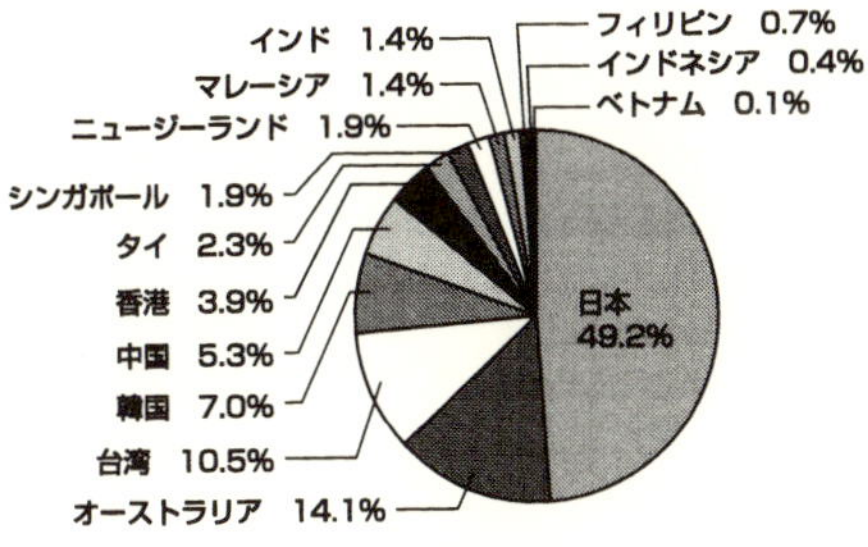

(出所)『インターネット白書'99』による。
(資料)*Access Media International*, 1999.

図1-8　GNPとホストコンピューター保有数

図Aは全体図（左頁上）のAの部分を，**図B**は全体図のBの部分を，それぞれ拡大したもの。バラツキはあるが，国民総生産（GNP）の多い先進国のほうがホストコンピューター数も多く，GNPの少ない途上国はホストコンピューター数も少ない。

図　A

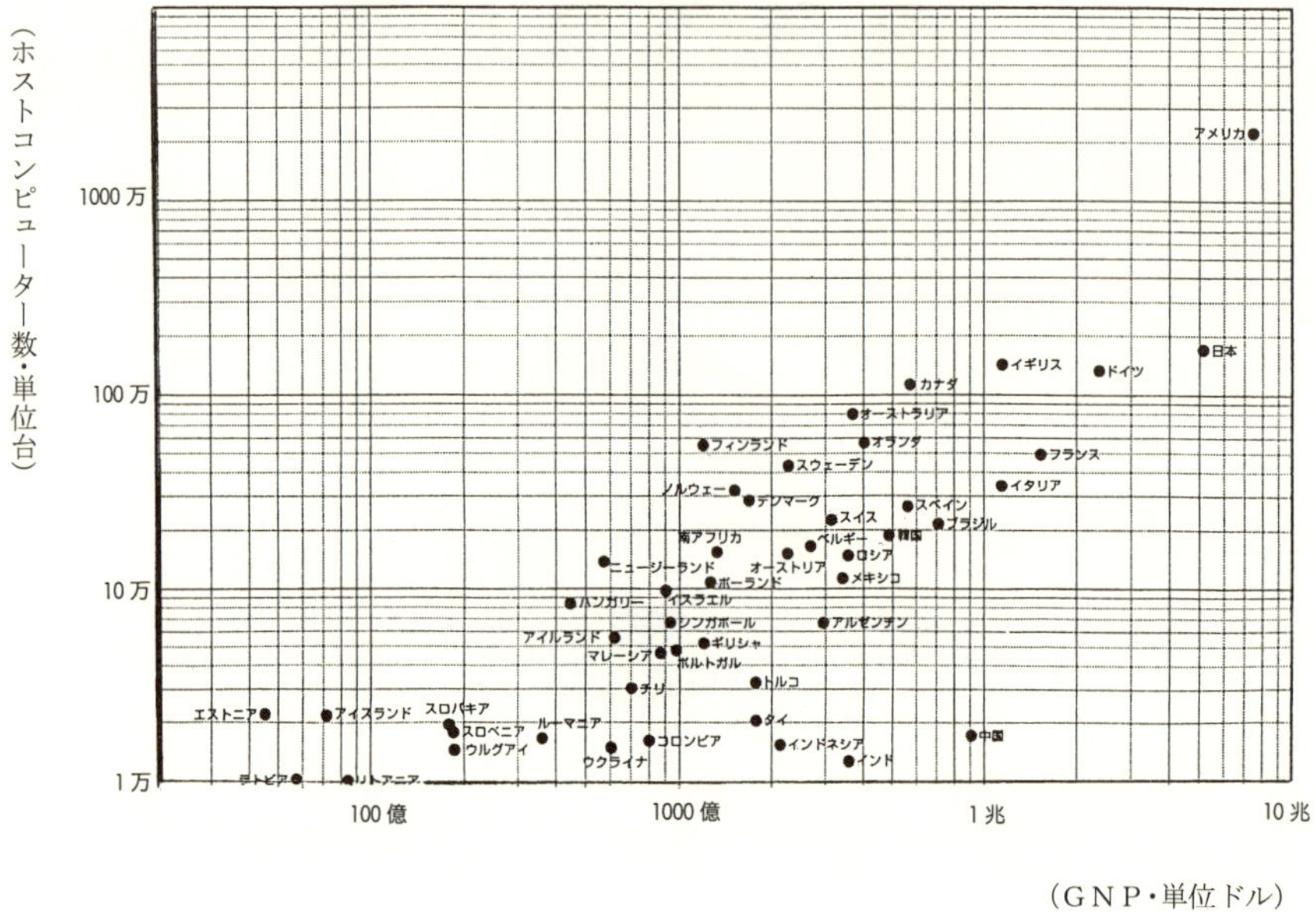

（出所）『インターネット白書'99』による。

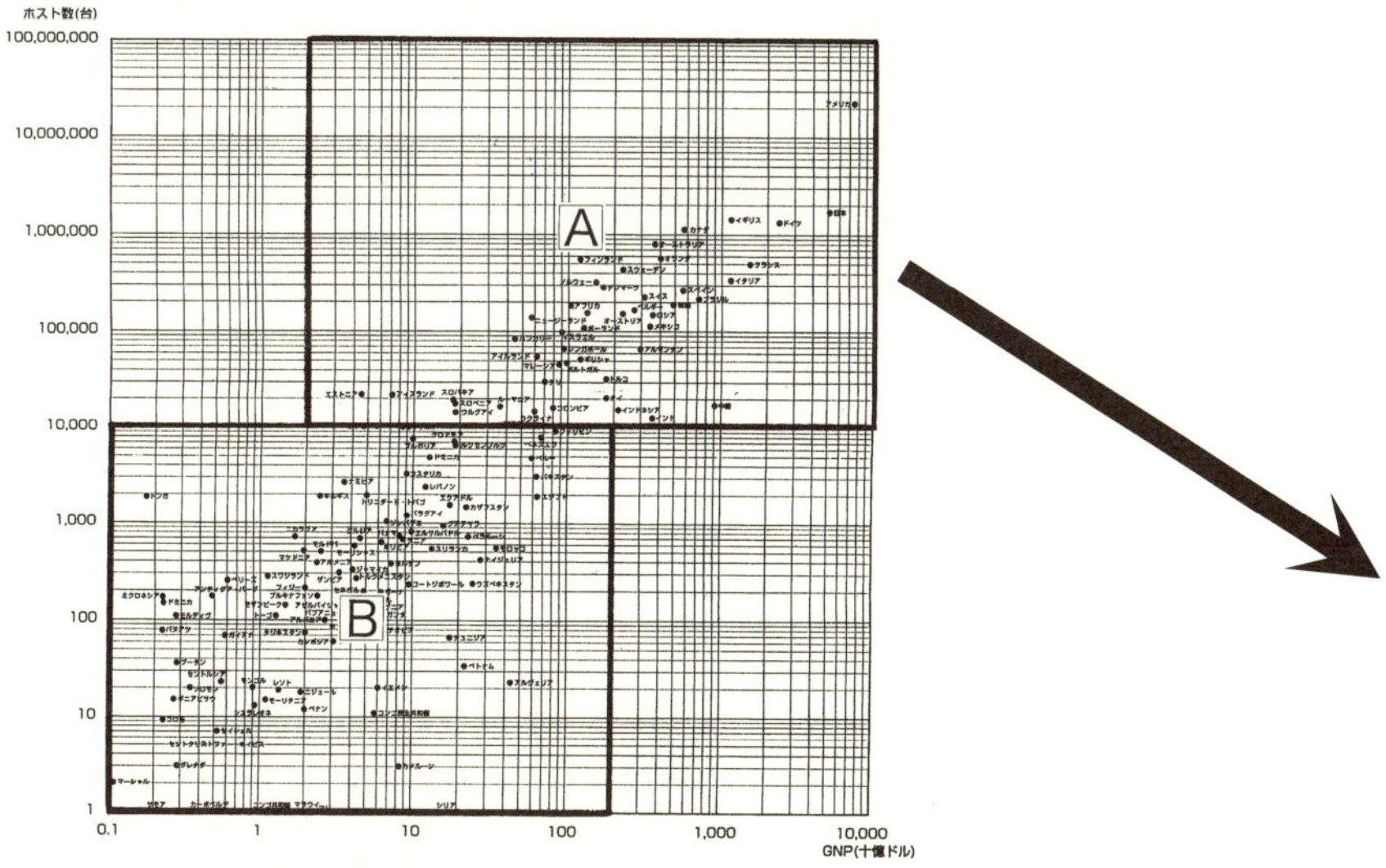

ホスト数(台)
100,000,000
10,000,000
1,000,000
100,000
10,000
1,000
100
10
1
0.1
1
10
100
1,000
10,000
GNP(十億ドル)
A
B

図 B

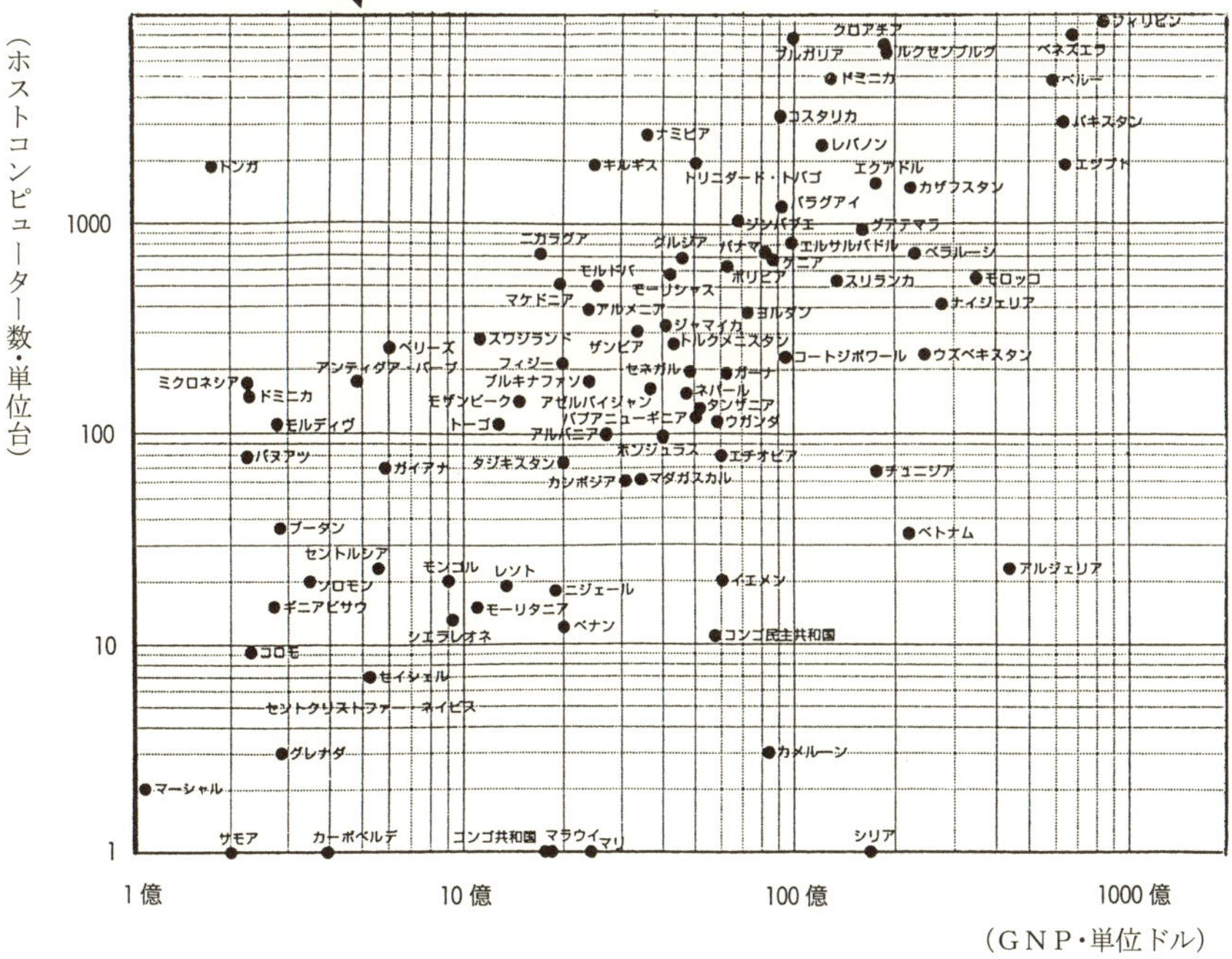

(ホストコンピューター数・単位台)
1000
100
10
1
1億
10億
100億
1000億
(GNP・単位ドル)
フィリピン
クロアチア
ベネズエラ
ブルガリア
ルクセンブルグ
ドミニカ
ペルー
コスタリカ
パキスタン
ナミビア
レバノン
トンガ
キルギス
トリニダード・トバゴ
エジプト
エクアドル
カザフスタン
パラグアイ
ジンバブエ
グアテマラ
ニカラグア
グルジア
パナマ
エルサルバドル
ベラルーシ
ケニア
モルドバ
ボリビア
スリランカ
モロッコ
モーリシャス
マケドニア
アルメニア
ヨルダン
ナイジェリア
ジャマイカ
ベリーズ
スワジランド
ザンビア
トルクメニスタン
コートジボワール
ウズベキスタン
アンティグア・バーブーダ
フィジー
セネガル
ガーナ
ミクロネシア
ブルキナファソ
ネパール
ドミニカ
モザンビーク
アゼルバイジャン
タンザニア
トーゴ
パプアニューギニア
ウガンダ
モルディヴ
アルバニア
ホンジュラス
バヌアツ
タジキスタン
エチオピア
ガイアナ
カンボジア
マダガスカル
チュニジア
ブータン
ベトナム
セントルシア
モンゴル
レソト
アルジェリア
ソロモン
ニジェール
イエメン
ギニアビサウ
モーリタニア
シエラレオネ
ベナン
コンゴ民主共和国
コロモ
セイシェル
セントクリストファー・ネイビス
グレナダ
カメルーン
マーシャル
サモア
カーボベルデ
コンゴ共和国
マラウイ
マリ
シリア

デジタル化で途上国の飛躍を目指す「カエル跳び」発想の単純さ

これだけIT革命を機能させる設備で格差が開いているのに、「途上国ではヤシの葉でつくった家の中からでも携帯電話で取引ができ、経済格差が縮小する」と主張する専門家もいる。例えば、世界銀行は途上国が新しいITを導入すれば、先進国との情報・知識の格差が縮小し、開発を進めることが容易になる、と予測している。これまでのように電柱を立て、電線を張り巡らす有線方式の電話だと、設備投資費や維持費がかかる。だが、携帯電話など新しい無線式の電話網だと、これらの費用がずっと安くて済むから、開発に必要な情報や知識が入手しやすくなるというのだ。

世界銀行が、国際電気通信連合（ITU）の調査として紹介しているところでは、経済協力開発機構（OECD）加盟国（先進国）のデジタル式ネットワークの平均普及率は一九九三年現在六五％であり、ドイツは三七％、日本は七二％にとどまっている。

これに対し、二〇数カ国の途上国・地域が、完全デジタル式のネットワークを持っている。途上国の一部は、先進国が手間取った今までのようなアナログ式の技術は取り入れず、一挙に完全デジタル式ネットワークへ跳ぶという「カエル飛び（leapfrogging）」を目指している。

電話普及率（一〇〇人当たりの有線電話保有数）は、スウェーデン、アメリカ、デンマーク、カナダ、フィンランド、ノルウェー、フランス、イギリス、ベルギー、日本といった先進国（五〇本から七〇本）のほうが、なるほど途上国と比べはるかに高い。

しかし、携帯電話の普及率（全電話契約者に占める割合）は、フィリピン、レバノン、マレーシア、タイといった一部の途上国（四〇%から六三%）のほうが、アメリカなどの多くの先進国より高くなっている。その代表的な例がフィリピンだ。この国は有線電話数が一〇〇人当たりわずか二・五本しかない電話普及率の低い国だが、携帯電話の普及率は五三%に達し、先進国の中で一番普及率の高いフィンランドと肩を並べ、アメリカ、イギリス、日本などさえも上回っている。（※図1-9参照）

図1-9　全電話契約者に占める携帯電話契約者の割合

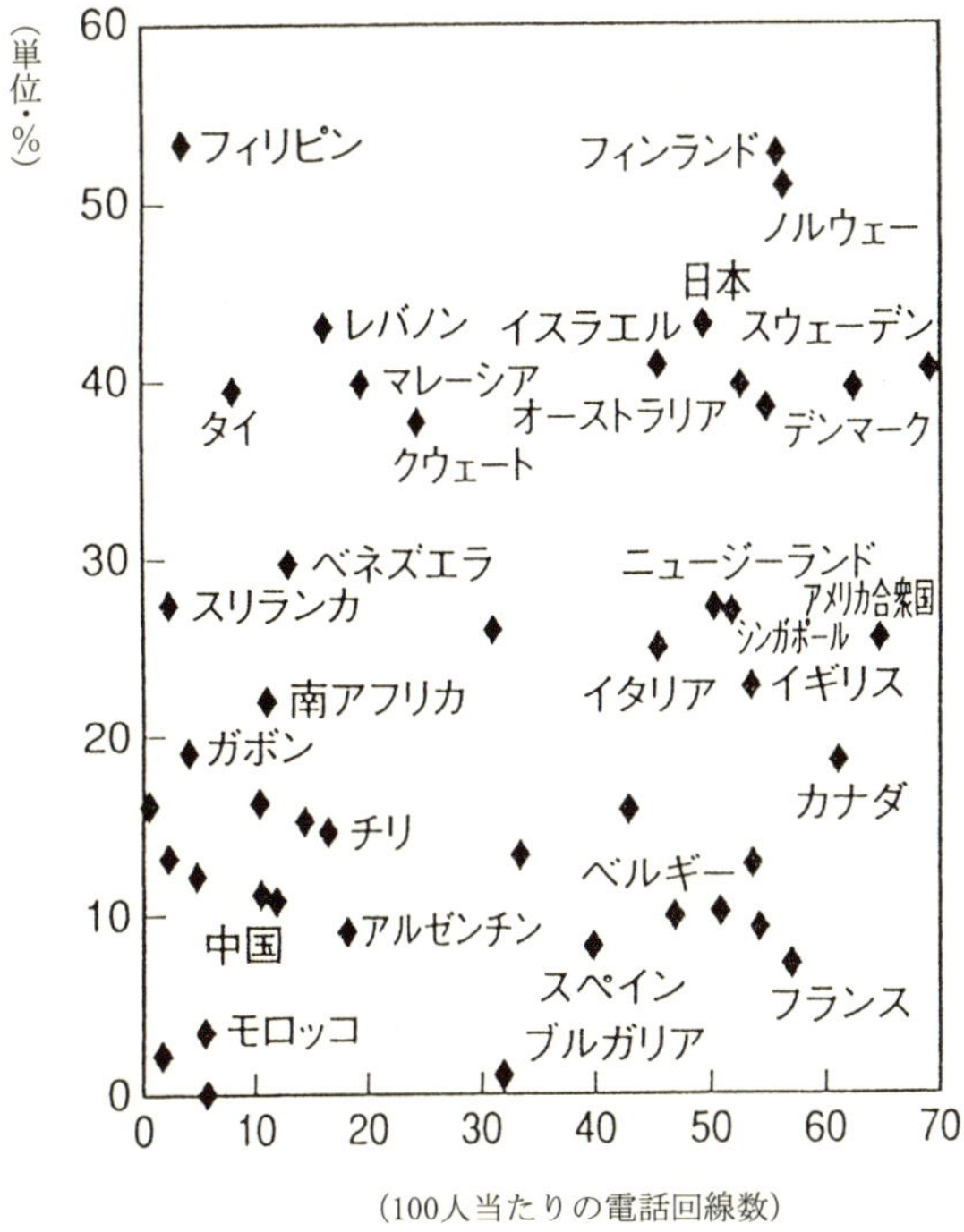

（出所）世界銀行の『世界開発報告1998/99』による。

「知識格差」と「情報不足」が無くなれば、貧困が解消するという世界銀行

世界銀行のウォルフェンソン総裁は、現在の世界には「知識格差（knowledge gap）」と「情報問題（information problems）」が横たわっており、この二つの問題は途上国のほうが先進国より深刻で、とくに貧困層への影響が大きいと述べている。（世銀の『世界開発報告1998/99——開発における知識と情報』）

ウォルフェンソン総裁は「経済は、単なる物質的な資本と技術の蓄積を通して構築されるのではなく、情報、学習、適応を基盤として構築されるのだ。個人と社会がどのように知識を入手し、利用するのか、また何故そうすることができないのか。これは最貧層の人々の生活を改善するうえで、非常に重要である」と指摘する。

さらにウォルフェンソン総裁は「知識を開発への努力の核心に据えることにより、第一により良質の空気や水、教育効果、保健医療などの公共財を効果的に提供して社会的便益を増大し、第二に金融、教育、住宅・土地市場をより良く機能させ、資源を効果的に配分し、社会の最貧層に最大の便益をもたらす。貧困を撲滅し、人々の生活を向上させる課題のために、知識の力を利用できるようになることを希望する」と強調している。

この「知識格差」と「情報問題」を解消する最も有効な手段として、ウォルフェンソン総裁が考えているのが、情報技術（ＩＴ）革命である。総裁は「ＩＴ革命はコスト低下により世界を小さくし、国境と時間の壁を消し去りつつある。辺境の地の村が世界の知識の蓄積から恩恵を得る可能性がある。遠隔教育は、何百万人もの人々の学習の機会を広げる潜在性を秘めている」と述べている。

ＩＴ革命には落とし穴が——逆に貧富の差を拡大する恐れも

しかしＩＴ革命には、『世界開発報告1998/99』も自戒しているように、思わぬ二つの落とし穴が潜んでいる。

第一に、ＩＴ革命は情報過剰状態を招き、あり余る情報を分類したり、処理するために膨大な費用がかかることだ。貧しい途上国にはそんな余裕はない。

第二に、新しい情報技術に参入できなかったり、適応できない人や国があとに取り残され、国内外の情報技術格差が逆に拡大してしまうことだ。情報技術をうまく活用できなければ、貧富の差も逆に拡大することになる。

現状では、こうしたＩＴ革命のマイナス面について指摘する人は少ない。だが今後、ＩＴ革命は経済分野だけでなく、言語や文化圏のアイデンティティの保持をめぐって世界的に反発を招き、ＩＴに対するアレルギー現象が極めて重大な問題を提起することは間違いない。

ＩＴ革命は、すでに電子商取引（Ｅコマース）などを通じて世界経済の市場を広げ、市場の集中傾向を強めている。だがその反面、こうした市場の力がもたらす利益を刈り取ることができるのは、途上国ではなく先進国だと、事態を憂慮する指摘もある。

ＩＴ革命には別の問題もある。ＩＴ自体を機能させるには、動力源として多量の電力が必要である。しかし、多くの途上国では未だに電力が不足しており、貧困層は電気代さえ払えない者が多い。アフリカではコンピューター、インターネットなどＩＴに習熟した技術者や教育者が不足しており、携帯電話の普及だけではどうにもならない問題なのだ。

二十一世紀は多様性の失われた〃文化のモノカルチャー時代〃か

ＩＴ革命がもたらす最悪の問題は、言語を含む世界の地域独自文化を画一的なモノカルチャーに変えてしまう恐れがあることである。地域独自の文化は、民族や国家の成り立っている存在基盤そのものでもあり、世界はその多様性によって調和がとれてきたのである。ＩＴ革命はインターネットによって英語を普及させる技術革命といっても過言ではない。日本ではインターネットの普及につれ、英語を第二公用語にしようという動きまで現れている。端的に言えば、インターネットの普及は、英語圏の拡大、英語文化圏の膨張にほかならない。だから、非英語圏や英語の使用に反発を感じる国や地域では、ＩＴの普及は期待ほど進まないことも予想されている。

アメリカでは「デジタル・デバイド」が進行、貧富の格差が広がる傾向に

ＩＴ革命自体が、情報技術の格差だけでなく、貧富の格差を拡大するという逆行現象は、皮肉なことにすでに現実化している。

そのいちばん好い例が、デジタル革命の発祥地アメリカで進行し始めていることだ。アメリカの現在の貧困ラインは、一家族（四人）当たりの年間所得が一万六六〇〇ドル（約一八二万六〇〇〇円）である。一日

にならすとざっと四五ドル（五〇〇〇円）の所得となる。小さな政府を目指すレーガン政権の財政改革、クリントン政権のＩＴ革命などの経済再生政策により、一九九三年以来、確かに四〇〇万人が貧困ラインから逃れることができたが、国内の孤立した地域では貧困は依然として厳しい状態にある。とくに一部大都市のスラム化した地区では失業者率が全米全体の数倍も高い。東海岸のアパラチア山系地方では、一九六一年に電気が敷かれ、九四年になってようやく浴槽にお湯をはれるようになった家さえある、と英『エコノミスト』誌（ロンドン）は指摘している。

インターネット利用者は、都市部の貧困層家庭では年収七万五〇〇〇ドル（八二五万円）を超す中高所得者家庭の二〇分の一以下しか、また黒人や少数民族（とくに中南米系）では白人家庭の四〇％しか普及していない。さらに農村部では都市部に比べインターネット利用者が大幅に低くなっている。アメリカではすでに「デジタル・デバイド（情報を持つ者と持たざる者との断絶）」が着実に進み始めている。貧困層の捉え方については黒人など少数民族より白人のほうが多いという見方もある。白人の貧困層が点在しているのに対し、黒人など少数民族は特定の地区に集まっているからだ。

アメリカの人口は一九九八年現在二億六九〇〇万人で、そのうち少数民族が二六％（七〇〇〇万人）を占めている。アメリカの人口は二〇五〇年までに一億二〇〇〇万人増えると予測されるが、この増加分のほとんどが少数民族なので、少数民族が二十一世紀半ばにはアメリカの人口のほとんど半数を占め、これまでの少数民族という言い方が通用しなくなる。ＩＴ革命はアメリカ国内でもっと「デジタル・デバイド」を拡大する可能性があるのである。

さらにアメリカのＩＴ革命の経済的効果について、米『ニューズウイーク』誌は、アメリカの中低所得層以下がほとんど利益を得ていないことを示す世論調査の結果を伝えている。例えば、大ブームを呼んでいる株取引について、年収三万ドルから四万九〇〇〇ドル（三三〇万円から五四〇万円）の中低所得層のうち、六七％が投資の機会を逸していると回答しているのだ。また全国民の実に七一％が、現在就いている職業で働いていても金持ちになる機会はない、さらに七二％が、隣人に後れをとるまいとより大型の家やしゃれた車を何とか購入したい、と焦燥感を抱いていると答えている。しかし、年収五万ドル（五五〇万円）を超す中所得層のほとんど半数は、（株や投資で）金持ちになった隣人がいると答え、ＩＴ革命のもたらす利益を身近に受け止めている。

途上国の「デジタル・デバイド」の拡大も

世界の人口は一九九九年に六〇億人を超えた。このうち、ざっと半数の三〇億人が、未だに一日当たり三ドル（三三〇円）以下で、また五分の一（一二億人）が一日当たりわずか一ドル（一一〇円）以下で生活しているのが世界の現実だ。国によって物価の基準が違うが、日本では一ドルでは安売りの卵かバナナしか買えない。（※表1-8参照）

こうした貧しい途上国では、電話線や電気、コンピューターはもとより、教育も著しく不足している。すでに先進国の通信部門の投資額は、途上国を年間三〇〇億ドル（三兆三〇〇〇億円）も上回っており、両者

表1-8　世界各国の貧困度（1日1ドル以下で生活する人の割合）

〈アフリカ〉	
アルジェリア	2.0以下
ボツワナ	33.0
コートジボアール	17.7
エジプト	7.6
エチオピア	46.0
ギニア	26.3
ギニアビサウ	88.2
ケニア	50.2
レソト	48.8
マダガスカル	72.3
モーリタニア	31.4
モロッコ	2.0以下
ニジェール	61.5
ナイジェリア	31.1
ルワンダ	45.7
セネガル	54.0
南アフリカ	23.7
チュニジア	3.9
ウガンダ	69.3
ザンビア	84.6
ジンバブエ	41.0
〈中南米〉	
ブラジル	23.6
チリ	15.0
コロンビア	7.4
コスタリカ	18.9
ドミニカ	19.9
エクアドル	30.4
グアテマラ	53.3
ホンジュラス	46.9
ジャマイカ	4.3
メキシコ	14.9
ニカラグア	43.8
パナマ	25.6
ベネズエラ	11.8

〈アジア〉	
中国	22.2
マレーシア	4.3
ネパール	50.3
パキスタン	11.6
フィリピン	26.9
スリランカ	4.0
タイ	2.0以下
〈独立国家共同体（旧ソ連邦）〉	
ベラルーシ	2.0以下
カザフスタン	2.0以下
キルギス	18.9
モルドバ	6.8
ロシア	2.0以下
トルクメニスタン	4.9
〈旧東欧〉	
ブルガリア	2.6
チェコ	3.1
エストニア	6.0
ハンガリー	2.0以下
ラトビア	2.0以下
リトアニア	2.0以下
ポーランド	6.8
ルーマニア	17.7
スロバキア	12.8
スロベニア	2.0以下
〈中東〉	
ヨルダン	2.5

（注）単位％。
（資料）世界銀行の『世界開発指針1999』による。

の投資格差は開くばかりなのである。

例えば、電話線では、サハラ砂漠以南のすべてのアフリカ諸国の電話線数を合計しても、ニューヨークの都心の超高層ビルが立ち並ぶマンハッタン区より少ない。人口一〇〇〇人当たりの電話線数は、アメリカ六六〇本に対し、中国七〇本であるが、西アフリカのチャド、東アフリカのソマリア、南アジアのアフガニスタンはたった一本しかない。

パソコン一台の値段は、東アフリカのエチオピアでは年間所得の一五倍もする。インターネットの利用者では、世界の人口の一六％を占めるに過ぎない先進国が、すでに九〇％を握ってしまっている。東南アジアの人口は世界の四分の一を占めるのに、インターネット利用者は人口のわずか〇・〇四％にしか過ぎない。

このような先進国と途上国との格差を目の当たりにして、ＩＴ革命が途上国の「カエル跳び」成長を実現するというシナリオを疑問視する見方が広がっている。

米カリフォルニア大学バークレー校のマニュエル・カステルズ教授は、人種隔離政策（アパルトヘイト）をもじった「豊かな国と貧しい国との間の技術アパルトヘイト」と題する講演で、（ＩＴ革命による）カエル跳びは、トラクターと肥料が貧しい国を離陸させると考えた「緑の革命」症候群に似ている、と述べている。「緑の革命」自体の評価は分かれているが、失敗とみる見方も根強い。

ユネスコ（国連教育科学文化機関）の専門家の中には、インターネットが発達すればするほど、アメリカと豊かな国に富が集中するとみる者もいる。米『タイム』誌が紹介する米プライスウォーターハウス社の世界各地の最高経営責任者（ＣＥＯ）一〇二〇人に対する調査結果によると、先進国と途上国の格差が縮小すると答えたＣＥＯが三〇％なのに対し、逆に拡大すると答えたＣＥＯが五〇％と大幅に上回っている。情報技術への投資に実際に取り組むのは企業だから、この調査はより現実的な意味を持っている。

途上国は調和のとれた農業・工業の再構築が急務

これまでの歴史を振り返ってみると、われわれの住む高度文明社会は、農業社会から工業社会を経て情報化社会へと順番に向かい、それぞれが相互に補完しあっていると言える。それは、基礎の土台を作り、側壁のレンガを積み重ね、屋根を敷くレンガ作りの家に似ている。農業社会を土台とすれば、工業社会は側壁、情報化社会は屋根である。先進国はこの構造通り順序よく社会を築けたが、途上国は不幸にも植民地化によってそれができなかった。土台の農業がモノカルチャー化されて未成熟のまま工業化を迫られ、農業も工業もあぶはち取らずの状態となってしまった。

なのにＩＴ革命は、一挙に途上国を情報化社会へと「カエル跳び」させようとしているわけだ。土台の農業も、側壁の工業もグラグラなのに、一挙に情報化社会の屋根を作れるわけがない。ＩＴ革命はこうした大矛盾を抱えているのである。このように脆弱な基盤を再構築もせずに、それを飛び越えて、二十一世紀に貧富の格差のない公平な社会を築くことなど不可能だろう。

二十世紀は、十八世紀後半の産業革命が十九世紀を通じてもたらした資本や土地、産業など政治・経済分野での植民地化が色濃く尾を引いた時代であったとすれば、二十一世紀はＩＴ革命による新たな言語、文化の植民地化、モノカルチャー化の時代を招き、多様性を喪失した一元的な価値観や思想が幅をきかす、殺伐とした社会となる危険性がある。

3　重債務国の悲鳴、減少する食糧援助

途上国の債務を増やした一九五〇年代の〝カエル跳び〟理論の教訓はどこに？

情報技術（ＩＴ）革命によって、二十一世紀に途上国の経済が一挙に「カエル跳び」的な発展を遂げるという考え方は、アメリカの経済学者ロバート・Ｍ・ソローやサイモン・Ｍ・クズネッツなどが、第二次大戦後間もなく一九五〇年代半ばから六〇年代半ばにかけて提唱した成長理論と驚くほど酷似している。彼らは、初めに資本集約度の低い貧しい国ほど成長率が高く、貯蓄率が一定であれば最終的にすべての国は同一の経済水準に達するという理論を展開した。

このような開発理論は、市場メカニズムによって途上国が近代化し、発展するという「近代化理論」に基づいている。つまり、革新的な技術が実用化されれば、貿易や通信・運輸システムが発達する。それに伴い技術のコストが安くなって世界中に普及し、世界経済が成長するという図式だった。

これに対して、先進国と途上国との間には、避けて通れない抑圧と非抑圧の対立が存在していると主張する経済学者がいた。スウェーデンの経済学者カール・グンナー・ミュルダールなどは、資本の移動と貿易が逆に地域間の不平等を拡大する、と警告した。しかし、結局は「近代化理論」に押し切られてしまったのである。

二十世紀半ばごろまでに植民地から独立した発展途上国は、楽観的なこうした筋書きに従って、一次産品生産国から工業国へと相次いで転換をはかり先進国に近づこうとした。だが、先進国からの過剰な資本投資と、それに伴う途上国自身の消費経済によって逆に対外債務（借金）を抱え込み、貧困から抜け出せないばかりか、一部の途上国は重債務国へと転落してしまった。貿易が経済成長を推進するという、植民地支配による十九世紀型の国際分業が、第二次大戦後、途上国の経済発展に大きな成果をもたらさなかったことは周知の事実だ。二十一世紀のＩＴ革命による途上国経済の浮揚策が、この二の舞にならないという保証はどこにもない。

政府介入による農業軽視の「輸入代替工業化」政策の失敗

途上国は、一九五〇年代から六〇年代にかけ、それまで旧宗主国を中心とする外国からの輸入を通じて国内需要を満たしていた工業製品を国内の工業化によって賄うという、いわゆる「輸入代替工業化」の道を相次いで選択した。こうした工業化を進めるやり方として、市場メカニズムに任せるのか、政府の介入に依存するのか、という二者択一の方法がある。しかし、世界経済は一九二九年から一九三二年にかけ大恐慌に見舞われ、ケインズ流の資本投資による市場経済理論が挫折し、政府介入によるソ連型の社会主義計画経済が勢力を強めていたから、途上国は政府介入による輸入代替工業化の導入を急いだ。

だが、この輸入代替工業化は、農業からの資源移転によって工業化をはかり、生産した工業製品の販路を国内の市場に求めたので、途上国を一次産品依存型の経済から脱却させるには至らなかった。しかも輸入代替工業化には、途上国自身の貯蓄、需要および知識・学習能力といった三つの要素が不足していたため、一九六〇年代に輸入代替工業化は行き詰まってしまった。

先進国側は、工業製品の輸出で得た利益を途上国への資本投資に回し、さらに技術移転をはかれば、途上国を一次産品依存型の経済から脱却させることが可能だと考えていた。だから当初は、この貯蓄と需要の不足を解消することが重視された。それでも経済成長率が計画通り達成できなかったばかりか、技術移転も進まず、改めて最近、途上国内の技術を吸収する知識と学習能力の不足に目を向けざるを得なくなっているのは皮肉である。

途上国の債務は一九七〇年代から急増、二回に及ぶ石油危機が拍車

このようにして、一九五〇年代から本格化した途上国の輸入代替工業化政策は、一九六〇年代に先進国との所得格差だけでなく、途上国同士の経済成長率の格差をも広げる結果をもたらした。それだけでなく、途上国の長期債務は一九七〇年の六一六億ドルから一九八〇年には約八倍（四八〇六億ドル）へと膨れ上がった。同時に急激な都市化を招いて、都市と農村の貧困をいっそう拡大することになった。

いち早く工業化社会へと脱皮をとげた先進国側は、逆に工業製品の輸出競争を一段と激化させた。途上国の債務の急増は、一九六〇年代の輸入代替工業化政策の失敗、先進国の産業調整の遅れをカバーするための輸出信用供与の拡大、東西冷戦時代の援助競争などによる過大投資が、災いのもととなった。こうした過大投資は一九七〇年代には過大消費へと一転し、途上国はさらに借金を重ねる羽目となった。

その大きな引き金となったのが、二回に及ぶ石油危機だ。一九七三年の第一次、さらに七九年の第二次石油危機の結果、原油価格が大幅に引き上げられ、石油を産出しない多くの途上国は、資金不足に陥った。これより以前にアメリカ、ヨーロッパ、日本など先進諸国の大銀行は、シンジケートを結成してメキシコやブラジルなどの中南米諸国、東アジア諸国などに巨額の資金を貸し付けており、途上国の債務が急増していたからたまらない。

表1-9　重債務貧困国(ＨＩＰＣ)40か国の分類

アフリカ(32)	アジア(3)	中南米(4)	中東(1)
アンゴラ,ベニン,ブルキナファソ,ブルンジ,カメルーン,中央アフリカ,チャド,コンゴ共和国,コートジボワール,コンゴ民主共和国,エチオピア,ガーナ,ギニア,ケニア,ギニアビサウ,リベリア,マダガスカル,マラウィ,マリ,モーリタニア,モザンビーク,ニジェール,ルワンダ,サントメプリンシペ,セネガル,シエラレオネ,ソマリア,スーダン,タンザニア,トーゴ,ウガンダ,ザンビア	ミャンマー ラオス ベトナム	ボリビア ガイアナ ホンジュラス ニカラグア	イエメン

(出所)世界銀行の1999年10月の発表。

途上国の中でも高金利の銀行ローンを借りることができない低所得国は、その代わりに先進国政府や国際機関から公的資金を借り入れざるをえず累積債務が肥大化し、一九八二年のメキシコの債務危機に代表されるような金融危機を招いたのだ。

債務国からさらに落ち込んだ「重債務貧困国(ＨＩＰＣ)」が出現

世界銀行の分析によれば、一九八〇年代初めには、八七カ国にのぼる途上国が債務を抱え、このうち約半数の四二カ国が重債務国だった。この当時の重債務国の基準(一九八二年から八四年の平均値)では、①債務残高が対国民総生産(ＧＮＰ)比率三〇%以上②債務残高の対輸出比率が一六五%以上③金利と元金支払い(デット・サービス)の対輸出比率が一八%以上④金利支払いの対輸出比率が一二%以上——という四つの基準のうち、三基準を満たせば重債務国とされた。

ところが、一九九〇年代になると、これらほとんどの重債務国はさらに「重債務貧困国(ＨＩＰＣ)」へと転落したのである。重債務貧困国の判断基準は年ごとに変動しているが、世界銀行は九九年秋、四〇カ国の

途上国を重債務貧困国（債務総額は二一四〇億ドル＝二三兆五四〇〇億円）と分類している。（※表1－9参照）

その判断基準は、九三年の時点における一人当たりのGNPが六九五ドル以下で、債務残高が対輸出比率二二〇％以上または対GNP比率八〇％以上を占める国となっている。債務を軽減するための先進国と途上国の協議は、一九五六年、アルゼンチンの債務返済繰り延べをめぐりフランスを議長に始まった「パリ・クラブ」会議で始まった。その後一九八八年にカナダのトロントで開かれた主要先進国首脳会議（トロント・サミット）で累積債務に苦しむ最貧国の救済が提唱され、九四年のナポリ・サミットで重債務貧困国の債務軽減措置について合意をみた。これを受けて、世界銀行が九六年に、重債務貧困国に対する包括的な「債務救済イニシアチブ（計画）」を作成した。この救済計画では、重債務貧困国のうち二六カ国が対象となった。重債務貧困国の救済基準は、債務残高の対輸出比率を二〇〇％から二五〇％、また対政府歳入比率を二八〇％――と設定された。しかし、この救済基準を満たしたのはウガンダ、ボリビア、ガイアナの三カ国に過ぎなかった。

キリスト生誕二〇〇〇年を記念した〝債務帳消しの特赦〟

折からキリスト生誕の二〇〇〇年紀（ジュビリー二〇〇〇）を翌年に控え、一九九九年六月にドイツのケルンで開かれた主要先進国首脳会議（ケルン・サミット）で、この債務救済計画が見直され、債務残高を対輸出比率の一五〇％、また対政府歳入比率を二五〇％に引き下げた。さらにケルン・サミットでは、「政府開発援助（ＯＤＡ）」のうち、二国間のＯＤＡ債務の返済を免除し、新規のＯＤＡを行う場合は無償で行うことを決めた。

新債務救済計画の対象国は、旧救済計画より七カ国増え、計三三カ国（四億三〇〇〇万人）となった。この新債務救済計画で、主要先進八カ国（Ｇ８）は、重債務貧困国の名目上の債務残高一三〇〇億ドル（約三六兆三〇〇〇億円）を七〇〇億ドル削減して六〇〇億ドル（六兆六〇〇〇億円）にする計画である（現在価値ベースでは、旧救済計画の二倍以上にあたる二七五億ドル削減となる）。

世界銀行は一九九九年四月、新債務救済計画に基づき、重債務貧困国一二か国の債務削減が適切かどうか資格審査を行い、うち一〇カ国（ボリビア、ガイアナ、ブルキナファソ、コートジボワール、マリ、モザンビーク、ウガンダ、エチオピア、ギニアビサウ、モーリタニア）の債務が削減されることになった。これら一〇か国の名目上の救済債務額は八五億ドル（現在価値ベースで四三億ドル）にのぼる。さらにチャド、ギニア、ホンジュラス、ニカラグア、ニジェール、タンザニア、ベトナムの計七カ国の債務救済も検討されている。

途上国への援助は半世紀に一兆ドル（約一一〇兆円）に、途上国の経済運営も問題

先進国が、一九五〇年から約半世紀の間に途上国に対して行った援助総額は、ざっと一兆ドル（約一一〇兆円）に達する。こうした巨額の援助にもかかわらず、期待ほど途上国の経済成長に成果が上がっていない

ことから、援助全体の見直しが始まった。援助不成功の原因として、途上国政府内部の腐敗、無能さ、欠陥だらけの経済政策によって、援助資金が無駄に使われていることを指摘する見方も多い。

世界銀行は、援助を受けている五六カ国の途上国を、経済運営の質の面から分析している。それによると、良好な政策（低率のインフレ、黒字予算、貿易の開放性）と良好な制度（汚職ゼロ、強力な法規則、効果的な官僚制）をとっている途上国は、たとえ少額の援助であっても、政策や制度が悪い途上国と比べると、一人当たりの国内総生産（ＧＤＰ）が年間二・二％も増えている。

先進国のほとんどの援助提供国は、依然として成長の阻害要因として途上国の資本不足をあげ、途上国政府に投資金を供与すれば急激な成長が望めるとみている。そうした単純な見方だけでは説得力に乏しいことは、既に言及したとおりだ。

先進国どうしの国力の誇示と〝援助競争〟がからむ援助の現実

援助には、人道的な側面だけでなく、先進国どうしの露骨で戦略的な利害打算が密接にからんでいる。世界の援助国の上位三位を占めるのは、大抵の場合、日本、アメリカ、フランスである。アメリカの援助の場合、カーター政権時代の一九七八年にキャンプデービッドの和平合意が成立して以来、イスラエルとエジプトが常に一、二番目の対象国になっている。巨額の援助は、イスラエルの防衛とアメリカ国内のユダヤ系市民の動向と深くかかわっている。そのイスラエルをいち早く承認したエジプトも、アメリカの国益から

図1-10　DAC主要国のODA実績の推移(支出純額ベース)

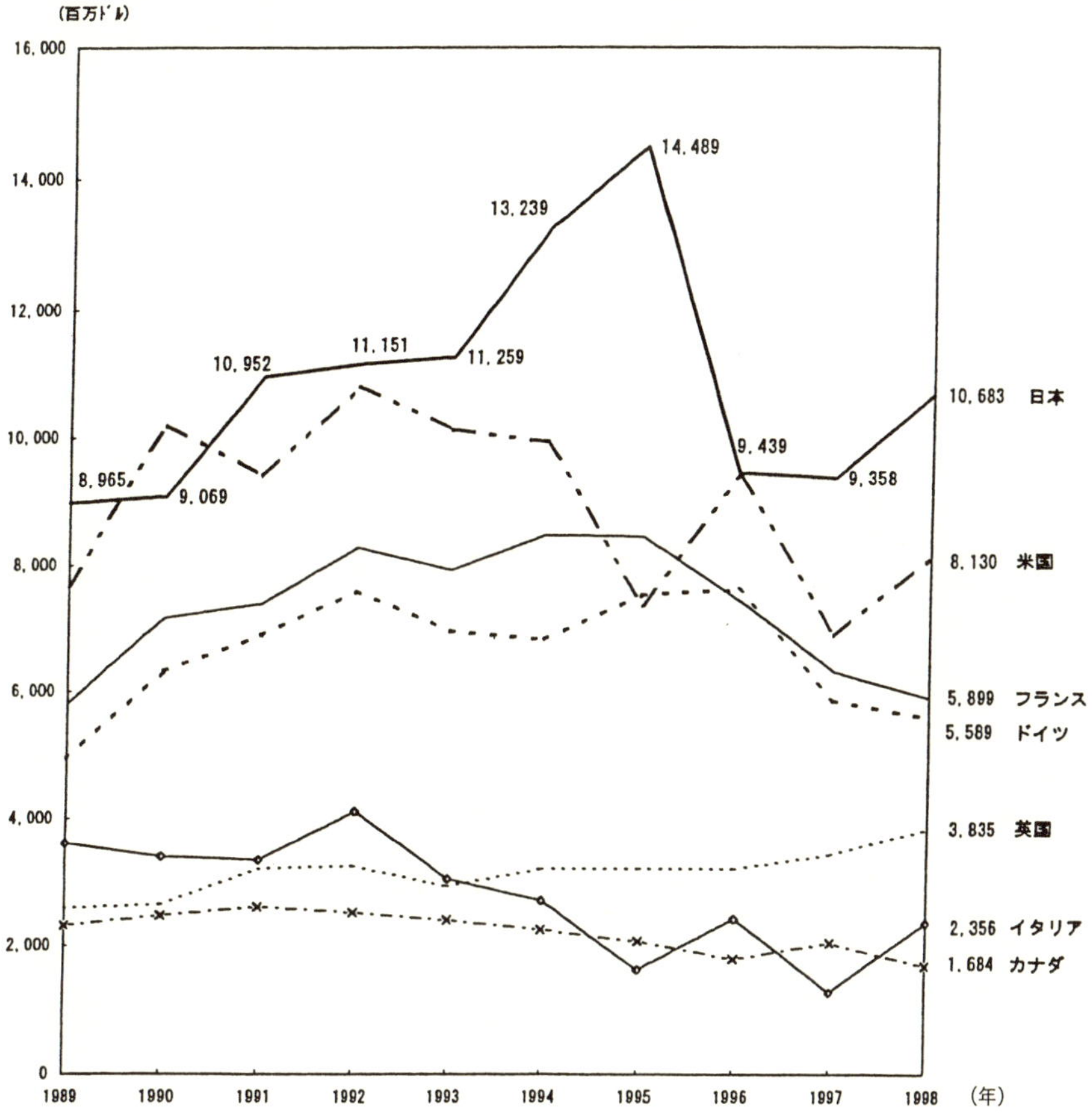

(出典)99年プレスリリース。
(注)東欧向け及び卒業国向け援助は含まない。なお,98年は暫定値。
(提供)外務省経済協力局調査計画課。

みれば決して手放せない中東の要なのだ。

フランスの場合は、旧植民地諸国に対する援助が最大だ。フランス語を教える費用など、旧植民地諸国をフランスにつなぎ止めておくための手段として援助が使われている。

途上国ではないが、ロシアとウクライナの場合は、核弾頭を他国に売却をしないという保障をした代わりに、多額の援助を勝ち取っている。（※図1-10、表1-10参照）

▲加藤淳平氏

こうした援助の実態について、常磐大学国際学部の加藤淳平教授（国際協力論）は「先進国の援助には、国力を誇示するという側面が非常に強い。援助には〝良いプロジェクト〟と〝つまらないプロジェクト〟がある。先進国は援助国会合で調整を試みてはいるものの、実際には〝良いプロジェクト〟を取り合う熾烈な〝援助競争〟が繰り広げられている」と指摘する。

「〝良いプロジェクト〟とは、目立ちやすくて生産性が高く、住民の感謝を受けやすいプロジェクトだ。例えば、首都圏に電気や飲料水を供給するダムや灌漑水利施設などの建設は、取り合いになっている。しかし、山奥やへき地の洪水を防ぐための施設建設などは〝つまらないプロジェクト〟として、各国ともみんなが逃げ腰になって、押し付け合っている」と加藤教授はいう。

表1-10　DAC主要国の二国間ODA５大援助供与先

（支出純額ベース）

供与国	暦年	1位 国名	シェア(%)	2位 国名	シェア(%)	3位 国名	シェア(%)	4位 国名	シェア(%)	5位 国名	シェア(%)
日本	1993	中国	16.8	インドネシア	14.3	フィリピン	9.4	タイ	4.4	インド	3.7
	94	〃	15.5	インド	9.3	インドネシア	9.3	フィリピン	6.2	タイ	4.0
	95	〃	13.3	インドネシア	8.6	タイ	6.4	インド	4.9	フィリピン	4.0
	96	インドネシア	11.8	中国	10.5	〃	8.1	〃	7.1	〃	5.0
	97	中国	8.8	インドネシア	7.6	インド	7.5	タイ	7.1	〃	4.9
米国	1993	イスラエル	17.7	エジプト	13.4	ソマリア	7.0	フィリピン	3.9	ｴﾙ･ｻﾙｳﾞｧﾄﾞﾙ	3.0
	94	〃	17.1	〃	9.4	ハイティ	7.4	ソマリア	4.8	ルワンダ	3.0
	95	エジプト	11.2	ハイティ	6.8	イスラエル	5.8	イラク	2.4	パラオ	2.4
	96	イスラエル	32.6	エジプト	10.5	ﾎﾞｽﾆｱﾍﾙﾂｪｺﾞﾋﾞﾅ	2.0	〃	1.6	ミクロネシア	1.5
	97	エジプト	11.0	ﾎﾞｽﾆｱﾍﾙﾂｪｺﾞﾋﾞﾅ	3.7	ボリビア	3.3	ペルー	2.4	南アフリカ	2.1
英国	1993	旧ﾕｰｺﾞｰ･ｽﾗｳﾞｨｱ	6.5	インド	5.2	バングラデシュ	4.7	ウガンダ	3.6	モザンビーク	3.1
	94	インド	5.7	旧ﾕｰｺﾞｰ･ｽﾗｳﾞｨｱ	5.5	ザンビア	3.9	バングラデシュ	3.7	マラウィ	3.2
	95	〃	8.5	ザンビア	4.6	バングラデシュ	4.6	ウガンダ	4.0	インドネシア	3.4
	96	〃	8.6	マラウィ	4.7	〃	4.0	旧ﾕｰｺﾞｰ･ｽﾗｳﾞｨｱ	3.9	ウガンダ	3.9
	97	〃	7.8	ガイアナ	7.6	ザンビア	4.7	ウガンダ	4.0	モザンビーク	3.7
仏	1993	象牙海岸	9.5	カメルーン	6.9	ﾆｭｰｶﾚﾄﾞﾆｱ	6.4	仏領ポリネシア	5.4	エジプト	4.2
	94	〃	9.8	エジプト	6.2	〃	6.1	〃	5.5	カメルーン	4.7
	95	〃	8.0	〃	7.0	仏領ポリネシア	6.9	ﾆｭｰｶﾚﾄﾞﾆｱ	6.9	〃	4.1
	96	ﾆｭｰｶﾚﾄﾞﾆｱ	6.8	〃	5.2	象牙海岸	5.2	モロッコ	5.1	アルジェリア	4.2
	97	仏領ポリネシア	7.6	ﾆｭｰｶﾚﾄﾞﾆｱ	7.0	マダガスカル	6.5	エジプト	5.9	コンゴー共和	5.1
ドイツ	1993	旧ﾕｰｺﾞｰ･ｽﾗｳﾞｨｱ	11.4	インドネシア	6.2	中国	5.5	インド	3.5	ペルー	3.2
	94	〃	7.3	中国	7.2	エジプト	7.0	インドネシア	6.4	エティオピア	4.0
	95	中国	14.2	旧ﾕｰｺﾞｰ･ｽﾗｳﾞｨｱ	8.3	ニカラグア	3.6	エジプト	3.5	インド	3.5
	96	〃	10.2	エジプト	9.8	〃	8.9	フィリピン	2.4	ボリビア	2.3
	97	エジプト	10.9	中国	10.5	インドネシア	3.2	ペルー	2.3	イラク	1.8

(出典)98年OECD, GEOGRAPHICAL DISTRIBUTION OF FINANCIAL FLOWS.

(注)(1)シェアーについては各国の二国間援助に占める割合。

(2)東欧及び卒業国向け援助は含まれない。

(3)支出純額ベース。

(提供)外務省経済協力調査計画課。

途上国を疑心暗鬼にさせる先進国の素顔を隠した二重のレトリック

開発の実現に資金の足りない途上国。援助の目的は、簡単に言えば、その貧しい途上国を支援することであるはずだ。しかし、加藤教授は「先進国のいう援助の目的には、表と裏の顔がある」と次のように明言する。

「第二次大戦後、真剣に援助と取り組んだ先進国の良識ある人たちは、植民地化で搾取して貧しくしたのだから、途上国に利益を還元しなければいけないのだ、といった明確な意識を持っていた。だが、そうした意識は絶対に表には出されず、貧しい人たちを助けるのだという人道的な考えと、世界の平和を守るために貧富の格差の是正をはかるのだといった考えを、援助の二大理念に据えた」。

しかし、加藤教授は「その援助理念の裏には、途上国の人たちは無能だから貧しくなったのであり、仕様がないので先進国が金を恵んでやるのだといった人種差別主義的な意識が根強く潜んでいる。こうした根底的に相いれない意識と考えが表裏一体をなして、途上国の開発理論、開発政策に投影されており、その解決をいっそう難しくしているのだ」と指摘している。

年間一〇〇億ドルを超した日本の政府開発援助（ＯＤＡ）の問題

先進国が途上国の経済発展を目的として行う援助には、「政府開発援助（ＯＤＡ）」をはじめ、「その他政府

図1-11　わが国の二国間ODA地域別内訳の推移

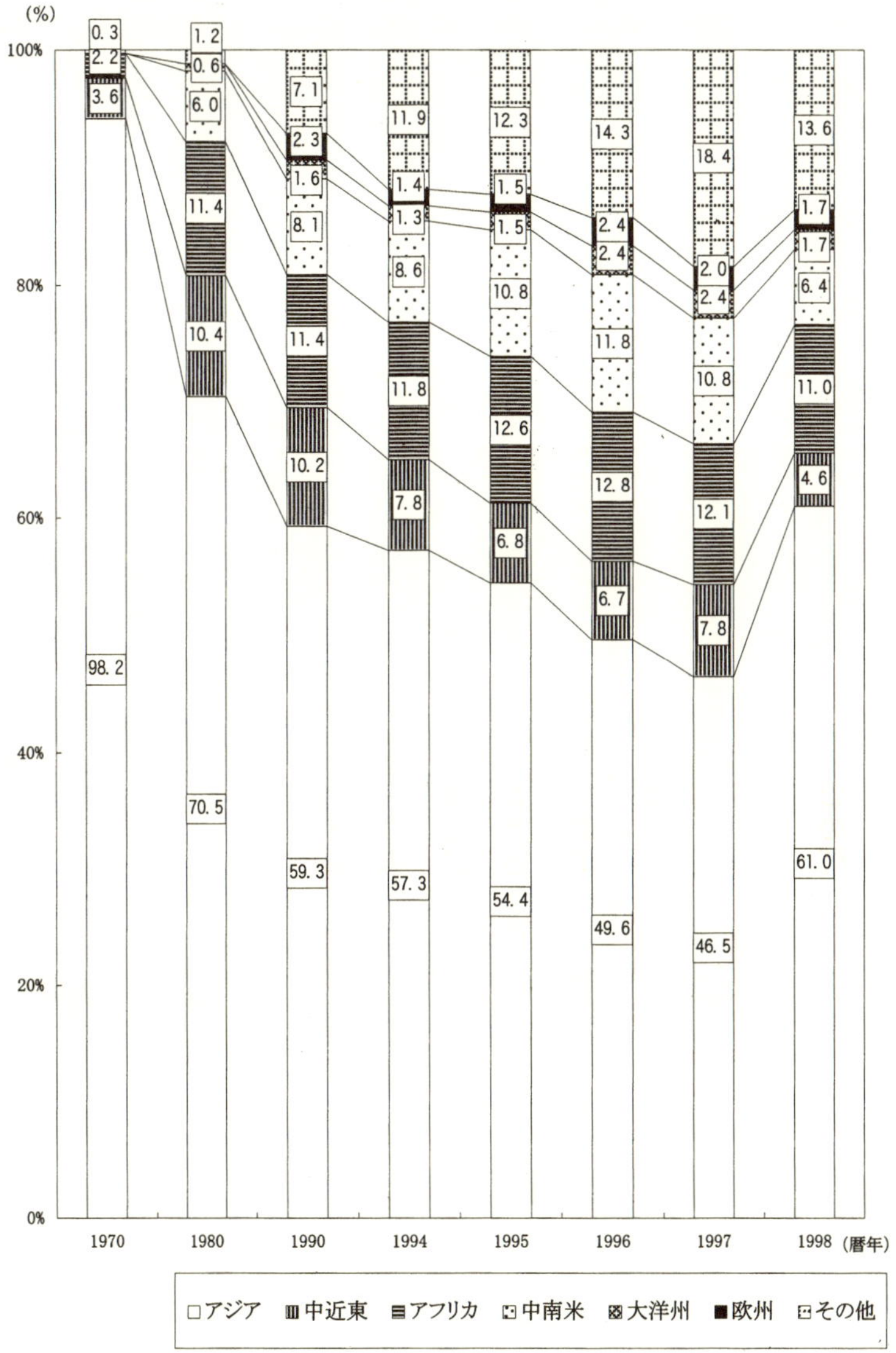

(注) (1) 90年以降の欧州地域に対する実績には東欧向けを含む。
(2) 98年については暫定値。
(提供) 外務省経済協力局調査計画課。

資金（ＯＯＦ）」および「民間資金（ＰＦ）」といった三つの方法がある。

ＯＤＡは、政府あるいは政府機関が途上国に供与する援助で、正式には“Official Development Assistance”という。これには①返済義務のない贈与②返済義務のある政府借款③国際機関への出資・拠出の三種類がある。さらに①の贈与は、供与資金を必要物資の輸入などに使う無償資金協力と、技術レベルの向上に充てる技術協力に分かれている。日本は②の援助が、またアメリカやフランスは①の援助が多い。

ＯＯＦは、日本の場合、国際協力銀行（旧国際協力基金）などが輸出信用、直接投資および開発プロジェクトに供与する資金で、正式には“Other Official Flows”と呼ばれている。またＰＦは、民間銀行などが輸出信用に供与したり、直接投資する資金で、正式には“Private Flows”という。

これら途上国向けの三つの援助の中で主役を務めるのが、ＯＤＡである。日本は世界最大のＯＤＡ供与国で、一九九八年には総額が一〇〇億ドル（約一兆一〇〇〇億円）を超えた。日本は八九年にそれまでトップだったアメリカを追い越し、九〇年に二位に下がったが、九一年から首位の座を保っている。（※図１－11、表１－11参照）

しかし、これは量的な供与総額に限ってのことである。一九九八年の場合、ＤＡＣ諸国（後述）の国民総生産（ＧＮＰ）と比較した割合では、トップのオランダ（〇・九九）にはるかに及ばず、日本は一二位（〇・二八）である。また国民一人当たりのＯＤＡ負担比率（九七年）でも、首位のデンマーク（三一〇ドル）に及ばず、九位（七四・二ドル）にとどまっている。日本国内ではＯＤＡのばらまき的な使途について批判が出ているが、日本のＯＤＡ供出額自体が対ＧＮＰ比率や国民一人当たりの負担率からみても、総額がまだ不

表1-11　ＤＡＣ諸国のＯＤＡ

国　名	1998年 順位	1998年 実績	1998年 ｼｪｱｰ(%)	1998年 対前年比	1997年 順位	1997年 実績	1997年 ｼｪｱｰ(%)	1997年 対前年比
日　本	1	10,683	20.7	14.2	1	9,358	19.4	-0.9
米　国	2	8,130	15.8	18.2	2	6,878	14.2	-26.7
フランス	3	5,899	11.4	-6.5	3	6,307	13.1	-15.4
ド イ ツ	4	5,589	10.8	-4.6	4	5,857	12.1	-22.9
英　国	5	3,835	7.4	11.7	5	3,433	7.1	7.3
オランダ	6	3,049	5.9	3.5	6	2,947	6.1	-9.2
イタリア	7	2,356	4.6	86.1	11	1,266	2.6	-47.6
デンマーク	8	1,704	3.3	4.1	9	1,637	3.4	-7.6
カ ナ ダ	9	1,684	3.3	-17.7	7	2,045	4.2	13.9
スウェーデン	10	1,551	3.0	-10.4	8	1,731	3.6	-13.4
スペイン	11	1,462	2.8	18.5	12	1,234	2.6	-1.4
ノールウェー	12	1,321	2.6	1.1	10	1,306	2.7	-0.4
オーストラリア	13	998	1.9	-5.9	13	1,061	2.2	-1.2
ス イ ス	14	888	1.7	-2.5	14	911	1.9	-11.2
ベ ル ギ ー	15	878	1.7	14.9	15	764	1.6	-16.3
オーストリア	16	506	1.0	-4.0	16	527	1.1	-5.4
フィンランド	17	396	0.8	4.5	17	379	0.8	-7.1
ポルトガル	18	222	0.4	-11.2	18	250	0.5	14.7
アイルランド	19	205	0.4	9.6	19	187	0.4	4.5
ﾆｭｰ･ｼﾞｰﾗﾝﾄﾞ	20	130	0.3	-15.6	20	154	0.3	26.2
ルクセンブルグ	21	106	0.2	11.6	21	95	0.2	15.9
ＤＡＣ諸国計		51,593	100.0	6.8		48,324	100.0	-12.8

(出典)99年プレスリリース。
(注)(1)国名の順位はＯＤＡの総額の順。東欧向け及び卒業国向けは含まない。なお,98年は暫定値。
(2)支出純額ベース。単位・100万ドル,%。
(提供)外務省経済協力局調査計画課。

足していることは事実なのである。（※表1-12、13参照）

後発開発途上国にはイギリスとフランスの旧植民地が多い。世界の援助対象は一五〇カ国

経済協力開発機構（ＯＥＣＤ）の下部機関「開発援助委員会（ＤＡＣ）」が、一九九八年に援助を受けた対象国を、一九九五年の国民一人当たりの国民総生産（ＧＮＰ）の所得水準に基づいて五つのグループに分類している。ＤＡＣは、先進国二一カ国と欧州共同体委員会がメンバーで、援助問題全般について討議する委員会だ。

その一番目が、途上国の中でも特に開発の後れた「後発開発途上国（ＬＬＤＣ）」グループである（国連ではＬＤＣと言っている）。後発開発途上国は四八カ国を数えている。もちろん「重債務貧困国（ＨＩＰＣ）」は、このグループに入る。

後発開発途上国の判断基準は、一人当たりの国内総生産（ＧＤＰ）が①六九九ドル以下②人口が七五〇〇万以下という二つの目安がある。これとは別に、平均余命や栄養摂取量、初等・中等教育の就学率などの「人間開発指数」と、ＧＤＰに占める製造業の割合や一人当たりの電力消費率など「経済構造の脆弱性を示す指数」の二つの基準を加えている。この「経済構造の脆弱性指数」の基準は、内陸国や人口一〇〇万以下の小国、洪水や地震など「自然災害」の被災国に適用される。

二番目は「低所得国（ＬＩＣ）」グループで、一九九五年の国民一人当たりの国民総生産（ＧＮＰ）が七六

表1-12　DAC諸国のODA対GNP比

（単位：%）

国　名（注）	順位	1998年	順位	1997年
デンマーク	1	0.99	1	0.97
ノールウェー	2	0.91	2	0.86
オランダ	3	0.80	3	0.81
スウェーデン	4	0.71	4	0.79
ルクセンブルグ	5	0.61	5	0.55
フランス	6	0.41	6	0.45
ベルギー	7	0.35	10	0.31
スイス	8	0.33	7	0.34
フィンランド	9	0.32	9	0.33
アイルランド	10	0.31	10	0.31
カナダ	11	0.29	7	0.34
オーストラリア	12	0.28	12	0.28
日　本	12	0.28	19	0.22
英　国	14	0.27	14	0.26
ﾆｭｰ･ｼﾞｰﾗﾝﾄﾞ	14	0.27	14	0.26
スペイン	16	0.26	18	0.23
ドイツ	16	0.26	12	0.28
オーストリア	18	0.24	14	0.26
ポルトガル	19	0.21	17	0.25
イタリア	20	0.20	20	0.11
米　国	21	0.10	21	0.09
DAC諸国平均		0.23		0.22

（注）(1)国名は1998年ODA対GNP比の順。なお，98年は暫定値。
　　(2)単位・%。
（提供）外務省経済協力局調査計画課。

表1-13　DAC諸国の国民一人当たりODA

（単位：米ドル、%）

国　名（注）	順位	1997年	順位	1996年
デンマーク	1	310.0	1	336.9
ノールウェー	2	297.5	2	300.0
ルクセンブルグ	3	226.2	5	195.2
スウェーデン	4	195.6	3	224.6
オランダ	5	190.3	4	209.6
スイス	6	128.5	6	144.7
フランス	7	107.6	7	127.6
ベルギー	8	75.1	9	89.9
日　本	9	74.2	11	75.0
フィンランド	10	73.7	10	79.5
ドイツ	11	71.4	8	91.8
カナダ	12	67.5	14	59.9
オーストリア	13	65.3	12	69.1
英　国	14	59.1	15	54.4
オーストラリア	15	57.3	13	61.3
アイルランド	16	51.1	16	49.4
ﾆｭｰ･ｼﾞｰﾗﾝﾄﾞ	17	41.0	19	33.5
スペイン	18	31.4	20	31.9
米　国	19	25.8	18	35.3
ポルトガル	20	25.1	21	21.9
イタリア	21	22.3	17	42.0
DAC諸国全体		59.0		67.9

（出典）1998年DAC議長報告。
（注）(1)国名は97年の一人当たりODAの多い順。
　　(2)単位・米ドル，%。
（提供）外務省経済協力局調査計画課。

六ドル未満で、九八年の実績で二四カ国・地域が該当する。三番目の「低中所得国（LMIC）」グループは、同じく七七六ドルから三〇三六ドル未満で、四八カ国・地域が該当する。さらに四番目の「高中所得国（UMIC）」グループは、同様に三〇三六ドルから九三八六ドル未満で、二六カ国・地域が該当する。援助を受けたこれら四グループの途上国を合計すると、一四六カ国・地域にのぼる。

五番目の「高所得国（HIC）」は、九五年のGNPが九三八六億ドル以上で、九八年の実績で四か国・地域が該当している。援助を受けた国は全部で一五〇カ国・地域に達する（国連加盟国数は一八八カ国）。

いずれにしても、植民地時代の悪弊を受け継ぎ、閉鎖的な経済システムをとり続けてきた旧植民地の途上国は、植民地支配を受けず開放経済をとった他の途上国と比べ、先進国から約二倍も多い援助を受けているのが現状なのだ。

重債務の減額もモザンビークでは史上最悪の「気象災害」で水泡に

植民地時代の影響と貧困との相関関係が、未だにいちばん投影されているのがアフリカ諸国だ。これら諸国にはイギリスとフランスの旧植民地が驚くほど多い。なかでも債務免除の対象となった重債務貧困国が多く、彼らの窮状は、さらに「気象災害」や内戦による食糧援助を受け、惨たんたるものだ。アフリカ南部のインド洋側に位置するモザンビーク（人口一七〇〇万）は、旧ポルトガル領植民地で一九七五年に独立した。モザンビークは石炭、ニッケル、ボーキサイトなど鉱物資源を輸出する一次産品国であり、一九九八年の国内総生産（ＧＤＰ）は、日本の四七都道府県のなかで年間予算が最下位（一九九九年）の鳥取県とほぼ同じの四〇億ドル（約四四〇〇億円）しかない。

モザンビークは重債務貧困国の一つであり、同国の対外債務は、一九九八年末現在で国内総生産のざっと二倍の八三億ドルを超えており、九九年六月の主要先進国首脳会議（ケルン・サミット）で合意された重債務貧困国への救済策で三七億ドルの債務が削減されることになった。

しかし、その債務削減策もその後発生した「気象災害」によって〝焼け石に水〟となってしまった。モザンビークは、二〇〇〇年二月初めから三月末にかけ同国史上最悪の洪水に襲われた。サイクロン「エリーナ」の襲来と豪雨による大洪水で、約六五万人にのぼる住民が被災し、数千人もの死者を出した。

国連世界食糧計画（ＷＦＰ）は各国に対し、食糧をはじめ再定住、インフラ（社会基盤）再建のために総額五四一〇万ドル（約六〇億円）に及ぶ緊急援助を要請した。

この空前の大洪水では、上流の南アフリカとジンバブエにあるダムが氾濫し、高さ四―八メートルに達する濁流が押し寄せ、さらに下流のモザンビークのダムの水門が開かれ、最悪の被災地区を一挙に呑み込み、被害を悪化させた。モザンビークのサベ川とリンポポ川の渓谷では、数千人もの人たちが逃げ場を失い、屋根や木に登ったり可能なものすべてにしがみついて助けを求める事態となった。南端にある首都マプタも幹線道路が寸断され、孤立状態に陥った。

ＷＦＰの被害調査によると、通常から食糧が不足していたガザ、イニヤンパネ、マニカ、マプト、ソファラ地域では数千ヘクタールの土地がほとんど失われた。全被災者のほとんどは九六カ所の臨時避難キャンプに収容され、WFPの食糧援助で食いつなぐ事態となった。

マダガスカルも相次ぐ「気象災害」で打撃

モザンビークの対岸のインド洋に浮かぶマダガスカルも、二〇〇〇年二月中旬から三月中旬にかけサイクロン「エリーネ」と熱帯暴風雨「グロリア」に襲われ、東部および北東部、西部地域で少なくとも四〇カ所の町や村が孤立化して約五〇万人が被災し、死者約二〇〇人を出した。

最大の稲作地帯の一つである北東部地域では、農作物の八〇%近くが破壊された。WFPは各国に五〇〇万ドル（約五億五〇〇〇万円）にのぼる緊急食糧援助を要請し、被災者一二万九〇〇〇人に食糧配給を行った。

マダガスカルはフランスの旧植民地で、一九六〇年に独立した。バニラやエビなど農産物の輸出国である。人口は一五〇〇万人で、国内総生産はモザンビークより少ない三七億五〇〇〇万ドル（約四一二五億円）しかない。この国の南東部は九七年にもサイクロンに襲われ、死者二〇〇人以上を出している。

エチオピアでは干ばつによる食糧不足が深刻

アフリカ東部にあるエチオピア（人口六一三〇万）では、人口の三分の一（約二〇〇〇万）が、慢性的に食糧が不足する地域に住んでいる。エチオピアはイタリアの旧植民地で、コーヒーを主要な輸出産品とし、国内総生産は六六億ドル（約七二六〇億円）で三重県の年間予算にも満たない。

エチオピアは長年にわたり干ばつをはじめ大雨、霜害、雹害などの「気象災害」に悩まされており、同国の災害予防対策委員会によると、二〇〇〇年には八〇〇万人が食糧援助に頼らざるを得ないという。なかでも干ばつの影響が深刻であり、ソマリおよびアファールなど数地域では四年間も雨が降らず、貯水池が干上がり、一三〇万人以上の遊牧民が食糧不足に陥っている。とくに被害の大きいゴーデ地域では家畜の九〇％が死んだ。

ＷＦＰは二〇〇〇年三月に「気象災害」の被災者一三〇万人に対し、同年中に総額一億三七〇〇億ドル（約一五〇億円）に及ぶ二五万トン緊急食糧援助を決定している。

干ばつに内戦が追い打ちをかけるスーダンの食糧不足

アフリカ北東部にある旧イギリス領植民地のスーダン（人口二八〇〇万）の場合は、度重なる内戦と干ばつにより、ＷＦＰの緊急食糧援助は増えるばかりだ。スーダンはアフリカでいちばん国土が広く、北部が乾燥地帯、南部が高温多湿地帯に分かれ、綿花を中心にゴマ、アラビアゴムなどを輸出する一次産品国だ。国内総生産は一〇四億ドル（約一兆一四四〇億円）であり、茨城県か広島県の年間予算にほぼ等しい。

スーダンは一九五六年に独立して以来内戦が絶えず、一九八三年から一六年間に内戦と飢餓によってすでに一八〇万人から二〇〇万人に及ぶ死者を出したと伝えられている。とくに九八年の飢餓では数カ月のうちに約五万人が生命を失っている。

ＷＦＰチームの決死の食糧投下作戦

一九九九年には内戦と治安悪化により、南部の反政府軍の支配下にある西アッパーナイル地域では飛行が禁止され、ＷＦＰは食糧援助が不可能となり、住民一五万人が飢餓に直面した。このため、ＷＦＰは同年、この地域にある一五カ所の援助センターのうちグムリアク、タギエルなど四カ所に対し、輸送機から食糧を投下してからＷＦＰチームが地上に降り立ち、食糧を手渡したあと素早く現場から脱出するという、苦肉の〝ヒット・エンド・ラン〟作戦を展開した。

シエラレオネでは少年や少女たちまでが内戦の痛ましい犠牲に

一九九一年から内戦の続いていた西アフリカのシエラレオネ（人口四六〇万）では、九九年七月に内戦終結の平和協定が結ばれた。シエラレオネは旧イギリス領植民地で、一九六一年に独立したが、国内総生産は、日本の中企業並みのわずか六億五〇〇〇万ドル（約七一五億円）にも満たない。

この国のいたいけな少年、少女を迫害する「少年兵」問題は世界中の批判を浴びた。首都フリータウンで、は九九年一月に反政府軍が侵入して以来、約四〇〇〇人もの子どもたちが行方不明となっており、うち半数が一五歳から一七歳の少女であることが明らかになった。少女たちは性的虐待を受けたり、家事を強いられたりしていた。

これとは別に、約五〇〇〇人にのぼる少年たちが拉致・誘拐されて戦場に狩り出されていた事実も判明した。「少年兵」たちは軍事訓練はもとより、戦闘部隊とともに実戦に参加させられていた。WFPではシエラレオネ国内に三カ所のセンターを設け、これらの子どもたちをはじめ、戦争犠牲者を支援するため食糧援助を実施している。

ウガンダでは難民キャンプまで焼き打ち

内戦による犠牲は、東アフリカの旧イギリス領植民地ウガンダ（人口二一〇〇万）でも深刻だ。WFPは二〇〇〇年三月現在、内戦による五五万人を超す避難民に食糧援助を行ってきたが、さらに今後二年間に総額五〇〇〇万ドル（約五五億円）の食糧援助を実施する。

これら避難民五五万人のうち約八〇%は、内戦の激しいウガンダ北部の難民キャンプで、また残りの二〇%は南西部の難民キャンプで生活している。しかし反政府グループは二〇〇〇年三月以降、北部のパデぺ難民キャンプ（三万人収容）を襲撃し、一二人を殺害、四〇人を負傷させたうえ、家屋四〇〇棟を焼き払った。また北部のパボ、アムル両難民キャンプ（計六万五〇〇〇人収容）も五回襲撃を受けた。反政府グループはWFPのスタッフまで脅迫したり、待ち伏せ攻撃するため、食糧援助活動が困難になっている。

アフリカ中部にあるベルギーの旧植民地だったコンゴ民主共和国（人口四九一〇万）でも、長引く内戦で八〇万人以上が家を失い極度の栄養失調状態にある。ＷＦＰは一九九九年六月から難民三五万人に対し、三〇〇〇万ドル（約三三億円）の食糧援助を実施した。

アフガニスタンの首都では半数以上が食糧援助で食いつなぐ

「気象災害」や内戦によって、食糧不足に陥っているのは、何もアフリカだけのことではない。

南アジアにある重債務貧困国のアフガニスタン（人口一八八〇万）では、一九九九年の干ばつによる凶作で小麦粉の価格が七〇％も急騰し、深刻な食糧不足に陥った。ＷＦＰは二〇〇〇年から二年計画で飢えに苦しむ二六〇〇万人の住民に対して、総額八八〇〇万ドル（約九七億円）にのぼる食糧援助を開始した。首都カブール（人口四二万）でも、半数以上の約二七万人が食糧援助を受けている。

アフガニスタンはイギリスの旧植民地で、一九一九年に独立した。しかし、東西冷戦の余波を浮け、一九七八年には旧ソ連の侵略を受け内戦に突入し、八九年に旧ソ連軍が全面撤退した。未だに内戦が続いているため、国内総生産さえ定かでない。

ヨーロッパでも食糧援助が必要に

旧ソ連圏の崩壊に伴い、九二年に旧ユーゴスラビア連邦ではボスニア・ヘルツェゴビナが独立して連邦が解体し、三民族によるボスニア紛争が勃発し九五年の和平協定締結までに約二〇万人が死亡し、約二〇〇万人にのぼる難民が出た。

さらに、民族対立がくすぶり続けていたセルビア共和国のコソボ自治州では、九八年セルビア系住民とアルバニア系住民との間に民族紛争が本格化し、約八〇万人にのぼる難民が発生した。WFPは一九九九年七月、バルカン地方のこれら難民や帰還民など二五〇万人に対し、総額二億二四〇〇万ドル（約二四六億円）の緊急食糧援助を行うことを決定している。

世界の一〇人に一人以上が飢餓状態、食糧の不公平な配分が原因

世界では一九九九年現在、年間約二〇億トンにのぼる穀物が生産されている。この生産量は六〇億人に達した世界の人口を賄うのに十分な量であるはずなのに、現実には一三・三%（八億人）が飢餓に苦しんでいる。

その原因について、国連世界食糧計画（WFP）日本事務所の佐藤和明所長は「本来は国際資源であるべき食糧が、必要に応じて公平に分配されず、一定の地域に偏在し、うまく活用されていないことだ。問題は

▲佐藤和明氏

分配とそのやり方に尽きる」と指摘する。

飢餓に苦しむ人々に対し、世界では現在三つの方法を通じて食糧援助が実施されている。その主役を務めるがＷＦＰの援助で、全体の四〇％（国連援助では九八％）を占める。次が二国間の直接援助、三番目が各種の非政府組織（ＮＧＯ）による援助である。

ＷＦＰによる援助は、プロジェクト計画を作成して援助対象者を絞り、食糧が確実に届くよう、世界八〇カ国に駐在する約五〇〇〇人の職員がチェックしている。しかし、二国間の直接援助などは、チェック機能がなく分配を相手国側に任せているから、飢えている人々に食糧が渡っているのか、不透明な部分が多い。

世界全体の食糧援助は激減、ＷＦＰの援助は逆に増加

佐藤所長によると、こうした世界全体の食糧援助は、一九九三年を頂点に、大幅な下降傾向に転じている。九三年のピーク時に一六八〇万トンを記録した世界全体の食糧援助は、九七年には六〇％も激減し六六〇万トンに落ち込んでしまった。（※図1－12参照）

食糧援助の資金供出国ではアメリカが一位、欧州連合（ＥＣ）が二位、日本が三位を占めているが、これら主要援助国が〃援助疲れ〃を起こし、対外援助より社会福祉など国内政策に目を向け始めたことが、食糧

図１-12　世界の食料援助の配分

1988	1989	1990	1991	1992	1993	1994	1995	1996	1997
14.8	11.7	13.6	13.2	15.2	16.8	12.6	9.7	7.0	6.6

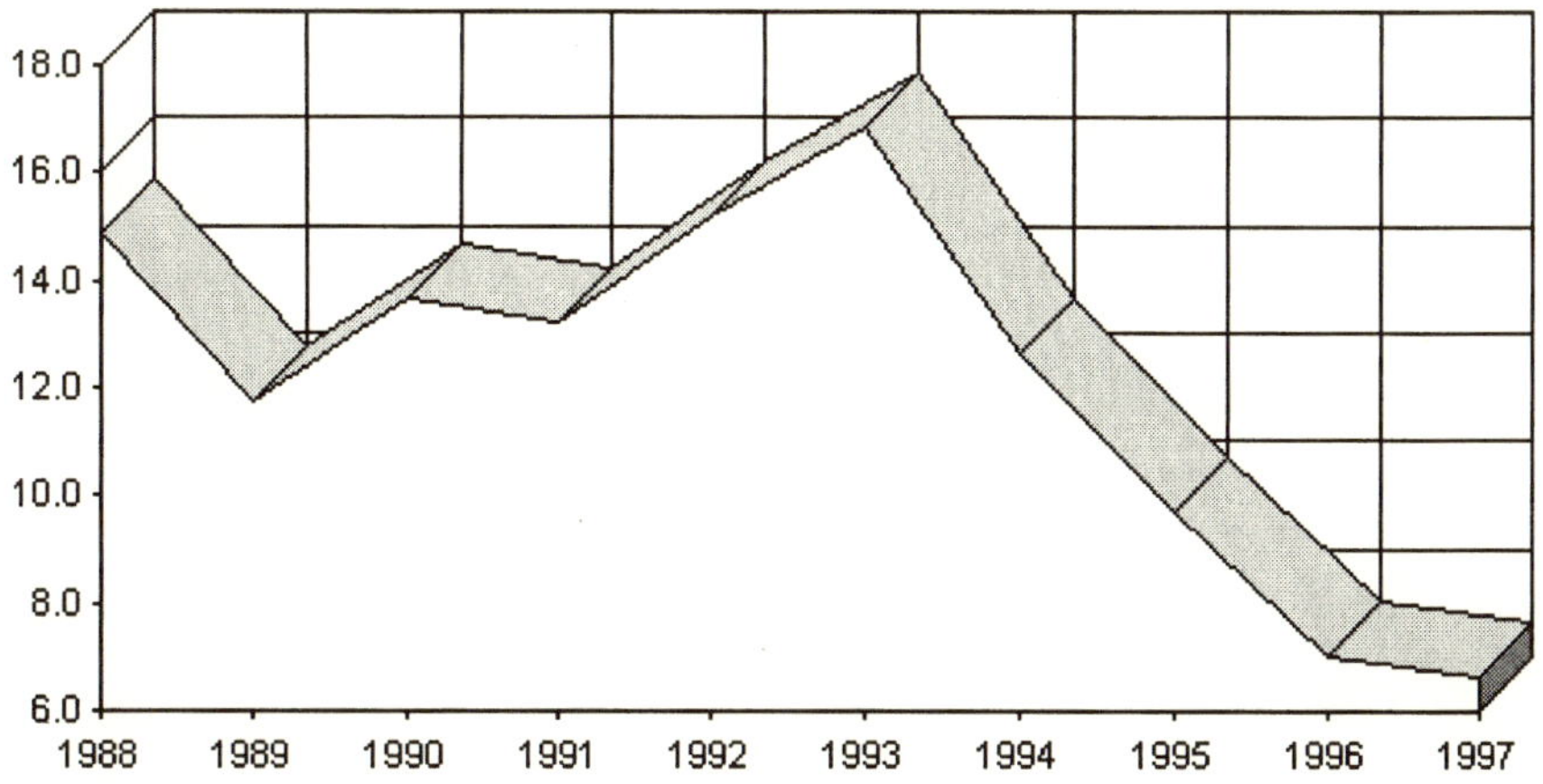

(注)単位・100万トン。
(出所)http://www.wfp.org/reports/faf/97/highlights.htm

援助の激減した大きな原因だという。

最近、世界全体の食糧援助が減少しているのに対し、逆にＷＦＰの援助は増える傾向にある。ＷＦＰの食糧援助では、一九九一年までは開発援助が三分の二、緊急援助が三分の一を占めてきた。ところが、一九九二年からは緊急援助が急増し始め、現在では緊急援助が三分の二、開発援助が三分の一へと、立場が全く逆転している。九八年の緊急援助は、五六〇〇万人に達している。

世界の政治的な不安定を露呈
——緊急食糧援助が開発食糧援助を上回る——

緊急援助は、「自然災害」の被災者や内戦などによる国内避難民（ＩＤＰ＝Internally Displaced People）および難民（Refugees）、帰還民（Returnees）を対象としている。ＷＦＰでは、難民は国外から流入した避難民のことを、また帰還民は一時他の土地へ避難して、元の土地へ戻ってきた人たちのことを言っている。

これに対し、開発援助は「労働のための食糧（Food for Work）」を対象としている。発展途上国では、運河やダム、堤防、養殖池などの建設といった開発を進めるうえでも、また必要な人材を育成するためにも、栄養失調でお腹がへっていては働けないから、食糧援助が欠かせないからだ。

ＷＦＰは一九九八年の場合、八〇カ国の七四八〇万人に対し、総額一〇億三四八〇万ドル（約一一四〇億円）、穀物にして二八〇万トンにのぼる食糧援助を行った。受益者の内訳は、国内避難民と難民、帰還民一六三〇万人、「自然災害」の被災者四〇一〇万人、開発プロジェクトの従事者一八四〇万人である。また九九年には、総計八二カ国の八八〇〇万人に対し食糧援助を実施している。

ＷＦＰの食糧援助の三分の一は、サハラ砂漠以南のアフリカ諸国向け

ＷＦＰの食糧援助のうち、約三分の一がアフリカのサハラ砂漠以南の途上国（人口六億人）に向けられている。国連食糧農業機関（ＦＡＯ）によると、サハラ砂漠以南の途上国の穀物生産量は八六〇〇万トン（一九九八年）で、九九年には一五〇〇万トンが不足した。このうち一三〇〇万トンを輸入し、残り二〇〇万トンを食糧援助に頼らざるを得なくなり、ＷＦＰは一二〇万トンを援助した。（※図1‐13参照）

図1-13　1996-97年の地域別配分

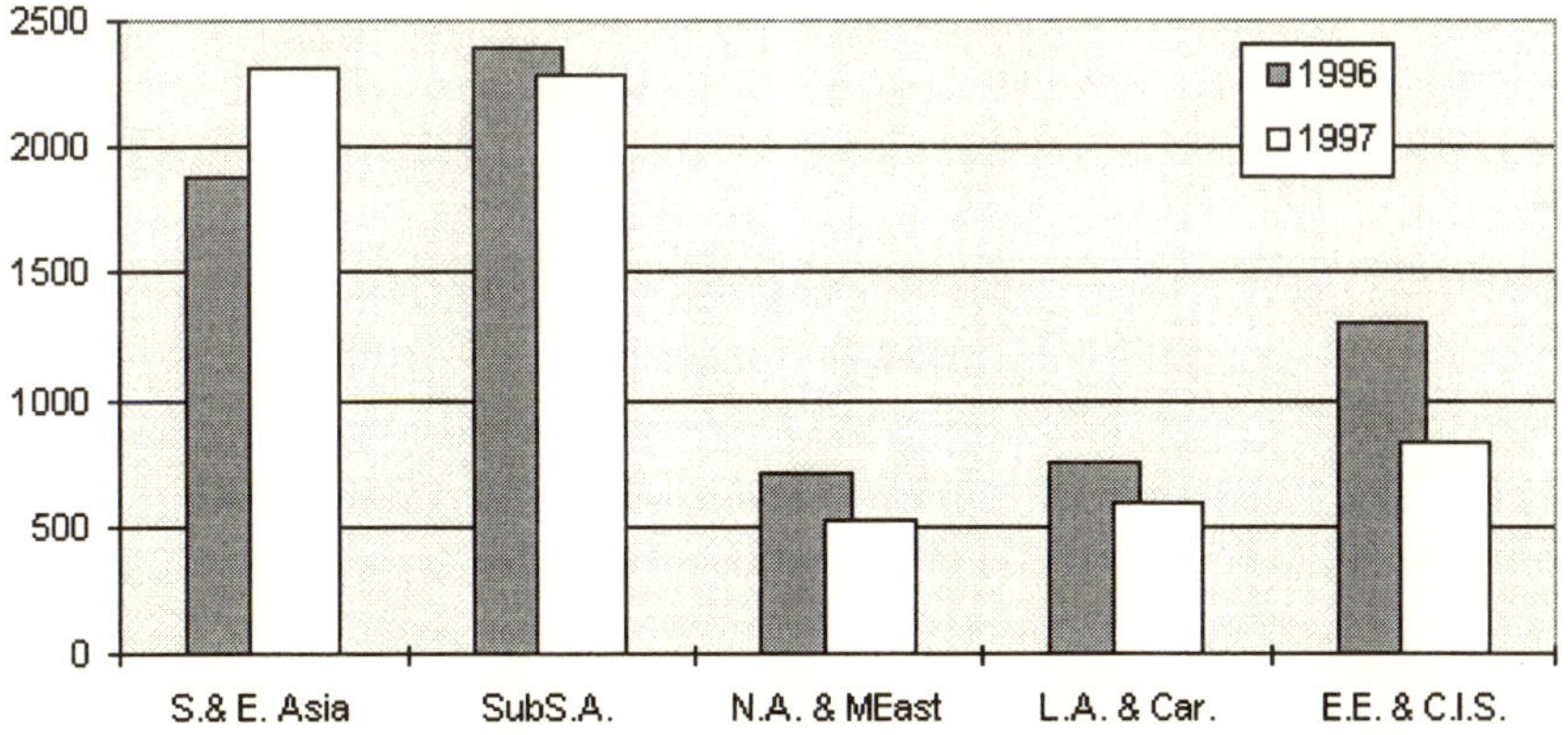

(注)単位・100万トン。
(出所)http://www.wfp.org/reports/faf/97/highlights.htm

内戦による国内避難民への食糧援助が急増

最近の緊急食糧援助の傾向として、とりわけ目立つのは、内戦による食糧危機で国内避難民や難民が増えたことだ。アフリカやアジア諸国では、旧植民地時代に旧宗主国が支配権を確立するため引き起こした国内の対立抗争が未だに色濃く影を落としている。それが顕著なのは、アフリカではスーダン、エチオピア、アンゴラ、リベリア地域（コートジボアール、ガーナ、ギニア、リベリア、シエラレオネ）で、またアジアではカンボジアやアフガニスタンである。さらにヨーロッパではボスニア・ヘルツェゴビナ、コソボなどで大量の国内避難民や難民が出ている。

食糧援助には緊急、復興、開発の三段階。国内調達で農業の刺激も

一連の食糧援助を実施するに当たり、ＷＦＰは①緊急②復興③開発――の三段階を踏んでいる。緊急と開発の間に復興過程が入るのは、まず「自然災害」や内戦などで破壊されたインフラ（社会基盤）の修復をはからなければ、次の開発段階へと進めないからだ。サハラ砂漠以南のアフリカ諸国の場合、約八〇％が緊急および復興援助で、二〇％が開発向けである。

ようやく内戦の終結したカンボジアやコソボの食糧援助は、復興向けとなっている。コソボでは、ＷＦＰは食糧調達で浮いた資金を帰還民の生活活動や教育などの投資に振り向けている。インドの場合は開発向けで、ＷＦＰはインド林野庁と協力して植林活動に力を入れ、パキスタンでは女性の識字率の向上や人口抑制のために食糧援助をしている。

ＷＦＰの行う援助食糧は、援助対象国の国内や周辺国で買いつけ、意図的に援助対象国自身の農業を刺激するという苦肉の政策が取られている。例えば、ウガンダへの二〇〇〇年の援助食糧（八万三〇〇〇トン）の半分を同国北部の小規模農家から調達して、一八〇〇万ドルを地域経済の振興に投下した。また、ルアンダへの援助食糧をケニアで購入したり、アフガニスタンへの援助食糧を同国国内のパン工場から調達したりしている。

新局面を迎えた「南北問題」、〃利己的文明〃からの脱却を迫る地球温暖化

ＩＴ革命なる新型の市場経済メカニズムに幻惑され、従来の「南北問題」を時代錯誤と受け取るのは早計に過ぎる。なぜなら、世界は二十一世紀に足を踏み入れようというのに、世界の一二億人が今もなお飢えと貧困に苦しんでいるのが否定し難い現実だからだ。多くの先進国は、旧植民地国に貧富の格差として植えつけた〃搾取後遺症〃を、二十世紀末まで引きずっても払拭することはできなかった。依然としてその後遺症から立ち上がれない途上国に対し、今度は「気象災害」に象徴される地球温暖化が全地球的規模で襲いかかろうとしている。皮肉なことに「気象災害」の打撃は途上国ほど大きいうえ、従来の「南北問題」の構図で捉えられない新局面を展開し始めているのだ。従来の貧困の解決、つまり「南北問題」の解決と同時に、地球環境全体の保全という両立をはからなければならないからだ。今までの世界の文明は、旧宗主国を中心とした先進国の主導する石油や石炭など化石燃料の浪費のうえに築き上げられた。その結果、二酸化炭素（CO_2）など温室効果ガスを大気中へ大量に排出し、地球温暖化を加速させつつある。言葉を換えれば、先進国はこれまで化石燃料の浪費を軸足に工業化をはかり、途上国の植民地化を推し進めたとも言える。地球の資源が無限であったときは、人間のこうした〃利己的な文明〃も地球上の自然の大きなふところの内部で甘受されていた。

しかし、自然でさえ限りある資源と考えざるを得なくなった今や、そうした甘えは許されない。地球温暖

化は、人間の暴挙に地球が悲鳴をあげていることにほかならない。私たちの生活する室内は暑くなったら冷房装置で冷やせるが、地球の大気が一度温まってしまったら、それを冷やす冷房装置などどこにも存在しない。一九九七年一二月の「地球温暖化防止京都会議」(気候変動枠組み条約の第三回締約国会議)で、先進国がCO_2をはじめ六種類の温室効果ガスの排出量を、二〇一〇年から一九九〇年と比べ平均五%削減する「京都議定書」に合意したのは、そうした行き過ぎた行動に歯止めをかけようとしたからだろう。

「京都議定書」発効への厳しい二条件をクリアできるのか。カギ握るアメリカの動向

私たち人間の生存環境を守るには、「京都議定書」に従い、まず先進国が予定通り温室効果ガスの削減を実行する以外に方策はない。「京都議定書」を発効させるためには、二つの条件を満たす必要があるが、前途多難である。一番目の条件は、気候変動枠組み条約に加盟する五五カ国以上の批准を確保することだ。二番目の条件は、批准した先進国の排出量が一九九〇年時点における世界の総排出量の少なくとも五五%に達しなければならないことが義務づけられていることだ。だが、批准国はまだ島嶼《しょ》国や中米諸国などの中小国ばかりで、二二カ国にしか達していない。(※表1-14参照)

批准国の総数確保よりもっと厄介なのは、二番目の先進国に課せられた条件だ。二番目の条件の対象となる先進国はアメリカ、欧州連合(EU=一五か国)、ロシア、日本、カナダ、豪州である。これら先進国の一九九〇年の排出量は、実に世界の総排出量の九一・六%を占めているのだ。うち最大の排出国はアメリカで

三六・一%、次の欧州連合が二四・二%、三番目のロシアが一七・四%を占め、以下日本八・五%、カナダ三・三%、豪州二・一%となっている。

問題は、これらの先進国で「京都議定書」発効に必要な五五%をどうやって確保するかである。アメリカは上院が「途上国の意味のある参加」を求めて、批准を拒否している。アメリカを除いた先進国の排出量を全部合わせると五五・五%に達するから、「京都議定書」の発効は可能である。だが、最大の排出国を抜きにして「京都議定書」を発効させても意味はない。しかも途上国が議定書の実行義務を負っていないから、温室効果ガスの排出は事実上、野放し状態となって地球温暖化は最悪のコースをたどりかねない。

京都会議以降、一九九八年にボンで第四回、九九年にブエノスアイレスで第五回の気候変動枠組み条約の締約国会議がそれぞれ開かれ、ブエノスアイレス会議では二〇〇二年を目標に「京都議定書」を発効させることで合意をみた。その後二〇〇〇年四月の環太平洋サミットで地球温暖化対策を推進することで意見の一致をみて、同年七月の主要先進八カ国(G8)首脳による沖縄サミットでも地球温暖化対策が取り上げられる。さらに同年一一月にハーグで第六回の気候変動枠組み条約の締約国会議が開かれるが、

表1-14 「京都議定書」の批准国

国　名	批准年月
アンティグアバーブーダ	1998年11月
バハマ	99年4月
ボリビア	99年11月
キプロス	99年7月
エクアドル	2000年1月
エルサルバドル	1998年11月
フィジー	98年9月
グルジア	99年6月
グアテマラ	99年10月
ジャマイカ	99年6月
モルディブ	98年12月
ミクロネシア連邦	99年6月
モンゴル	99年12月
ニカラグア	99年11月
ニウエ	99年5月
パラオ	99年12月
パナマ	99年3月
パラグアイ	99年8月
トリニダードトバゴ	99年1月
トルクメニスタン	99年1月
ツバル	98年11月
ウズベキスタン	99年10月

(注)2000年1月現在,22か国。
(提供)環境庁。

楽観は許されない状況だ。欧州連合と日本は協力してアメリカに揺さぶりをかけているが、ロシアなどがどう動くのか予断は許さない。アメリカの動向は二〇〇〇年一一月の大統領選の結果が重要なカギを握っている。

インドは〝途上国の中の大国〟ではない、と反論するインドの言い分

世界のCO²の排出量は、二十世紀中は先進国のほうが途上国をはるかに上回ってきた。（※図1-14参照）だが二十一世紀に入り、先進国がちょうど「京都議定書」の実行を始める二〇一〇年過ぎには、途上国の排出量のほうが先進国を追い越し、完全に逆転してしまうから穏やかではないのである。途上国の排出量の大部分を占めるのが中国とインドである。一九九六年の時点でも、すでに中国は世界二位（一三・四％）、またインドは五位（三・八％）を占めている。（※図1-15参照）

すでに中国は、中進国になるまでは、温室効果ガスの削減には応じられないと公言している。劉江・国家発展計画委員会副主任は「中国は人口一二億の途上国であり、一人当たりの温室効果ガスの排出量は先進国の平均排出量の七分の一に過ぎない」と述べている。（※劉副主任の発言内容は第Ⅱ部の各国代表の発言参照）

インド（人口一〇億人）の見解もほぼ同じである。同国のジュスワント・シン外相が一九九九年来日したさい、筆者は日本記者クラブでの会見でシン外相に対し、温室効果ガスの排出量削減対策について質問した。シン外相は「インドの一人当たりの排出量は世界で最も低い国の一つだ。京都議定書で合意された（先進国と途上国間の削減対策取引の一つである）クリーン開発メカニズム（CDM）は、インドの国内開発を損な

図1-14　世界のCO_2排出量の推移(1950-1995)

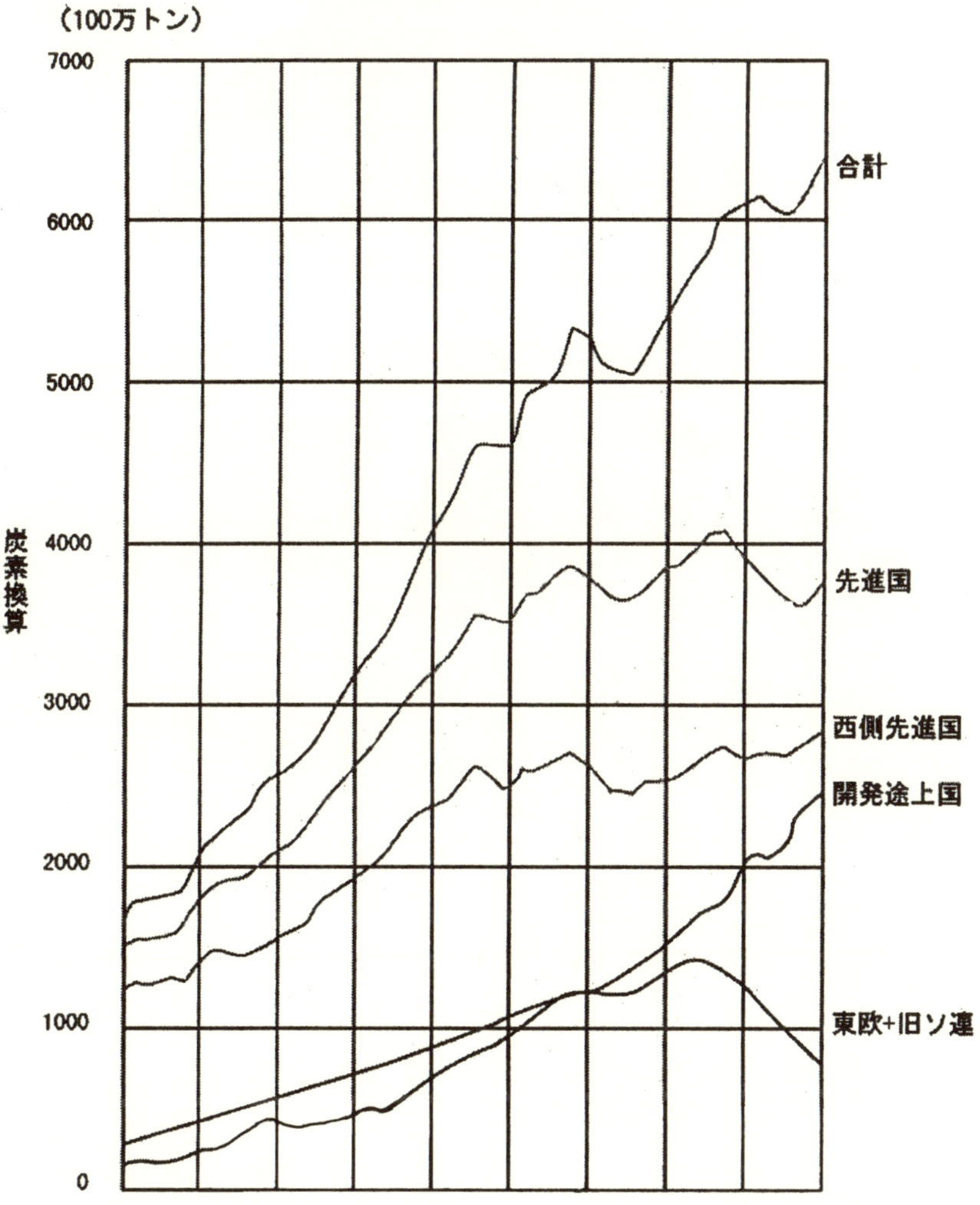

(出所)オークリッジ国立研究所二酸化炭素分析情報センター(米国)推計値。

図1-15　世界各国のCO_2排出量の割合(1996年)

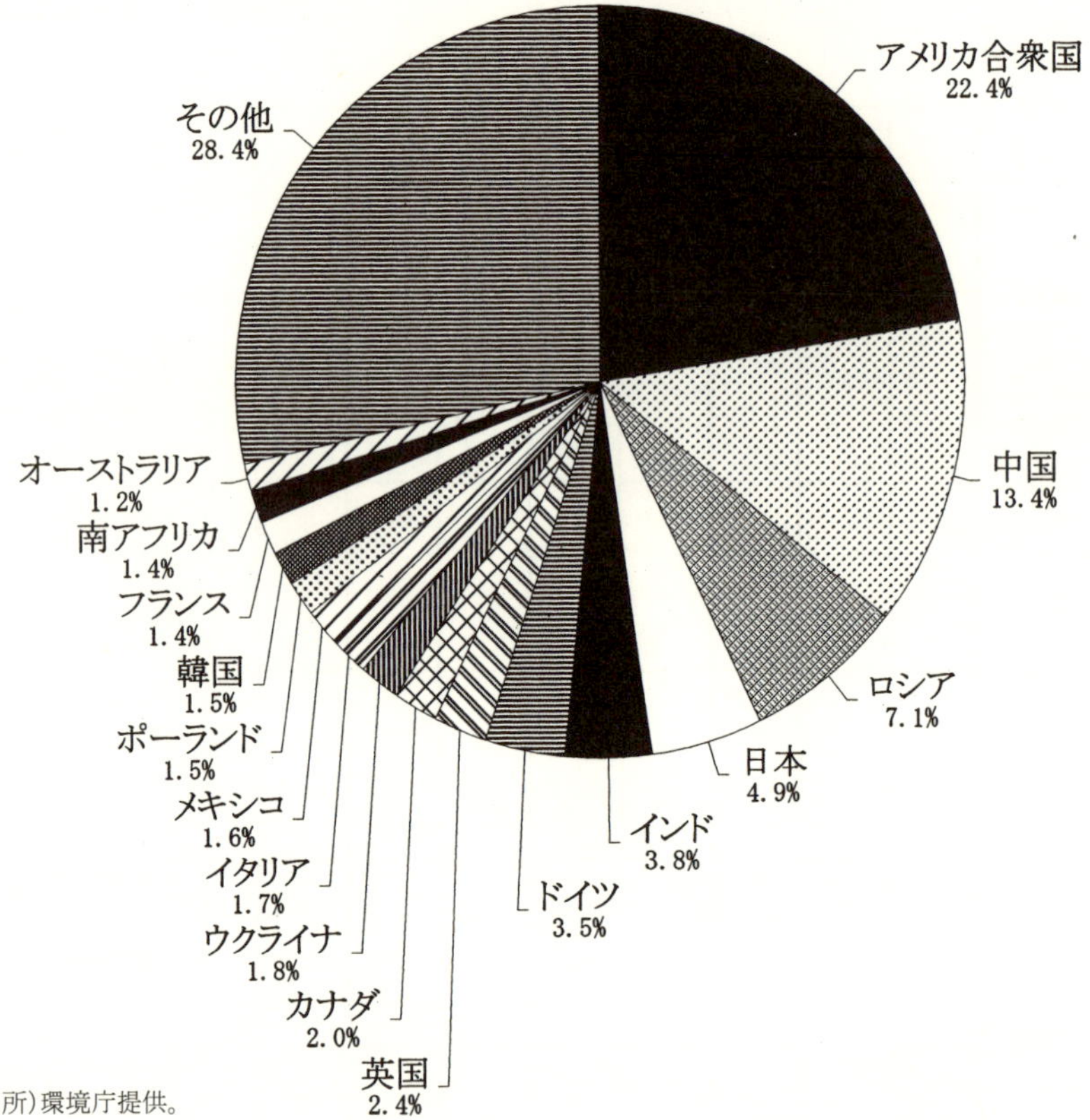

(出所)環境庁提供。

わない範囲で行う」と答えた。

インドが連続地下核実験を強行した直後でもあったので、筆者は「全地球的な視点からみれば、インドは人類に対し二つの重大な責任を負っている。一つは世界で六番目の保有国となった核兵器、もう一つは五番目の排出国となった地球温暖化である。この二つの重大な責任に立てば、インドはすでに〝途上国の中の超大国〟ではないか」と質した。するとシン外相は「質問の内容は理解するが、質問に含まれているあなたの見解（途上国の中の超大国論）については拒絶する。受け入れることはできない」と反論したのである。

「共通だが差異のある責任」――新・南北問題のキーワードをどう解くか

中国とインドの主張から導き出されるのは、途上国側はCO_2の排出量削減について、あくまで国民一人当たりの排出量（経済の水準）を基準にしており、国全体の排出量（経済の規模）については考慮外ということなのだ。これに対し、先進国の主張は全く逆で、国全体の排出量（経済の規模）を問題にしているわけである。

国全体の排出量の削減を求めるやり方は、従来の経済水準をなるべく維持しようとする先進国の考え方である。これに対して、国民一人当たりの排出量に基づく考え方は、経済水準の向上を目指す途上国の考え方である。

国全体の排出量からみれば、すでに世界二位の中国と五位のインドは〝先進国〟ということになるのであるが、国民一人当たりの排出量からみれば〝途上国〟ということになる。しかし、中国とインドの今後の人口規模、経済成長率の動向からみれば、二十一世紀には遅かれ早かれ両国ともいずれ国民一人当たりの排出量でも〝先進国〟入りしてしまうことになる。国民一人当たりの排出量の前提に立っても、CO_2をはじめ温室効果ガスの排出量が大幅に増え、地球温暖化に歯止めをかけることなど不可能になってしまうことだ。

すでに六〇億人を超えた世界の人口は、二〇二五年に八〇億人、二〇五〇年には九四億人、さらに二〇七五年には一〇〇億人に達する見通しである。二〇〇〇年に一二億八〇〇〇万人で世界トップの座にある中国の人口は、二〇二五年には一四億八〇〇〇万に増える。同じく一〇億人を超え、世界第二位のインドの人口は、二〇二五年には一三億三〇〇〇万人に膨らむ。だが、二〇五〇年には順位が入れ替わりインドが首位の座(一五億三〇〇〇万人)につき、中国(一四億八〇〇〇万人)が二位となる(ちなみに日本の人口は二億二〇〇〇万人減り一億五〇〇〇万人となる)。

それでなくとも、二〇〇〇年に世界人口の八〇%を占める途上国の人口は、二〇二五年には八五%、さらに二〇五〇年には八七%に達する。一九九七年の地球温暖化防止京都会議(気候変動枠組み条約の第三回締約国会議)で合意をみた「京都議定書」では、先進国が二〇一〇年からCO_2など温室効果ガスを一九九〇年と比べ五%削減しなければならない。仮に先進国が二〇一〇年からCO_2の排出を抑制できても、「京都議定書」の対象外の途上国が現状のままCO_2を排出し続けていけば、世界の一九九五年のCO_2排出量(炭素換算で六〇億トン)は、二〇三〇年に倍増し、二〇五〇年には三倍に急増する。その場合、中国とインドの二カ国の排出量だけで、二〇三〇年に世界の約半分を占めるようになる。(※図1-17参照)

中国、インドはCO_2排出の〝超大国〟に。「共通だが差異のある責任」をいかに具体化するか

国際エネルギー機関(IEA)は、世界が現状のままエネルギーを消費していくと、一九九五年から二〇二〇年までの二五年間に、世界のエネルギー需要が六五%伸び、CO_2の排出量が七〇%増えると予測している。このエネルギー需要増加分(CO_2の排出量もほぼ同じ)の約三分の二が、中国と他の途上国によっ

図１－17　2050年までの中国とインドのCO_2排出量シナリオ

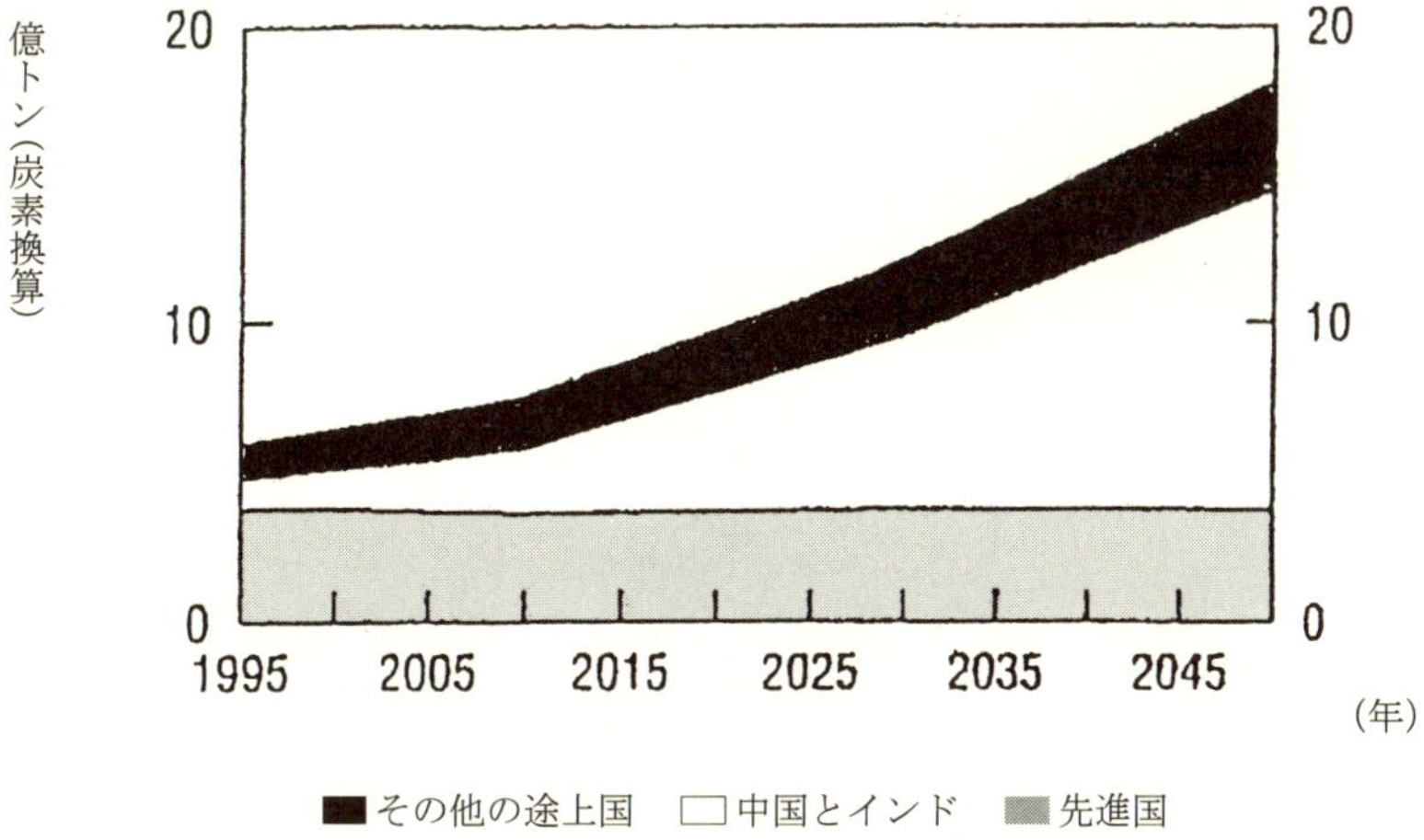

（提供）環境庁。

て占められることになる。この間の世界経済の年間平均成長率は、一九七一年以来の実質成長率に近い三・一％と想定されている。中国はすでにアメリカに次ぎ世界で二番目のエネルギー消費国であるが、世界が二〇二〇年までに使うエネルギー増加分のうち、中国だけで先進国と同じ分を消費するようになる。（※図１－18参照）

　中国のCO^2排出量は、一九九六年の世界第二位（一三・四％）から二〇一〇年には一七％、さらに二〇二〇年には一九％に増大し、世界一のCO^2排出大国に躍り出る。CO^2の排出量で世界五位のインドは四％（一九九五年）を占めているが、人口と経済成長率の増加に伴い、エネルギーの消費率とCO^2排出量が中国と同じように増える。いずれにしても、二〇二〇年には中国、インド両国を含めた現在の途上国によって、世界のエネルギーの四分の三を消費する（CO^2の排出量もほぼ同じ）ようになる。

　想定されるこうした事態になる時点、あるいはそれよ

図1-18　世界の一次エネルギー需要の増加分における地域別シェア(1995-2020)

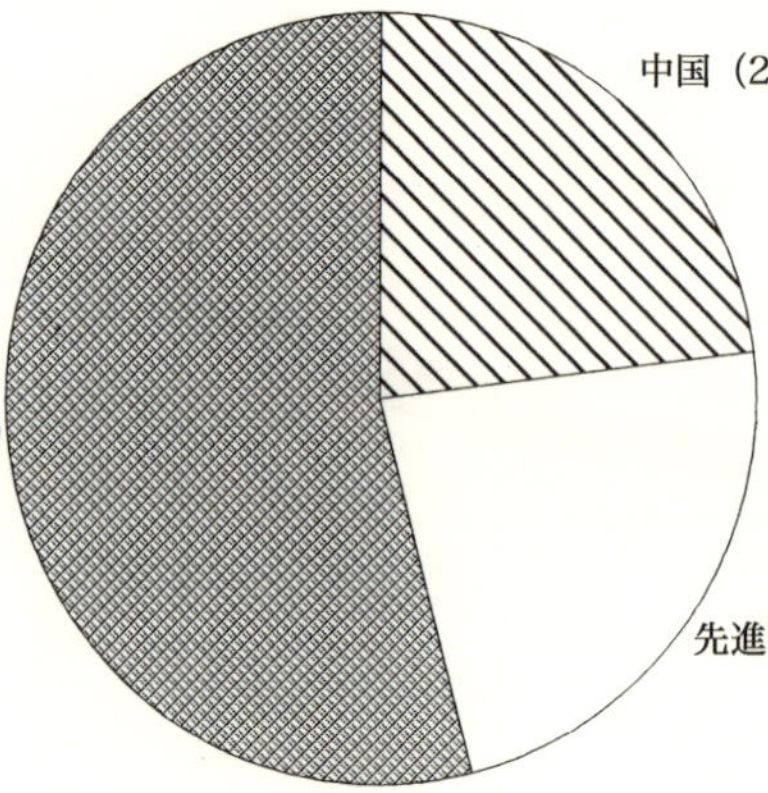

(出所)国際エネルギー機関の『世界のエネルギー展望』1998年版による。

り以前に、従来の「南北問題」の構図は、適用できなくなる。中国もインドも〝先進国〟の仲間入りをするからである。

経済協力開発機構(OECD)並びに国際エネルギー機関（IEA）によると、二〇二〇年までに増大するエネルギー需要の九五%は、石油、石炭、天然ガスといった化石燃料で賄われる見通しである。だが、大規模な埋蔵資源が減りつつある石油は、需要の急増する道路、航空輸送用の燃料へ次第に振り向けざるを得なくなるので、火力発電向けには低コストの石炭が、また天然ガスの新しい火力発電向けの使用も増大するという。

二〇二〇年が近づくにつれて、オイルシェール、タールサンドをはじめ、石炭、天然ガス、バイオマスからの液化燃料が重要な役割を演じるようになる。しかし、石油輸入国の中東諸国への依存度は衰えず、石油価格が上昇して石油供給システムが混乱し、新たな石油危機が発生する可能性が指摘されている。

これまで途上国側を突き動かした一つの行動理念は、第一次石油危機に端を発した「資源ナショナリズム」に基づく「新国際経済秩序（ＮＩＥＯ）」だった。この理念の下では、石油など天然資源に乏しい途上国が後発開発途上国に転落してしまった。中東の産油国は、地球温暖化対策によって主要輸出品目である石油の輸出が困難になったり、値崩れすることを警戒している。しかし、石油は最も効率の良いエネルギー資源であることに変わりはない。エネルギー需要の急増する中国やインドの中東への接近が強まれば、石油は二十一世紀になっても従来の「南北問題」を再燃させる火種となる可能性も秘めている。

「気象災害」にみられるように、地球温暖化はさらに途上国を階層別に分断する可能性を秘めている。気候変動枠組み条約には、地球温暖化対策の理念として、先進国と途上国の「共通だが差異のある責任」が書き込まれている。これは、途上国の新しい行動理念ともなっている。温室効果ガスの排出を減らして地球環境を守って行くことは、先進国、途上国を問わず、人類全体の共通の責任であるが、その対策を講ずる責任は先進国と途上国とでは均等ではなく差異があるということなのだ。

人類生き残りのために、CO_2の〃地球排出量単位〃を創出せよ

しかし、地球温暖化の進行状況からみた場合、この差異を時間をかけて克服する猶予が、私たち人類に残されているのか疑問である。世界人口の一、二位を争う中国やインドが中進国になるまで、国民一人当たり

表1－15　海面の1m上昇に対する各国の海岸防護費用

順位	国・地域	年間費用（GNPに対する割合＝%）
1	モルディブ	34.33
2	キリバス	18.79
3	ツバル	14.14
4	トケラウ	11.11
5	アンギラ	10.31
6	ギニアビサウ	8.15
7	タークス・ケイコス島	8.10
8	マーシャル諸島	7.24
9	ココス(キーリング)諸島	5.82
10	セーシェル	5.51
11	フォークランド諸島	4.75
12	仏領ギアナ	2.96
13	ベリーズ	2.93
14	パプアニューギニア	2.78
15	バハマ	2.67
16	リベリア	2.66
17	ガンビア	2.64
18	モザンビーク	2.48
19	セントクリストファー＆ネービス島	2.33
20	ニウエ	2.18
21	ガイアナ	2.12
22	スリナム	1.94
23	シエラレオネ	1.86
24	アルバ	1.85
25	ピトケアン島	1.71
26	フィジー諸島	1.53
27	サントメプリンシペ	1.46
28	ナウル	1.25
29	英領バージン諸島	1.24
30	トンガ	1.14
31	ケイマン諸島	1.04
32	クック諸島	1.03
33	赤道ギニア	1.02
34	アンティグアバーブーダ	1.01
35	スリランカ	0.89
36	トーゴ	0.87
37	セントルシア	0.82
38	ミャンマー	0.77
39	ベニン	0.74
40	ミクロネシア連邦	0.73
41	ニュージーランド	0.70
42	パラオ	0.69
43	グレナダ	0.67
44	オランダ領アンティル	0.66
45	セネガル	0.65
46	ガーナ	0.64
47	ソマリア	0.62
48	サモア	0.59
49	マダガスカル	0.56
50	セントビンセント・グレナディーン	0.55

(注)この推定費用には,海岸の防護構造物のかさ上げ以外は含まれていない。
(資料)第2次IPCC第2作業部会評価報告書。

の排出量を世界が認めていけるのかどうか（地球の規模がそれを許容できるのなら別であるが）、世界が決断を迫られる時期が刻々と近づいている。手をこまねいていれば、その間に、CO_2の排出量が微量で地球温暖化に影響を与えていない島嶼国の多くは、壊滅してしまう危険性が増す。しかも「気象災害」の対策費捻出ができない途上国はいっそう貧困化するだろう。（※**表1－15**参照）

図1-19　各国の一人当たりのCO_2排出量

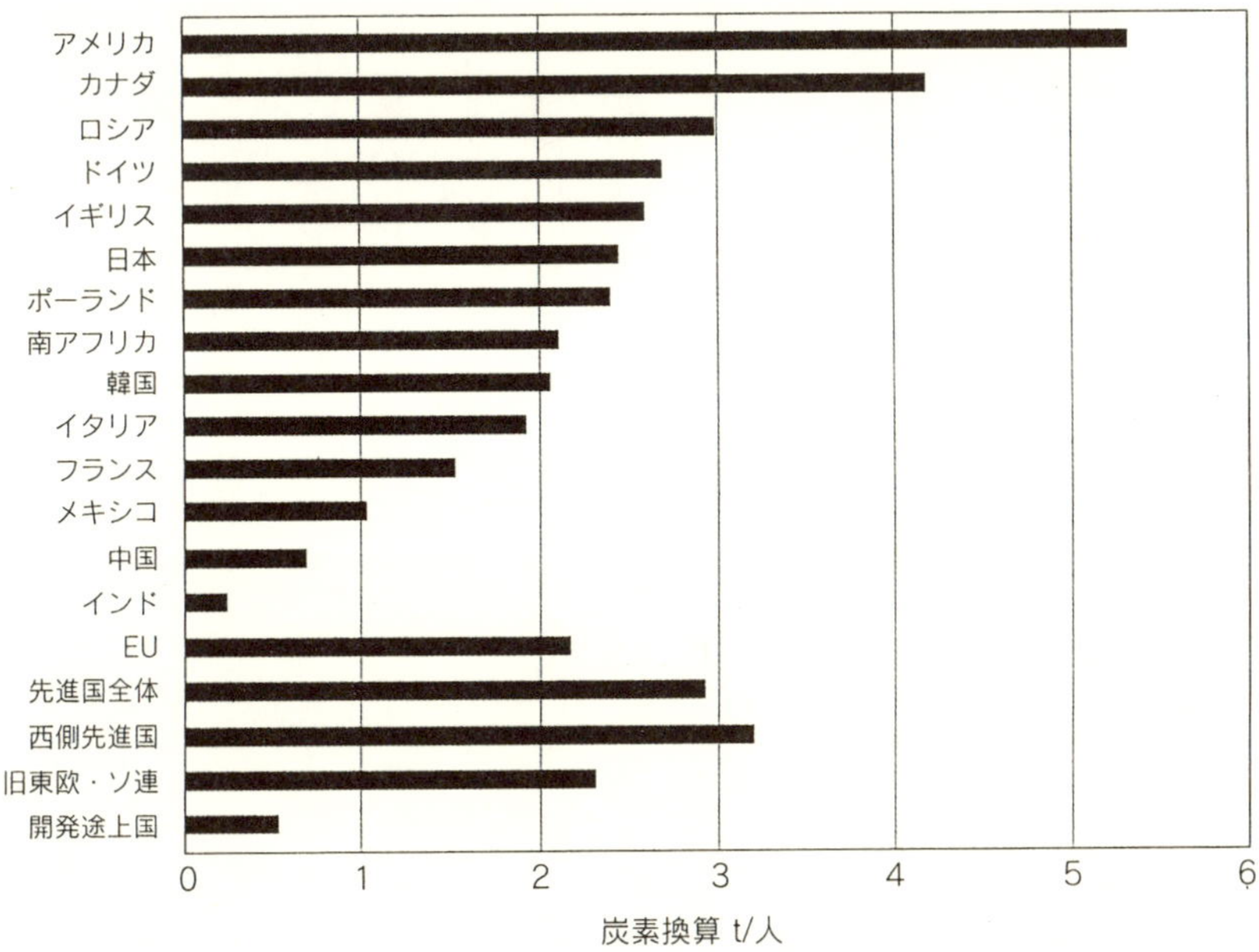

(資料)環境庁

全地球的な規模から考察した場合、途上国自体にも、新たな「差異」、つまり南北問題が広がり始めている。地球温暖化が私たち人類に問い掛けているのは、国家や地域を問わず、人間一人ひとりが地球環境を壊さない範囲で排出できるCO_2など温室効果ガスの公平な排出量単位（〝地球排出量単位〟）を創出することである。

世界全体のCO_2排出量はすでに年間六〇億トン（炭素換算、以下同じ）を超えた。これを世界の総人口六〇億人で割ると、人類の一人当たりの排出量は約一トンとなる。

しかし、現在の一人当たりの排出量は、国別や先進国、途上国別では著しく差がある。最も多いのはやはりアメリカで五・三トン、二位がカナダで四・二トン、三位がロシアで三トン、四位がドイツで二・七トン、五位がイギリスで二・六トン、六位が日本で二・四トンなどとなっている。これに対し、中国は〇・六五トン、インドは〇・二五トンに過ぎない。また先進国全体では二・九トン、発展途上国全体では〇・五トンであり、先進国は途上国の約六倍も排出していることになる。（※図1－19参照）

世界全体のCO_2排出量を世界の総人口で割った排出量の約一トンを、仮に現時点での〝地球排出量単位〟とすれば、アメリカをはじめ主要先進国は排出量を大幅に削減する必要がある。世界の人口は二〇七五年には一〇〇億人に達し、現状では世界の総排出量の急増は避けられない。地球温暖化に歯止めをかけるには、〝地球排出量単位〟は今後一トン以下に抑えることが急務となる。

その〝地球排出量単位〟に基づき、各国に排出量を再配分する。その上で、各国の経済水準を考慮に入れ、併せて「京都議定書」で決まった三つの柔軟性措置の中でも、とくに「クリーン開発メカニズム（ＣＤＭ）」を活用すると共に、国連環境計画（ＵＮＥＰ）などによる「地球環境基金（ＧＥＦ）」、世界銀行の「炭素基金」の資金などを最貧国に優先的に回してこれ以上の低落を防ぎ、段階的に先進国と途上国との間の格差の是正を図ることを目指すべきである。

第II部　途上国の主張、先進国の主張

「新しい南北問題」の構図が端的に示されているのは、「地球温暖化」対策をめぐる先進国と発展途上国との対立である。国際条約というのは、あまねく締約国に平等の義務を課さなければならないのに、「気候変動枠組み条約」(一九九四年発効)は、先進国と途上国に対し「共通だが差異のある責任」を課し、先進国のほうに重い責任を負わす〝差別化条約〟となっている。それは、全地球的な規模で進む「地球温暖化」について、石油や石炭を浪費し、二酸化炭素(CO_2)などの温室効果ガスを大量に排出して、いち早く豊かな文明を築き上げた先進国側の責任のほうが大きいからにほかならない。

その「気候変動枠組み条約」に基づき、九七年一二月に開かれた「地球温暖化防止京都会議」(同条約の第三回締約国会議)では、先進国に対して二〇一〇年から温室効果ガスの排出量を一九九〇年と比べ平均五％減らすよう義務づける「京都議定書」が決まった。京都会議から一年後の九八年一一月に開かれた「地球温暖化防止ブエノスアイレス会議」(同条約の第四回締約国会議)で、「京都議定書」をどのように実施するのか、先進国と途上国は激論をたたかわせた。

議長国のアルゼンチンは、途上国が温室効果ガスの削減に参加する「ボランタリー・コミットメント(自発的公約)」を議題として提出したが、京都会議と同じように途上国の強硬な反対によって日の目を見なかった。

海面上昇で国家存亡の危機にある小島嶼国は「われわれの温室効果ガスの排出量をすべて合わせても、世界全体の排出量計算値の誤差の範囲で相殺されるほど微量に過ぎないのに、なぜ相応な負担を共有しなければならないとか」と抗議した。やはり排出量の少ないアフリカやアジア諸国にも同様の見解をとる国が多かった。

しかし、中国とインドは、世界で二番目と五番目にそれぞれ排出量が多いにもかかわらず、一人当たりの排出量が先進国より大幅に少ないと主張して、排出量の削減を拒絶した。産油国も、温暖化対策によって主要輸出品目である原油価格が下落し、経済に打撃を被ると言って、排出量の削減に耳を傾けなかった。

途上国の主張は、一見同じようなことを言っているようであるが、「共通だが差異のある責任」については、見解は必ずしも一致していない。「京都議定書」には、温室効果ガスを削減するための経済取引対策として三種類の「柔軟性メカニズム(措置)」が盛り込まれている。その一つ「クリーン開発メカニズム(CDM)」は、先進国と途上国が共同プロジェクトを行って、途上国が資金や技術の提供を受ける代わりに、排出量を先進国に譲り渡すことが出来るようになっている。

先進国側は、このＣＤＭを〃武器〃に途上国を切り崩しにかかっており、ブエノスアイレス会議でも、先進各国の発言を読めば明白である。アフリカ、中南米、アジアなど地域を問わず、かなりの途上国もこのＣＤＭ取引に応じようとしているニュアンスがうかがえる。しかし、水没の恐れがある小島嶼国は、そうした状況を敏感に捉え「途上国は先進国による再植民地化を許そうとしている」とまで言っている。

国全体の排出量でも、一人当たりの排出量でも、実際には地球温暖化に関与していないのだから、そこまで言い切れるのかもしれない。ブエノスアイレス会議での先進国と途上国の発言を読むと、地球温暖化が経済的な取引や技術を中心にした取り組み方で、果たして克服できるのか疑問を感じるのである。

＊第Ⅱ部の各国のグラフ・表は、ＯＥＣＤ東京事務所提供。表・グラフとも単位は一〇〇万トン（ＣＯ²）換算。
＊発言者の役職は発言当時のもの。

世界全体の燃料からのＣＯ₂排出量
（1990年と比べ96年に7.0％増加）

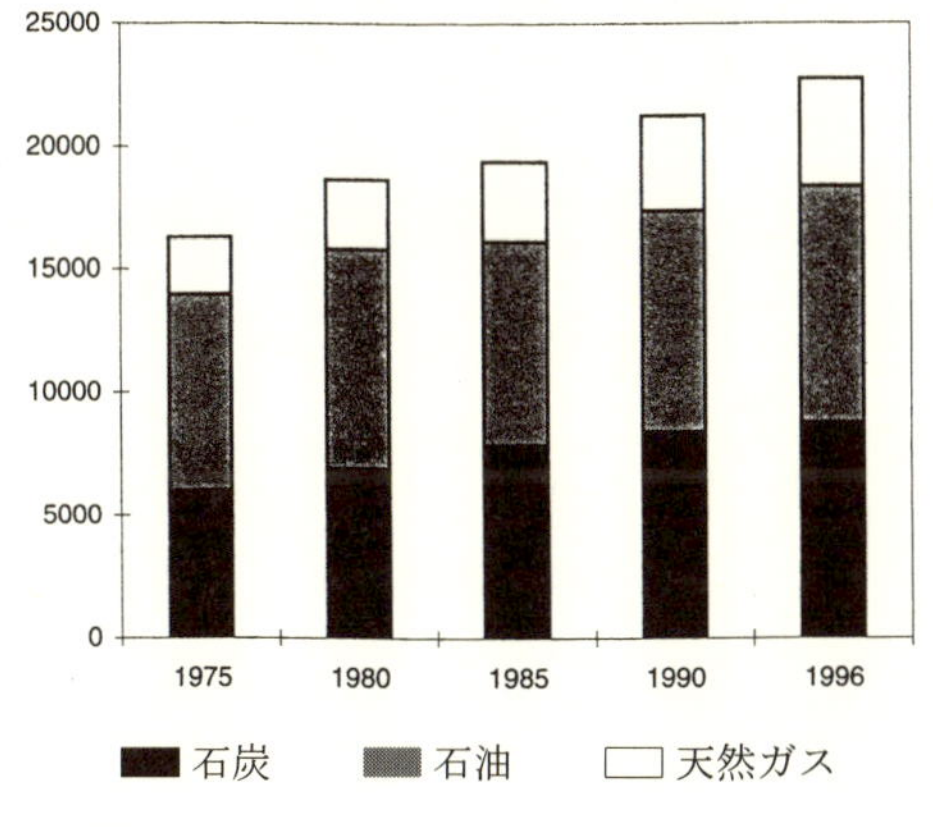

（出所）国際エネルギー機関。

年	1990	1991	1992	1993	1994	1995	1996	96/90
	21252.1	21437.7	21354.6	21516.1	21582.2	22022.4	22741.7	+7.0

第II部を読むためのキーワード

●気候変動に関する政府間パネル（IPCC）　地球温暖化について世界の最新の科学的な研究成果をとりまとめるため、世界気象機関（WMO）と国連環境計画（UNEP）が、一九八八年に共同で設立した科学者の組織。温暖化の①科学的メカニズム②自然・社会・経済への影響③対応戦略について検討、評価する三つの作業グループがある。一九九〇年のIPCC第一次評価報告書は、温暖化の可能性について警告し、また九五年の第二次評価報告書は、人間活動の影響により温暖化がすでに始まっていることを示唆し、世界的な反響を呼んだ。世界の温暖化研究と対策のより所となっている。

●気候変動枠組み条約　正式には「気候変動に関する国際連合枠組み条約（UNFCCC）」という。大気中の二酸化炭素（CO_2）など温室効果ガスの濃度を安定化させることを究極の目的として、一九九二年五月に国連で採択され、二年後に発効した。

温暖化をはじめ気候変動は地球規模で起こる。先進国と途上国の果たす責任や役割には違いがあるものの、地球温暖化の防止には双方が互いに協力して取り組む必要のあることをうたっている。九五年以来、同条約の締約国会議（COP）が毎年、開かれている。批准国は二〇〇〇年四月現在、一八四カ国にのぼる。

●京都議定書　一九九七年一二月に開かれた「地球温暖化防止京都会議」（気候変動枠組み条約の第三回締約国会議）で、先進国が削減する温室効果ガスの数値目標や国際的な仕組みなどを決めた議定書。正式には「気候変動に関する国際連合枠組み条約の京都議定書」という。

先進国は二〇〇八年から二〇一二年の五年間の平均値で、二酸化炭素（CO_2）など六種類の温室効果ガスを一九九〇年と比べ五％削減することが義務づけられた。欧州連合（EU）は八％、アメリカは七％、日本は六％削減しなければならない。

九八年の同条約の第四回締約国会議で、「京都議定書」の実行を推進するための「ブエノスアイレス行動計画」が採択された。また九九年の第五回締約国会議（ボン）で、二〇〇二年までに議定書を発効させることで合意をみた。

●柔軟性メカニズム（措置）　右記の先進国による温室効果ガ

スの削減数値目標を達成するために、「京都議定書」で認められた国際的な仕組みのことで、「京都メカニズム」ともいう。①排出量（権）取引②共同実施③クリーン開発メカニズム（CDM）の三措置がある。

①と②は、先進国同士で排出量を売買したり、共同プロジェクトに伴う削減量を譲り受けたりする。③は、先進国が発展途上国と共同プロジェクト行い、途上国の排出量の一部を譲り受けることができる。これら三措置の細部はまだ決まっていない。

●ボランタリー・コミットメント（自発的公約） 途上国が温室効果ガスの削減を自発的に公約（約束）することを意味する。現行の「気候変動枠組み条約」や「京都議定書」では、途上国は具体的に温室効果ガスの削減義務を負っていない。

「地球温暖化防止京都会議」では途上国の削減数値目標を「京都議定書」に入れるのか、続く「同ブエノスアイレス会議」でも議題に取り上げるのか激論となった。途上国の強硬な反対に遭い、削除された。温室効果ガスの排出量は二〇一〇年過ぎには途上国のほうが先進国を上回るため、途上国の参加問題が再燃することは必至である。

●グループ77 発展途上国が、国連などの国際会議で経済や社会開発問題について、先進国と交渉にあたる途上国最大のグループ。特定の機構はない。正式には「77カ国グループ（Group of 77）」という。

一九六四年にジュネーブで開かれた第一回国連貿易開発会議（UNCTAD）で、非同盟諸国など七七カ国の途上国が共同宣言を採択して、発足した。六七年にアルジェ憲章を採択し、途上国の意見を調整して先進国に経済要求を行い、途上国の経済・社会発展を目ざすことを目的としている。現在は一三二カ国が参加している。

●シンク（吸収源） 温室効果ガスの吸収源という表現が一般化しているが、正確には、大気中から温室効果ガスやエーロゾル（微小粒子）などを除去する作用、活動または仕組みをいう。

「京都議定書」では、その吸収源対策として林業活動と土地利用の変化を盛り込んだ。林業活動は、一九九〇年以降に行われた植林、再植林および森林伐採に限定されている。森林の吸収量を多く見積もることが出来れば、国内での実際の削減量を減らせるため、〝温暖化対策の抜け穴〟という批判もある。

日本は二〇一〇年からの六%の排出量削減分のうち、三・七%をこの林業活動に依存する計画である。ハーグで二〇〇〇年一一月に開く「気候変動枠組み条約の第六回締約国会議」は、IPCCの特別報告に基づき、どのくらい森林や土地利用による吸収量を見積もるのか、結論を出す予定である。

ツバル

島嶼国

〝新帝国主義シンドローム〟の危機

●ビケニベウ・パエニウ／首相

「南太平洋フォーラム」のメンバーであるクック諸島、マーシャル諸島共和国、ナウル共和国、ニウエおよびツバルを代表して発言する。「京都議定書」は世界が気候変動と戦うために払う努力にとって重要な一歩と歓迎されたが、厳密に言えば先進国が温室効果ガスの排出量削減を約束した意義深い公約からは依然としてかけ離れている。

「京都議定書」が発効しないうちから、「気候変動枠組み条約」の締約国はすでに「排出量（権）利取引」、「クリーン開発メカニズム（CDM）」、「共同実施」といった「柔軟性メカニズム（措置）」について広範な交渉に取り組んでいる。こうした交渉は先進国が国内の排出量を削減する義務をいっそう弱め、はっきり言えばカムフラージュすることにほかならない。地球温暖化防止ブエノスアイレス会議（気候変動枠組み条約の第四回締約国会議）のさなか、先進国が自分たちの責任を発展途上国に転嫁する試みが見受けられた。一部の途上国はそそのかされて短期的な財政収益の向上を図る方向に走るかもしれない。植林は温暖化を止めることにはならない。

途上国で事業をしても温暖化は阻止できない　「柔軟性メカニズム」は気候変動の破滅的な影響からわれわれを救うことにはならない。先進国は途上国で事業をするというような安易な方法によって、自分たちの責任を相殺するようなことはしてはならない。先進国は条約の義務の履行だけではなく、自国内においても道義的義務を果たすべきである。「柔軟性メカニズム」には、気候変動と戦うための地球規模の努力について、先進国自身が行う希望ある計画の大枠も、真摯な試みも提示されていない。レトリックや饒舌は削除すべき時である。われわれが今まで行ってきたことは、共通の目的を決して達し得ない過程を作りだすことにほかならない。先進国が国内で断固とした、真に積極的な措置を講じることを要求する。そうすれば途上国からの新たな公約も可能である。

地球温暖化と戦うことは、「気候変動枠組み条約」の全締約国の責任であるが、先進国がこの緊急事態においてリーダーシップを発揮し、今から温室効果ガスを実質的に削減しなければならない。先進国はまた、途上国が気候変動との戦いで役割を果たせるように技術を移転し、途上国を支援しなければならない。

気象災害は途上国の死活問題　気候変動の破滅的な影響は、数百万にのぼる人々の生命を脅かしている。ブエノスアイレス会議のさなか、ハリケーン「ミッチ」が中米とカリブ海地域を襲い、一万人が死亡し、多数の人たちが家を失った。気候変動がわれわれの生命を脅かす事件は、一九九〇年いらい世界で再三再四起こっている。先進国にわれわれ島嶼《しょ》国の地勢について思い起こしてもらう必要はあるまい。われわれは最もぜい弱な国のなかで最もぜい弱な国である。われわれにとって気候変動全体の問題は経済学や政治学ではなく、生と死の問題なのである。

気候変動による災害は、規模が大きくなっただけでなく、日常生活で当たり前の出来事になった。気象災害の被災地復興のため、われわれはすでに数百万ドルを支出している。こうした資金はわれわれの子どもの教育や、高い乳児死亡率を防ぐため、保健制度の改善に支出する方が得策である。

国際社会はわれわれに対し、気候変動がどんな災害を引き起し、経済に影響を与えるか、また彼らが行動を検討する前に、われわれがどんな措置を取ることができるのか証明するよう求めているようである。これは傲慢である。

先進国はわれわれの運命について真剣に考えているのだろうか。ブエノスアイレス会議の過程と結末には、多くの途上国が罪悪と見なしている帝国主義シンドローム（症候群）が垣間見える。ブエノスアイレス会議をかけめぐる帝国主義は「西欧」帝国主義だけではない。途上国のグループ77の多くの国々をも巻き込んだ。先進国は途上国の支配を継続するため、途上国の分断に成功しつつある。われわれが体験した過去の植民地時代を改めて想起させる必要はあるまい。われわれ途上国は先進国による再植民地化を許しつつある。われわれの主権と人間としての尊厳は危険にさらされつつある。われわれはすべて経済分野で成功を収めるよう努力しているが、その成功は排出権取引、ＣＤＭ、共同実施といった方法によってではない。われわれが必要とするのは、先進国が自国で排出量を削減することだ。それも今直ちに始めることである。

※ツバルは南太平洋に点在する九つのサンゴ礁で構成され、人口約九八〇〇人。

ミクロネシア

島嶼国

暴風雨の襲来、前例のない規模に

●レオ・A・ファルカム／副大統領

「気候変動枠組み条約」は、ミクロネシアの国際関係におけるすべての活動の最優先課題である。すでにわが国民は気候変動の被害を受けており、長期的に見て対処できないなら、わが祖国に全面的かつ永続的な破壊をもたらすであろう。これは無駄話でも政治的な誇張でもない。

わが国民は五〇年前、列強同士の紛争に巻き込まれ甚大な被害をこうむった。それは悲劇ではあったが、時が経てば戦禍からの復興は可能である。しかし、地球温暖化についてはそうはいかない。対策が講じられない限り、近いうちにわが国は温暖化によって永久に壊滅してしまうだろう。この地球上の他の地域も、近代戦を青ざめさせるほど取り返しのつかない荒廃に向かって突き進むことになるだろう。

実際のところ「地球温暖化防止京都会議」（気候変動枠組み条約の第三回締約国会議）から一年後に中南米のホンジュラス、ニカラグア両国を襲った気象災害（ハリケーン「ミッチ」）により一万人が死亡した。南アジアのバングラデシュの低地域では洪水で数千人の生命が奪われた。南米のアンデス山脈などでは氷河がかつてない速度で後退し続けている。南極では最近、西欧のルクセンブルク（約二六〇〇平方キロ）ほどの広さの巨大な棚氷が海へ崩れ落ちた。同様の出来事は枚挙にいとまがない。

わが国自体では一九九七年に、エルニーニョ現象によって存亡の危機にさらされた。普段は緑に覆われた島々が深刻な干ばつに見舞われ、大規模な国際緊急援助を受け、破局を免れた。周期的に起こるエルニーニョ現象とラニーニャ現象は、わが国にとって未知の体験ではないが、最近は予測できないほど強烈になり、暴風雨の襲う回数が歴史に記録のないほど増え、人命に本当に耐え難い影響を与えている。海面上昇の予測規模が完全に現実化するかどうかということとは関係なく、わが国民はすでに伝統的な扶養者であり、庇護者でもある海に対して異なった見解を取り始めつつある。

※ミクロネシアはフィリピン東方の西太平洋に広がる六〇七の島から成り、人口約一一万。

キリバス

島嶼国

海水面から一メートルの国家は壊滅する

●テワレケ・ボラウ／環境社会開発相

キリバスは低地の環礁から構成されており、広大な土地を保有する大陸諸国とは全く異なる。わが国政府は常日頃から気候変動、とりわけ海水面の上昇について非常に心配している。「気候変動に関する政府間パネル（ＩＰＣＣ）」が二一〇〇年までに海水面が一五センチから九五センチ上昇すると予測していることは周知の事実だ。キリバスの小さな環礁と島々は、海水面からの高さが一メートル以下しかない。しかも幅は数メートル、長さは数キロ程度しかなく、それらの多くは海水の浸食を受け、道路や建物、村落が破壊されている。

先進国は自分たちの排出する温室効果ガスの削減策を打ち出したが、先進国と他の一部の国はその問題にどう取り組むのか態度を全く明らかにしなかった。彼らは気候変動が不利益をもたらす非常に深刻な影響について十分に理解していない。われわれのように世界のごく狭い土地に住むものが不相応な負担を共有しなければならないのが気候変動なのだ。海水面の上昇はすでにわが国を破壊しつつある。一部のモツ族（パプア・ニューギニア南部などに住む原住民）は姿を消してしまった。「気候変動枠組み条約」交渉の進捗状況は、彼らにとって遅すぎるのだ。われわれはどうしたら気候変動に適応し、生き残ることができるのか、最善の対策計画を作成しつつある。

何がいま起こっているのか。太平洋全体で海水面が上昇しつつあり、われわれが気候の変化を観測した結果では、雨期と乾期の変化する時期や地域については、今までの知識は信頼できなくなった。明らかに気候変動と海水面の上昇が起こっている。島嶼国にとっては生き残りのかかった問題なのだ。

※キリバスは中部太平洋に点在する三つの島と三三の環礁から成り、人口約八万。

セーシェル

「世界遺産」のサンゴ礁も絶滅寸前

島嶼国

●ジャム・ミシェル／副大統領

セーシェルは世界の最小国の一つだが、自然環境の保全と持続可能な発展を促進する努力は、多くの諸国より進んでいる。限られた国土の約四五%は自然環境と生物の多様性保全のために残され、ユネスコ（国連教育科学文化機関）の「世界遺産」に二件登録されている。その一つである世界最大のサンゴ礁「アルダブラ」を存続させるべきなら、海面上昇について対策を取る必要がある。

島嶼国の問題はグローバルな問題だ。脅威にさらされている私たち島民の生活だけでなく、多様性に富んだ希少な生物種の生息地として、また単に観光客の訪れる目的地としてではなく、広範な種類の渡り鳥、海洋生物種の落ち着ける目的地として必要である。

セーシェルはすでに「気候変動枠組み条約」と「京都議定書」に署名し、温室効果ガスの国内目録の作成も完了した。わが国の温室効果ガスの排出は非常に少ないので、わが国の陸地ベースのシンク（温室効果ガスの吸収源）は、排出量の五倍を上回る。わが国は温室効果ガスを出さない、とてもグリーンな（環境にやさしい）国である。しかし、われわれは自分自身の財政措置に基づいて、地球規模の努力に貢献することが可能である。われわれ小国は環境管理の分野で今や世界の模範となっているが、小国の短い歴史（イギリスから一九七六年に独立）を通じ、多大な犠牲を払い投資をしなければならなかった。再生可能なエネルギー源の開発とエネルギーの節約について話し合うことは有意義であるが、それらにかかるコストが非常に高いので、温室効果ガスの排出国だけが利益を得ることになる。だから、われわれ小国は気候変動に対してだけではなく、新たな排出量削減政策に対してもぜい弱なのだ。温室効果ガスの大量排出国による確固たる公約なしに、セーシェルのような島嶼国は海面の上昇を監視し、繰り返し襲来する大洪水を被災する以外はなす術が無い。

島嶼国に「ぜい弱性の指標」を適用せよ　過去二年間にわたって、セーシェルはかつて例のない豪雨と干ばつを体験した。一九九七年の豪雨では農業とインフラストラクチャー（社会基盤）に数百万ドルにのぼる損害を受けた。一九八年には、海水温の異常な上昇によってサンゴ礁が広範囲にわたって白く変色し、漁業にも深刻な影響を与えた。

われわれの森林の面積は、グローバルな視点から見れば非常に狭く、いかなる主要当事者もわれわれとの「共同実施」を始めるのは難しい。またわれわれの経済規模は小さ過ぎるので、クリーン技術の移転も困難である。

セーシェルは独立以来、経済が大幅に向上したので、一人当たりの国内総生産（ＧＤＰ）は、財政援助を受ける資格のある途上国グループの枠を超えている。しかし一人当たりのＧＤＰで判断することが、島嶼国にとって有効な措置だと思えない。われわれは島嶼国に「ぜい弱性の指標」を適用することを強く支持する。「気候変動枠組み条約」の締約国会議が技術的な研究をして、ぜい弱な島嶼国に対する援助を早めることを強く要求する。なぜなら、先進国がグローバルな排出政策を討議しているときに、われわれは口にいっぱい海水を飲んでいるからだ。

「エコ観光」で持続的発展を追求　セーシェルがぜい弱性の影響を緩和するために行う選択の一つは、「エコ観光」を促進することである。われわれの戦略は、持続可能な管理された活動を通じ、多様性に富んだセーシェル特有の資源を活用して収入を得ることである。われわれがこれまでに手にしたことのない唯一の富を、「グリーン」と「ブルー」のカラーによって生み出すことが可能なのか検討した結果、われわれは「セーシェルのゴールド・カード」と呼ぶ「エコ観光」にたどりついた。この戦略の狙いは、観光目的としてではなく、環境事業として促進し、貴重な環境に負担をかけずに収入をもたらす環境保護の友人のサークルを開発することにある。国際社会は「セーシェルの夢」の実現を助けて欲しい。

※セーシェルは、西インド洋の一一五の島で構成され、人口約八万。

途上国

島嶼国

サモア

ビジネス化した「気候変動枠組み条約」の締約国会議を憂う

●トゥイロマ・ネロニ／駐国連大使

「小島嶼国連合（AOSIS）」の加盟国三五か国を代表して意見を述べたい。「小島嶼国連合」の加盟国の多くは気候変動に対して、国際的な行動を起こした発起人国だ。

モルディブは気候変動の影響に関する最初の閣僚宣言の一つを出したときの会議主催国である。マルタは「気候変動枠組み条約」の交渉を始めた国連総会決議の提案国である。バヌアツは同条約の最初の概要を提示した。モーリシャスは同条約の最初の批准国であり、セーシェル、マーシャル諸島はその直後に批准した国である。トリニダードトバゴは同条約の第二回締約国会議の「ベルリン・マンデート」の成立に拍車をかけた。フィジー、アンティグアバーブーダは「京都議定書」を批准した最初の国である。

われわれ小途上国の温室効果ガスの排出量は合計しても取るに足らず、世界全体の排出量計算の誤差の範囲で簡単に相殺されてしまう程度である。われわれが行った最初の行動とともに、温室効果ガスの大気中の驚くべき濃度上昇に責任のある諸国がまた、排出量削減の公約を果たすため、効果的な措置を講じない限り、国際的な交渉過程を前進させせようというわれわれの努力は、単なるジェスチャーにしか過ぎないだろう。あらゆるジェスチャーと言辞が弄され、コピーと翻訳と通信が世界中を飛び交い、「気候変動枠組み条約」締約国会議のビジネスは、事実と数字に依存することになった。先進国が京都会議から二回目の意見交換の結果出した資料集は、これまで同条約下で行われた努力が、温室効果ガス濃度の驚くべき急激な増加に対し、ほとんど何も効果がなかったことを示している。

もっと懸念すべきことは科学者たちの警告である。彼らの警告によれば、「京都議定書」で合意された温室効果ガスの排出量削減の公約はそれ自体、たとえ完全に実行されたとしても、長期間にわたる大気中の急激な濃度上昇を防ぐには何も効果がない。われわれ島嶼国は、「気候変動枠組み条約」および「京都議定書」の下で合意を見た公約が不十分なことが公式に認知されるよう引き続き圧力をかけていくつもりだ。先進国がこれらの公約を果たす努力をしても、彼らの負う国際的な義務と途上国が合法的に求める期待からみれば、極めて不十分である。

※サモアは、南太平洋中部の九つのサンゴ礁から成り、約人口一七万。

コスタリカ

中南米

史上最大のハリケーン襲来で、経済・社会の進歩が二〇年後退

●カルロス・M・ロドリゲス／エネルギー環境相

中米諸国ベリーズ、エルサルバドル、グアテマラ、ホンジュラス、ニカラグア、パナマおよびコスタリカの七カ国を代表して発言する。われわれは今日、自然からの破滅的なメッセージの受容者となった。われわれの広大な国土が洗い流された。ハリケーン「ミッチ」の猛威により、その破壊は前例のない規模に達した。

人的損害の推計によると、死者は一万人を数え、三〇〇万人以上が家を失った。インフラストラクチャー（社会基盤）は五〇億ドルにのぼる損害を被った。ニカラグアとホンジュラスでは経済、社会、環境分野における進歩が二〇年後退した。

この地域的な大災害は、島嶼国のそれと比べると、規模でも、地理学的位置においても、中米の地峡が非常にぜい弱であることを証明した。中米諸国はエルサルバド

ルで首脳会議を開き、「ミッチ」によって最大の被害を受けたホンジュラスとニカラグアに対する国際的な債務免除を要請した。

気候変動は明日ではなく、今日の現実問題に　われわれはこれ以上待つことはできない。気候変動は明日の問題ではなく、今日の現実の問題なのである。大気中の温室効果ガス濃度の増加は地球の温暖化を進めており、極端な気候現象の規模や発生回数が増大していることが、日ごとにいっそう明白になっている。中米では、荒廃した森林の火災に加え、ハリケーン、エルニーニョ現象、ラニーニャ現象が規模、発生回数とも日ごとにとても大きくなっている。こうした現象は、気候変動の理論的なシミュレーション（模擬実験）の事例を明示しているのではなく、いままさに現実に起こっていることを証明する紛れのない事実なのだ。

中米は「京都議定書」に基づき先進国から求められた要求に道義的に応える権限を持っている。例えば、われわれは森林の持続可能性、農林業活動、再生可能エネルギー開発の奨励に加え、国立公園制度、生物回廊地帯のような地域生物保護区を整理統合する各種の措置に着手した。これらの努力には社会組織に加え私企業、公共部

コスタリカの燃料からのCO_2排出量
（1990年と比べ96年に52.8%増加）

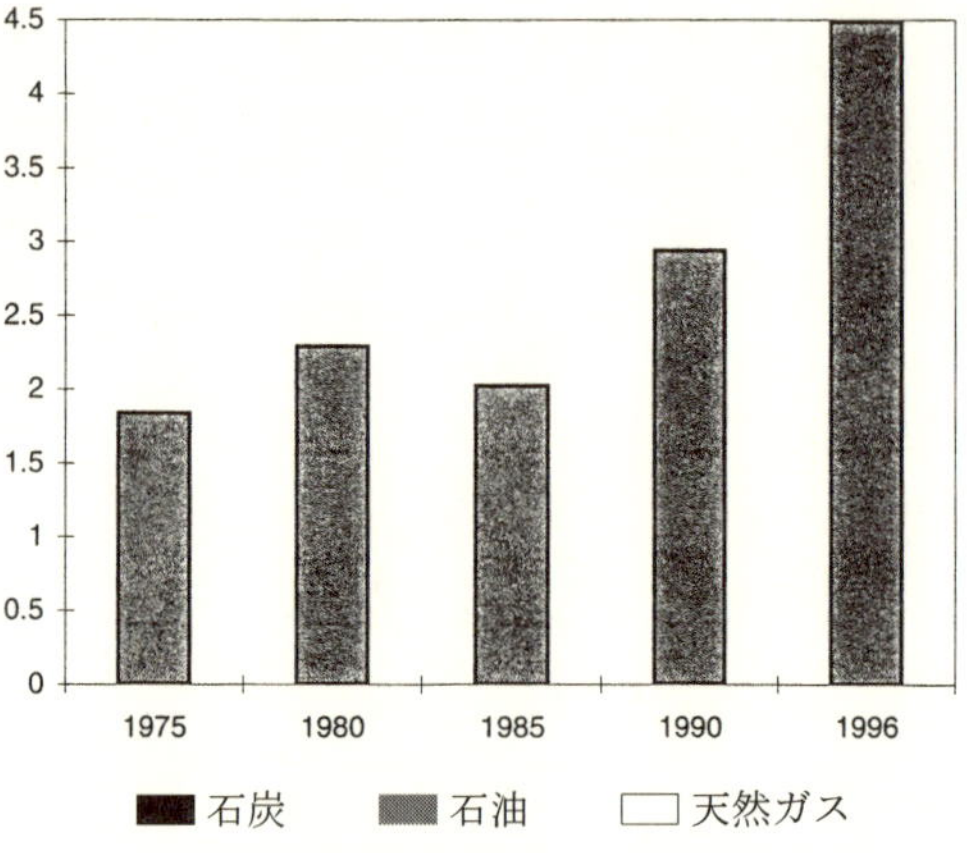

年	1990	1991	1992	1993	1994	1995	1996	96/90
	2.94	3.12	3.86	3.91	4.54	4.81	4.49	+52.8%

門も参加している。

われわれはまた、自動車の削減、工業部門の温室効果ガス排出量の削減ばかりでなく、工業、商業、国内部門でエネルギー効率計画を展開している。経済、環境両分野の持続的発展を可能にする新エネルギー源を見つけだすため、中米のエネルギー部門の統合に向け、最も重要な措置が取られた。こうした地域の問題は、「中米環境・開発委員会」によって促進されている。

「京都議定書」が認めた温室効果ガスの吸収源（シンク）は、中米にとって非常に重要である。中米の地峡の生態系と社会経済システムのぜい弱性を考慮した場合、温室効果ガス削減の政策と措置を実行するにあたり、「クリーン開発メカニズム（CDM）」がその財源を生み出すのに寄与する。

中南米の一〇カ国以上の諸国は、CDMに基づくプロジェクトの実行に取りかかるため、二〇〇〇年から暫定措置の移行段階を設ける可能性について検討するよう提案している。

中南米

エクアドル

原住民を加え国全体のコンセンサス形成

●ヨランダ・カカバドセ／環境相

エクアドルは、「国家気候委員会」を強化し、国内各界の人々の参加の下にコンセンサスを形成するため、重要なフォーラムを創設した。同委員会は政府、大学、企業部門、環境NGO（非政府組織）および原住民など幅広い各界の関係者たちで構成されている。この分野での政策決定過程に原住民を含めたのは、恐らくエクアドルが唯一の国だろう。われわれの直面する困難な仕事に成功を収めようとするなら、市民社会の貢献が欠かせないと固く信ずる。

最近、わが国に深刻な打撃を与えたエルニーニョ現象のような各種の気候現象は、温室効果が悪化していることを信じさせるのに十分だった。

途上国はすでに、エネルギー効率の改善、クリーン技術の開発、森林の保護を目的とした計画に参加している。エクアドルはすでに、再生可能な代替エネルギー源の開発とエネルギー効率の改善に着目し、小規模な水力発電所に加え、化石燃料発電に代わる膨大な地熱、太陽光の持つ潜在力を利用し始めている。同時にエクアドルは、国土の三〇%を自然保護地域に指定している。わが国は中南米の諸国の中で最大の自然保護地域を持つ国の一つだ。

技術と資本の豊富な先進国が、温室効果ガスの排出量削減のために提供する技術、財政支援を拡大し、さらにそれらを深化するなら、気候変動など様々な環境の挑戦に対処するためのわれわれの能力が強化されるだろう。

「クリーン開発メカニズム（CDM）」は、「気候変動枠組み条約」の目標を達成するための現実的な手段になるに違いない。「柔軟性メカニズム」の三措置の中でも、CDMだけが途上国の参加と「南」の諸国への技術移転を認めている。それ故、公平性を考慮に入れることが最も重要であり、「柔軟性メカニズム」の三措置は同じルールの下で、しかも最もぜい弱な諸国が気候変動の悪影響の緩和とその順応に対等に寄与できるものでなければならない。

CDMプロジェクトは、各国の優先課題を支援し、先進国の責任回避を許してはならない。主要な努力は先進国の排出量削減と、「南」の持続可能な発展の促進に払われるべきである。

ブラジル

義務の不履行国には罰則を科せよ

中南米

●ホセ・I・バルガス／科学技術相

一九九二年のリオ地球サミットの以前にさえ、ブラジルは気候変動の分野で、一日当たり二〇万バレルを超す再生可能なアルコール燃料を生産するなど、イニシアチブを取ってきた。それ以外に、ブラジルは鉄鋼、セメント、製紙、石油化学産業など、われわれの経済の主要部門で、石油消費量の三分の一以上を削減した。全体として、われわれのエネルギー基盤の六一%は、再生可能なエネルギー源で構成されている。

国際社会で幅広く認められているように、ブラジルは「気候変動枠組み条約」に基づく義務を完全に実行しているだけでなく、それ以上のことをしている。「クリーン開発メカニズム（CDM）」は、ブラジルが発案したものであり、「共通だが差異のある責任原則」に基づき、同条約の目標達成に向け、すべての途上国の自発的で、意義のある参加を促進するだろう。

その効果的な実行は、先進国と非先進国との間の実質的な協力にとびらを開くだろう。ＣＤＭはすべての同条約締約国の共通の核心である。ＣＤＭが持続可能な発展の促進に十分機能するためには、プロジェクトを基本にすべきである。

ＣＤＭには社会ニーズを含めよ　しかしながら、プロジェクトの選択は経済、財政効率および収益を基本にすべきだ。ＣＤＭの実施対象から世界中のどこの地域も除外されないよう、ＣＤＭの持続可能な発展の目標には、同時に社会ニーズを含める必要がある。同条約の全締約国が気候変動を緩和するための負担を公平に分かち合うために欠かせない条件として、実効のある明白な削減措置が、先進国によって遂行されなければならない。強力な義務履行メカニズムもまた不可欠だ。不履行国に罰則を科すことはもちろん、履行のため奨励策も講じなければならない。

しばしば忘れがちなことは、先進国の公約にみられるように、法的に拘束力のある排出量の抑制・削減目標値を含んでいないとしても、非先進国も「気候変動枠組み

ブラジルの燃料からのCO_2排出量

（1990年と比べ96年に30.8%増加）

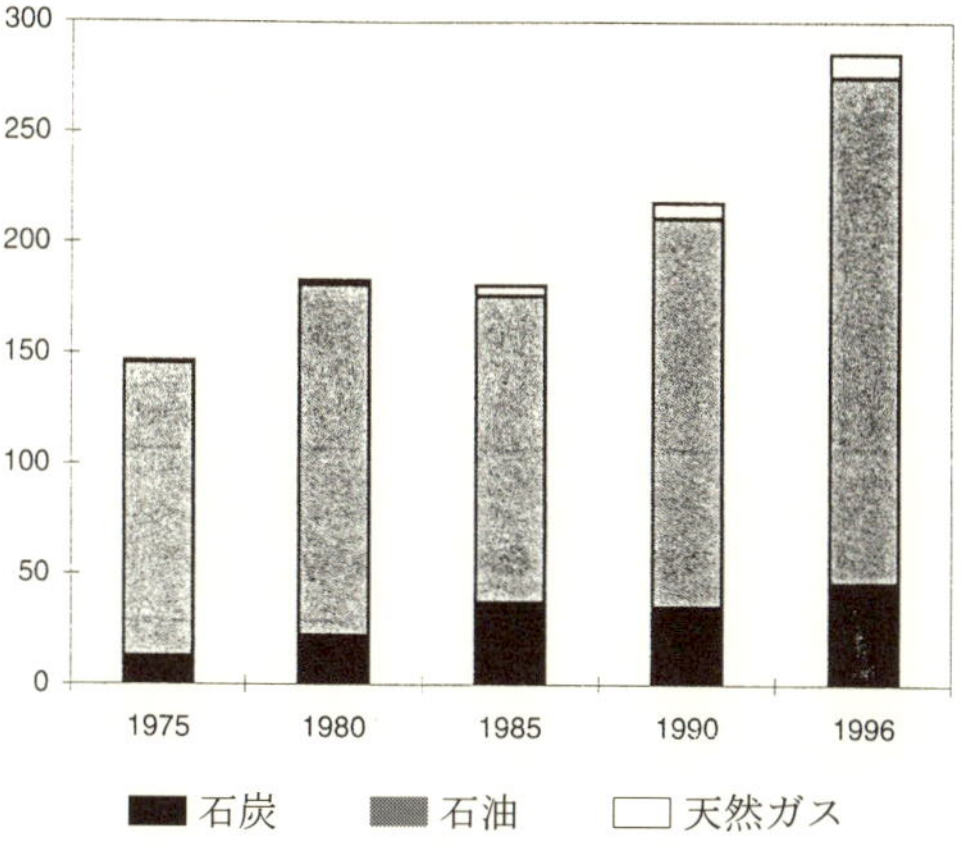

年	1990	1991	1992	1993	1994	1995	1996	96/90
	213.38	227.16	232.00	244.04	261.45	264.82	285.60	+30.8%

条約」の下で公約をしていることがある。ブラジルは同条約の第四条（締約国の約束）の一項に基づき、学校教育、啓発計画をはじめ、主要な研究を国内であるいは世界中の諸国と協力して率先して取り組んでいる。

「京都議定書」の条項の実行にあたっては、それを無意味なものにしかねない抜け穴を回避するべきだ。産業革命以前にすでに存在したていたシンク（温室効果ガスの吸収源）に加わった人間活動のみが検討の対象とされるべきだ。「気候変動枠組み条約」が、温室効果ガスのシンクと貯蔵源の保全および強化について、締約国の責任を指摘していることを忘れてはならない。それ故、保全はそれ自体、温室効果ガスの排出量削減のための借款対象から除外すべきである。

コロンビア

中南米

温室効果ガスの自発的削減には応じない

●ファン・M・ムリロンムロ／環境相

エルニーニョ、ラニーニャ現象のような気候現象の発生回数が増え、われわれの社会に大打撃を与え、われわれの対応能力を超えつつある。中南米諸国の農業社会は、生活をぜい弱な地域生態系に依存しているため、気候変動に脅威を感じている。わが国の熱帯、沿岸およびアンデス山脈の生態系は、地球上の一〇％を占める多様な生物の生息地であり、とりわけ気候変動に弱い。

地球温暖化の脅威に対処するため、われわれは二つの分野で、とくに温室効果ガスの排出量削減と、あらゆるタイプの森林の十分な管理と保全を通じて、できる限り強制管理をしなければばらない。熱帯雨林を拡大すれば、温室効果ガスの大量の吸収力に役立つことが立証された。これらの措置はできるだけ早く世界規模に拡大されなければならない。

排出量の削減に関し、コロンビアは発展途上国として現行の枠内で国際的に自発的な約束を果たすつもりはない。なぜなら、過去数百年以上にわたり問題を引き起こしてきた国が公約を果たしていないからだ。この公約は彼らの歴史的な排出が引き起こしている損害を十分に反映しているからだ。われわれの比較的小規模の経済は、歴史的にこの問題に寄与しなかったし、われわれの社会は不公平に組織された制約を受けずに、経済的に成長、発展する権利を受けるに値する。

われわれは「クリーン開発メカニズム（ＣＤＭ）」における森林の役割を擁護する。森林は二酸化炭素（CO_2）削減に大幅に貢献するだけでなく、良好な森林管理は、わが国の開発と福利に大幅に貢献し利益をもたらす主役となるだろう。森林は新鮮な水の供給と浸食作用の管理に加え、貴重な熱帯生物の多様性保護にとっても重要である。

持続可能な発展と同様に、温室効果ガスの排出量削減は、コロンビアの最優先課題であり、ＣＤＭはこれらの目的を達成する上で価値ある手段だ。

早期の投資に借款を保証することは、これらのプロジェクトを引き受けるときに生じるリスクを減らし、投資国と引き受け国の双方がＣＤＭの構想、実行、運営にあた

コロンビアの燃料からのCO_2排出量

（1990年と比べ96年に14.1％増加）

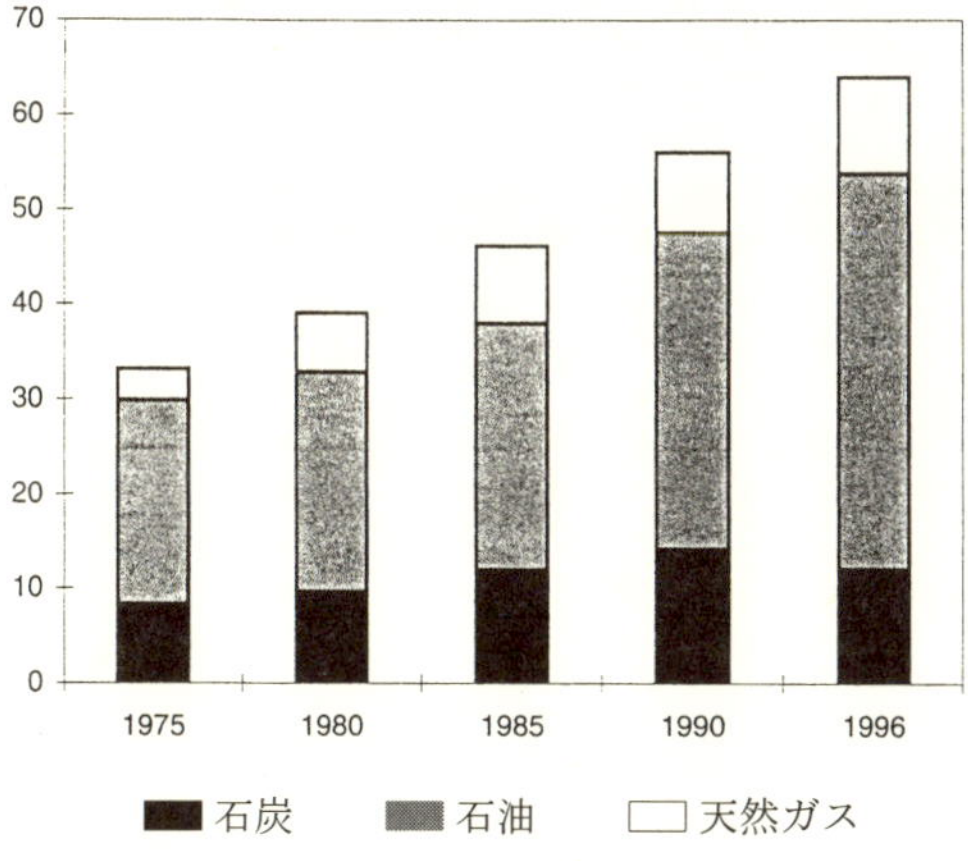

年	1990	1991	1992	1993	1994	1995	1996	96/90
	56.08	57.16	56.58	56.80	61.50	63.27	63.99	+14.1％

り貴重な経験を得ることを可能にするだろう。これはわれわれの共通の環境、社会の目標をつくる上で貢献するだろう。

ＣＤＭの取引、運営コストの最低減化に加え、他の指標原則は公平、平等、透明かつ迅速に実行されなければならない。ＣＤＭが創出する排出量削減のための借款は、国際資本市場における同質で完全に一時的な取引でなければならない。

自由市場においては、通常の状況下で融資を受けられないプロジェクトに融資できるよう、伝統的な国際協力の機会に門戸を開けて置かなければならない。

ウガンダ

先進国は技術移転の公約を実行せよ

アフリカ

●政府声明

アフリカが温室効果ガスの排出量に占める割合は、世界全体では取るに足らない量であり、約三％に過ぎない。このように低水準にもかかわらず、アフリカはわれわれの生き残りが排出量の削減にかかっているため、気候変動問題を非常に深刻にとらえている。アフリカと中南米など他の地域で最近起こった出来事が、この事実をよく示している。

アフリカは、「気候変動枠組み条約」に基づく公約を果たすため最善を尽くし、クリーンな開発への進路を採用し、同条約の究極的な目標に貢献することを約束している。

しかしながら、この方向に向けたアフリカの努力は、先進国が同条約の各種条項、その中でも特に技術移転に関する第四条の五項に基づき彼らの公約を実行して支援を受けなければならない。第四条五項の実行にはほとんど進展がみられていない。われわれは先進国に対し、遅滞なくこの公約を実行することを要求したい。

「京都議定書」については、アフリカは「クリーン開発メカニズム（CDM）」を持続可能な発展への窓口、つまり発展途上国にクリーン開発へ向かう進路を提供する唯一の方法だと考えている。クリーン開発への進路をとることは、途上国が同条約の目的達成に貢献する機会を提供することとなる。CDMは栄養の必要な幼児である。だから公平、監視、検証、認証および透明性などの問題について、真剣に検討する必要がある。同条約に秘められた「共通だが差異のある責任」は、「柔軟性メカニズム」構想における指標原則とされなければならない。

アフリカの効果的な参加を妨げる問題は、「柔軟性メカニズム」と技術移転、研究、組織的な観測などの各種問題で能力が不足していることだ。

● 途上国

ケニア

先進国は、技術移転と「柔軟性メカニズム」を結び付けるな

アフリカ

●フランシス・ニェンゼ／環境保護相

ケニアは気候変動のもたらす悪影響に著しく弱い。広範囲にわたる貧困層を抱え、干ばつの再発、土地の劣化、一次産品へ過剰に依存しているためだ。われわれは伝統的にエルニーニョ現象とは関係のない地域に位置しているが、過去二年間この現象による厳しい被害を受けている。洪水によってインフラストラクチャー（社会基盤）が大幅に破壊され、生命の損失と穀物の不作を招いた。

一部の先進国は「気候変動枠組み条約」に明記された温暖化の緩和対策を積極的に実行することを嫌がっている。現在までに、数カ国の先進国だけしか、温室効果ガスの排出量を一九九〇年の水準に安定化させていないのには失望する。同条約の第四条の八、九項は、気候変動の悪影響を受け開発の後れた途上国を含むすべての途上

ケニアの燃料からのCO_2排出量

（1990年と比べ96年に7.1％減）

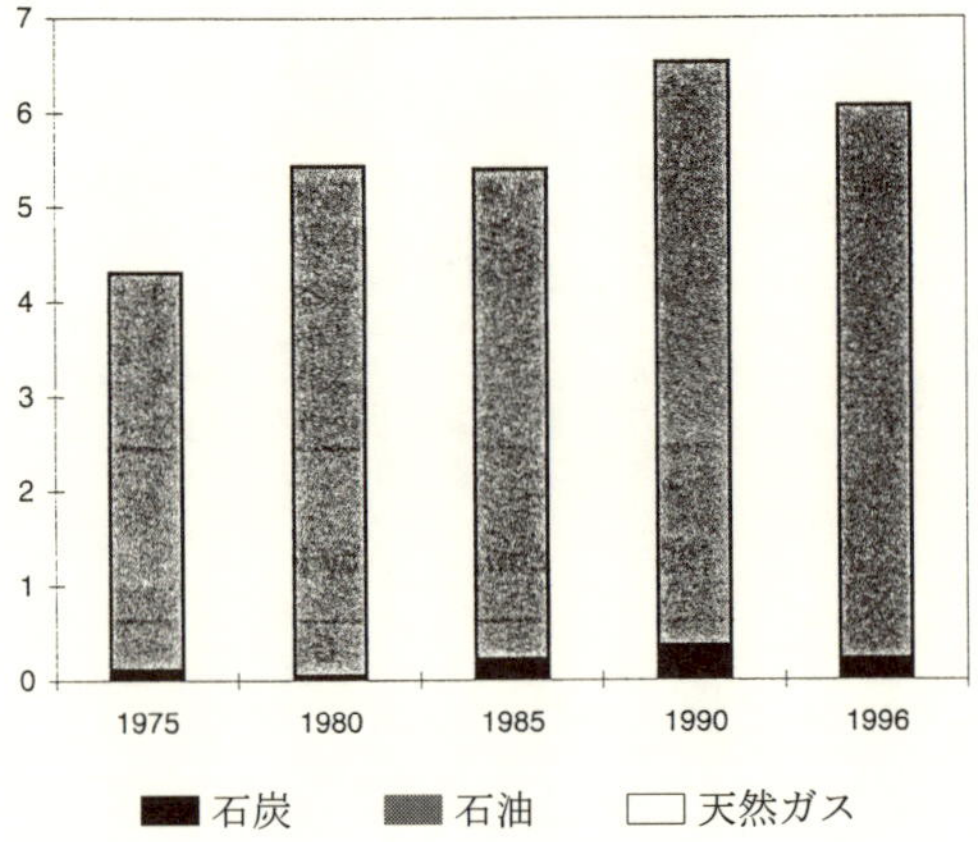

年	1990	1991	1992	1993	1994	1995	1996	96/90
	6.53	6.23	6.54	6.78	7.09	6.05	6.07	−7.1％

国の関心事である。われわれは、先進国が技術移転を「クリーン開発メカニズム（ＣＤＭ）」と結び付けることなく、技術移転計画に着手することを要求する。

潜在的な抜け穴を封じるため、われわれは「京都議定書」の三つの「柔軟性メカニズム（措置）」のすべての構想に強力な対抗措置を組み込むことを要求する。こうした抜け穴は「気候変動枠組み条約」と「京都議定書」の信頼性を傷つけることになるからである。同条約と議定書の主旨の高潔さを維持するため、先進国が「柔軟性メカニズム」を利用するのを封じ込めることが絶対に必要だ。

この点について一部の先進国が途上国の一部に意義のある参加を求めていることは断固拒否したい。先進国はまず自国内において率先して気候変動と戦う必要がある。途上国が将来予定するいかなる公約も、世界的に合意をみた二酸化炭素（CO^{2}）削減計画の一人当たりの排出量に基づいて行わなければならない。

タンザニア

GDPの大部分が対外債務の返済に

アフリカ

●エドワード・ロワッサ／国務相

気候変動はしだいに持続可能な発展と人類の生き残りにとって比類のない挑戦となりつつある。タンザニアは後発開発途上国の一員であり、ほとんど全面的に一次産品に依存し、沿岸地帯は居留地、福利にとって危機的な状況にある。気候変動の影響に対するぜい弱性とその関連圧力を減ずるために、緩和、適用措置が必要である。

こうした挑戦に対応するために必要な経験について情報を交換することはもとより、科学、技術、財源もタンザニアの経済力の範囲を超え、貧困の災禍と割賦償還金はすでに重荷になっている。

タンザニアの対外債務は現在八〇億ドルにのぼっており、国内総生産（GDP）の最大部分を割賦償還金のために費やしている。そのため気候変動から生じる負担は極めて大きい。ぜい弱性を減じ、気候変動に適応することは、多様性に富んだ生態系、社会・経済分野にとって、

タンザニアの燃料からのCO_2排出量

（1990年と比べ96年に2.3%減）

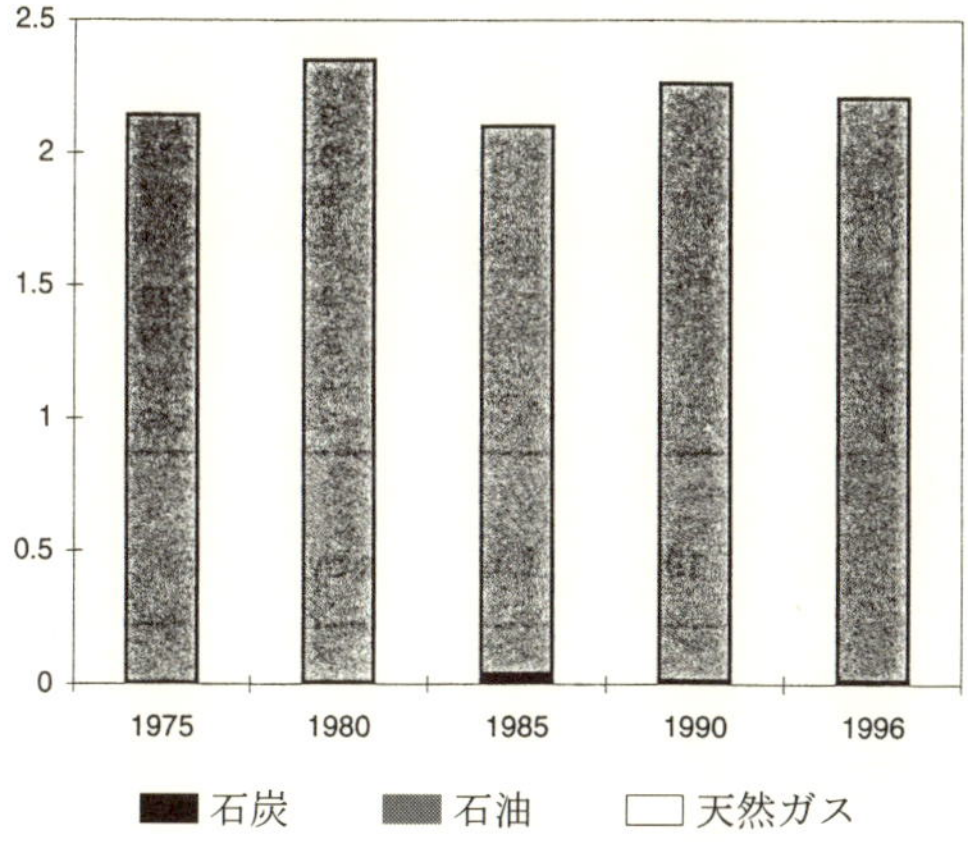

年	1990	1991	1992	1993	1994	1995	1996	96/90
	2.26	2.26	2.08	2.16	2.18	2.20	2.21	-2.3%

意味のある政策だ。

後発開発途上国の一員として、タンザニアは特に「クリーン開発メカニズム（CDM）」に関心を持っている。CDMの目的は、先進国が温室効果ガス排出量の抑制・削減公約を達成することはもちろん、途上国が持続可能な発展を達成するのを助け、「気候変動枠組み条約」の究極的な目標に貢献することだ。

CDMは　貧困の根絶に活用を

同条約の究極的な目標を達成するためには、先進国がCDMを自国内の措置に補足的に用いることが重要である。このメカニズムのプロジェクトは、受け入れ国の優先度に従い、これらプロジェクトと現行政策との間の補完性を保証すべきである。クリーンで差異のあるルールは、プロジェクトの適格性、特別融資協定を用いて、低所得国の利益になるよう分かりやすく決定されなければならない。

CDMは、途上国にとって利用しやすく、環境に安全な技術を作り出す措置であり、貧困の根絶、経済成長に寄与するものでなければならない。途上国には必要なインフラストラクチャー（社会基盤）、私企業部門、能力が不足していることが考慮されなければならない。

ガンビア

アフリカ

CDM理事会の構成国は、地理的に公平に配分せよ

●エドワード・D・シンガテ／大統領府相（漁業・天然資源問題担当）

発展途上国、後発開発途上国および島嶼国が気候変動の悪影響によりぜい弱なことは、議論の余地のないところだ。先進国は気候変動の影響と戦うために資源を動員できるのに、非先進国はそのような資源を手に入れることができない。実際のところ、多くの途上国は生命を維持するため、人間として基本的に日常必要なものをほとんど提供できないでいる。

このため、先進国は緊急課題として、彼らのした特別の公約を尊重し、気候変動を緩和するための国内措置に着手すると共に、「気候変動枠組み条約」の第四条二項の（a）（b）に基づき、彼らの公約を再検討するための道

を開くべきである。

先進国はまた、遅滞なく、同条約の第四条八、九項に基づき彼らの公約を果たすべきだ。さらに先進国は、非先進国に対する技術移転を助長、促進し、かつ融資するための実行可能な措置について緊急の対応が必要だ。

「京都議定書」に明記された「柔軟性メカニズム」——「クリーン開発メカニズム（CDM）」と「共同実施」「排出量（権）取引」は、同条約の実行に急速な展開を図る上で、先進国と非先進国に必要な協力手段となる。同議定書の第十二条でCDMは、非先進国が持続可能な発展を達成し、同条約の究極的な目標に貢献するのを助けると共に、第三条では先進国が排出量の抑制・削減目標の達成を支援することが期待されている。

途上国の排出量削減は、増加を遅らせること　しかしながら、CDMの目標達成にあたっては、特に収益の分配は公平な原則に基づいて、取り扱うべきである。CDMプロジェクトから得られる収益のしかるべき分け前は、途上国の適用プロジェクトに配分されるべきだ。さらに「柔軟性メカニズム」の三措置のいずれにも適用基金を組み込むべきだ。適用プロジェクトも重要であり、気候変動の悪影響に対し各国が抱えるぜい弱性に基づいて資金を蓄えるのが好ましい。

排出量の削減と持続可能な発展は、CDM制度の下で対等に取り扱うべきである。排出量の削減目標は、途上国の場合、現在の排出水準からの削減を達成するのではなく、排出量の増加を遅らせるものであると解釈すべきだ。途上国と後発開発途上国の微々たる排出水準は、それとは反対の解釈を正当化するものではない。設置が予定されるCDMの理事会構成国と多国間の協議委員会は、国連の機構で実施されているように、地政学的に公平に配分されなければならない。

ザンビア

アフリカ

ＯＤＡの継続、地域固有の技術開発援助を

●Ａ・Ｓ・ハムバイ／環境・天然資源相

われわれは、先進国が「気候変動枠組み条約」と関連議定書に基づく公約に従い、温室効果ガス排出量の削減義務の実行を保証することによって、気候変動の影響に対し積極的な対応を開始することを要求する。

気候変動から生じる破局を回避するため、いま措置を講じることは、途上国の共通の関心事である。われわれはそうする用意がある。しかしながら途上国は、資源と技術に関しては、途上国自身で措置を講じる能力を持っていない。それ故、先進国からの援助が必要である。先進国は同条約で合意したように、途上国が同条約に対応できるよう必要な援助をすべきである。

貧困国への過重負担は拒絶する　同条約と「京都議定書」

ザンビアの燃料からのCO₂排出量

（1990年と比べ96年に19.5％減）

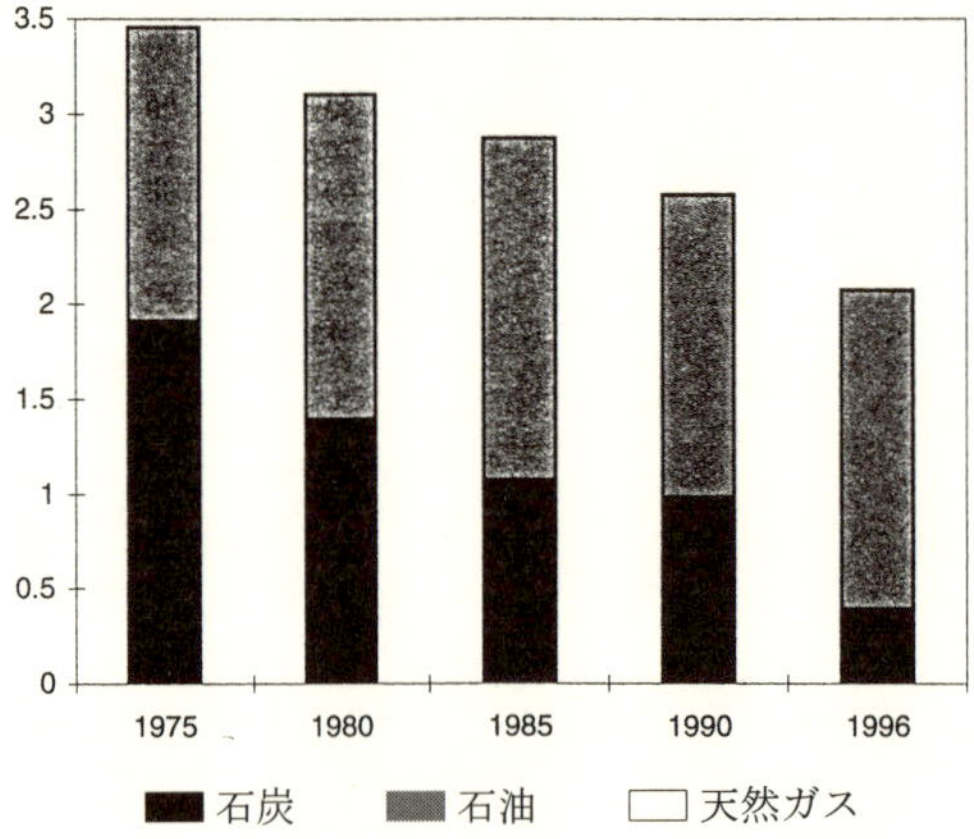

年	1990	1991	1992	1993	1994	1995	1996	96/90
	2.58	2.37	2.50	2.22	2.01	2.05	2.07	-19.5%

に明記されたすべてのメカニズム（措置）には、公平性の重視を念頭に取り組まなければければならない。ザンビアのような途上国にとっては、同条約の措置を、持続可能な発展の達成を通じて貧困を根絶する計画と結び付ける必要がある。それ故、条約の目標から努力をそらし、貧しい国に過重負担を負わすような如何なる提案も、不当かつ不公平なものとして却下されるべきだ。

「クリーン開発メカニズム（ＣＤＭ）」は、同条約の目標達成のため、途上国と先進国が協力する機会を提供している。しかしながら、ＣＤＭ制度は最も弱体な途上国が社会の進歩から取り残されないようにすべきだ。そのためには途上国、特に後発開発途上国が、インフラストラクチャー（社会基盤）や他の施設を整備し、外国からＣＤＭプロジェクトへの直接投資を引き出すのに役立つ奨励策を講じられるように、「政府開発援助（ＯＤＡ）」をはじめ、他の援助を継続する必要がある。これには、適切な技術援助と地域固有の技術開発の促進も含まれる。

エチオピア

アフリカ

貧困は環境の劣化を示す最悪の形態

●シッフェラウ・ジャルソ／水資源相

われわれが開発を優先する権利は、「気候変動枠組み条約」の第四条八、九項（締約国の約束）で支持を受けている。われわれの温室効果ガスの寄与度は取るに足らない程度だが、国内行動において同条約の目標達成のため、いくつかの措置を講じた。先進国は歴史的にも、現在も排出水準が高いのだから、国内の行動を優先して、自分たちの公約と責任を真剣に果たすことを期待する。気候変動問題はわれわれのぜい弱な経済と生活に直接影響を与えるので、非常に重要である。

貧困は環境の劣化を示す最悪の形態である。「京都議定書」の「クリーン開発メカニズム（ＣＤＭ）」に基づき、貧困とその関連問題と戦おうという決意は、正しい方向へ向けての進展だ。われわれはその実行を切望している。しかしながら、この実行を他の問題、つまり同条約で規定された原則以外の別の概念と結び付けようとする努力は、同条約の締約国会議の交渉を遅らせ、会議の成果を傷つけるものである。

ハリケーン「ミッチ」をはじめ、過去二年間に多くの国が体験した気象の大災害は、気候変動の影響が引き起こすシグナルである。これらの異変は人間の活動から起こった地球温暖化と関係している。

スーダン

アフリカ

クリーン開発メカニズムの商業競争化に反対

●モハメド・タヒル・エイラ／環境・観光相

貧困の根絶、食糧の安全保障、国民の能力形成、インフラストラクチャー（社会基盤）の開発、基本サービスの提供は、後発開発途上国の資源不足に大きな圧迫を加えている。国際社会による途上国への援助と協力は、気候変動を緩和するために必要な最優先の措置だ。それは政治的立場、宗教、人種問題に関係のない、環境にやさしい持続可能な発展に関する技術移転、科学知識、技術情報のような援助である。

先進国による貢献度の問題が生じたのは、彼らが歴史的に見て温室効果ガスの排出に責任があるからだ。先進国は開発をリードし、世界が今日直面している大量排出をもたらした。だから、スーダン、バングラデシュ、中国における洪水および最近のハリケーン「ミッチ」による中米の被災のような気象災害を回避するために、便宜的かつ効果的に働くことは、先進国側の道義的な義務である。

長期化する干ばつで測候所も機能停止　アフリカは長期化した干ばつの被害を受けており、スーダンの気象観測ネットワークも影響を受けた。過去七〇年以上活動し、記録を取り続けてきた一〇〇〇カ所を超す雨量計測所と測候所が、機能を停止し修復が必要となっている。「クリーン開発メカニズム（ＣＤＭ）」は途上国の資源を創出する効果的な手段である。ＣＤＭは商業競争に走るべきではないし、貧しい国のニーズを利用すべきでない。ＣＤＭを推進する努力は、先進国が温室効果ガスの排出量を削減するという公約と一致させるべきである。

スーダンの燃料からのＣO_2排出量

（1990年と比べ96年に11.5%増加）

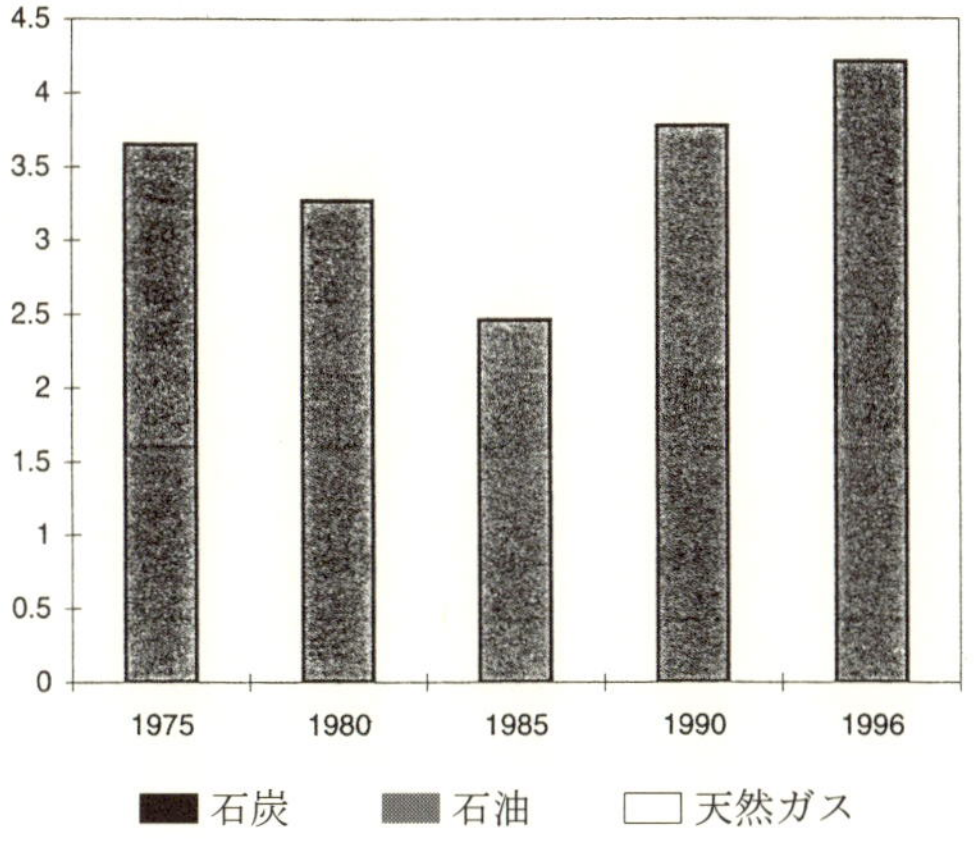

年	1990	1991	1992	1993	1994	1995	1996	96/90
	3.78	3.71	3.75	3.83	3.87	3.88	4.21	+11.5%

ボツワナ

アフリカ

低開発国のニーズに合うCDM

●ボーメッツェ・モコトゥ／地方政府土地・住宅省次官

ボツワナは温室効果ガスを少量しか排出していないが、「気候変動枠組み条約」と「京都議定書」の討議とその進展を非常に熱望している。同条約と議定書の目標は、ボツワナの国益、特に環境と持続可能な開発と一致している。

ボツワナはすでに干ばつと洪水を含む気候変動の悪影響を受けている。地球温暖化とそれによって起こる気候変動は重大な関心事である。健康、水、食糧、森林と野性生物の生息地に対する地球温暖化と気候変動の影響は、開発上の重大問題である。将来の予測シナリオがどうであるにせよ、これらのいずれも、ボツワナの開発意欲に大きな影響を与えるだろう。

ボツワナの開発目標は、低排出国の特殊なニーズに適している「クリーン開発メカニズム（CDM）」に重点を置いている。われわれは当事国に対しCDMに関する討議の結論に向け、急いで行動するよう要請する。

南アフリカ

アフリカ

砂漠化が食糧危機招き、債務が発展を圧迫

●ピーター・R・モカバ／副環境・観光相

グローバル化によって力を増した経済成長は、一部の国では貧困層の割合を減らしはしたが、最貧困層は増えた。余りにも多くの国で経済状態が悪化し、公共サービスの水準が低下し、世界の貧困生活者の総数が増大した。多くの国で所得の不平等性が増大し、失業率が悪化した。後発開発途上国と他の諸国との間の格差は近年、急激に広がっている。

富の配分と資源の入手における現在の不平等性を減じることは、人類が直面している最も深刻な挑戦の一つである。世界の多くの貧しい地域で、恒常的な貧困が天然資源の減少を加速し、砂漠が拡大した。干ばつと砂漠化による深刻な影響を受けた諸国では、なかんずく農業生産力は不安定化し、低下し続け、持続可能な発展を達成

南アフリカの燃料からのCO_2排出量
（1990年と比べ96年に7.2%増加）

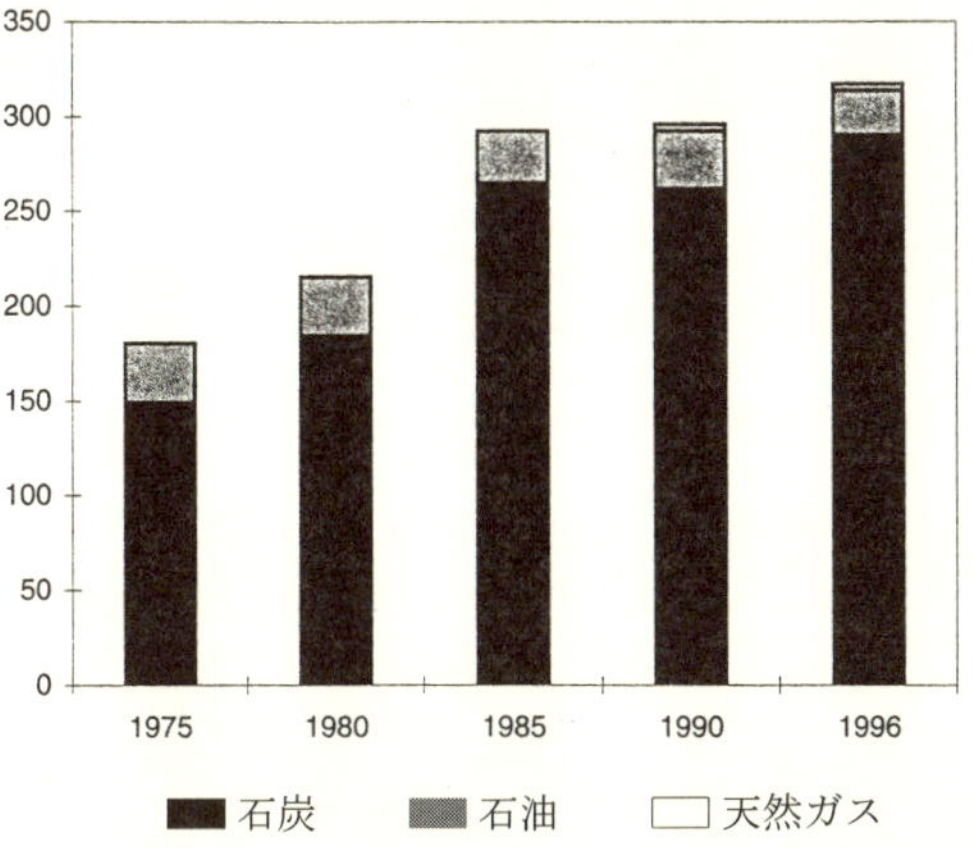

年	1990	1991	1992	1993	1994	1995	1996	96/90
	296.08	310.87	290.02	292.30	306.66	319.97	317.29	+7.2%

する努力を妨げている。不十分で危険な水の供給は、世界中で多くの人々に影響を与え、貧しい国で疾病と食糧不足問題を悪化させている。多くの途上国では債務問題が持続可能な発展の達成にとって、多大な圧迫となっている。

われわれは、「クリーン開発メカニズム（ＣＤＭ）」を、貧困の根絶と基本的な人間のニーズの達成目標を支援する機会と見なしている。先進国の、中でも特に私企業部門は、ＣＤＭのルールが余りに厄介で官僚的だと懸念を抱いている。しかしながら、ルールと手続きがはっきりすれば共通の理解を促進すると信じる。

中国

アジア

中進国になるまで温室効果ガスの削減はできない

●劉江／国家発展計画委員会副主任（中国政府代表団長）

「気候変動枠組み条約」は、先進国側と発展途上国側の間で「共通だが差異のある責任」の原則と公平の原則を確立した。この「共通だが差異のある責任原則」に従って、温室効果ガスの大気中の濃度に歴史や現在が寄与していることを考えてみると、先進国側が人間の引き起こした気候変動に主たる責任を負っている。途上国の一人当たりの温室効果ガスの排出量は依然として非常に低い。途上国側は第一の最優先課題として経済発展と貧困根絶の問題を提起する必要がある。

また公平の原則に従って、先進国の「贅沢な排出量」と途上国の「生き残りのための排出量」との間の不公平さが当然、是正されなければならない。先進国と途上国との間の差別化された責任を混乱させることを企て「グローバルな問題はグローバルな解決を必要とする」といった口実を用いることは良くない。公平の原則と「共通だが差異のある責任原則」は「気候変動枠組み条約」の二本の柱であり、将来の交渉と協力の指標となる基本原則である。

途上国は現在も将来も気候変動のもたらす悪影響の多大な犠牲者であることには変わりはない。「すべての人間は平等に創造された」。にもかかわらず、途上国は依然として非常に貧しい。しかし途上国は生き残るための絶対的な権利と発展の権利を持っている。途上国は先進国に対し、同条約に基づく公約の実施を要求する権利を有している。途上国は経済発展の重要性、環境保全、資源節約、持続可能な経済発展の重要性を十分に承知している。一九八〇年代以来、途上国は気候変動に取り組む人類の意義ある努力に参加している。

「京都議定書」の成文化に積極的に参加した結果、途上国は議定書の第一〇条の規定通り、条約で行った公約の履行努力に引き続き参加することを約束した。さらに重要なことは、途上国が独自の持続可能な発展戦略に照らして、あらゆる種類の国内措置を採択し、気候変動の長期的な傾向を緩和することに貢献したことである。

さらに途上国は、独自の持続可能な発展を促進し、排出量の削減公約の一環として先進国側に助力するため、「クリーン開発メカニズム（ＣＤＭ）」のプロジェクトに

中国の燃料からのCO_2排出量

（1990年と比べ96年に33.0％増加）

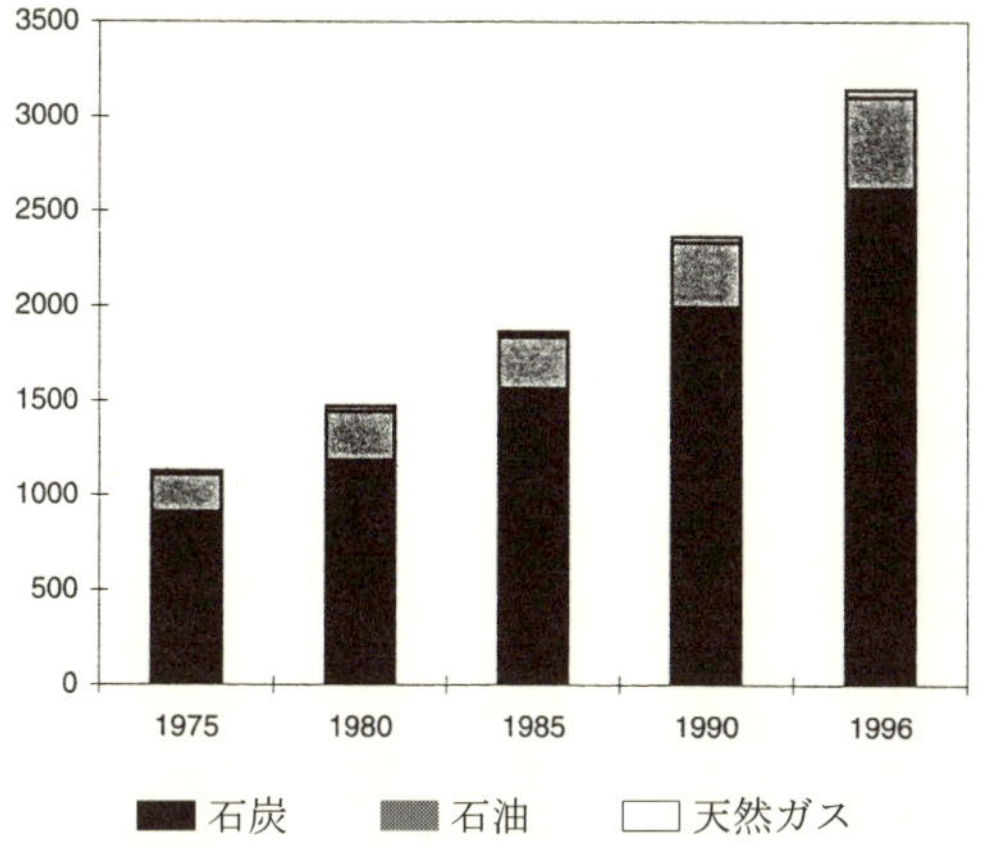

年	1990	1991	1992	1993	1994	1995	1996	96/90
	2362.0	2447.3	2508.1	2650.1	2801.8	2990.8	3141.9	+33.0%

積極的に参加しつつある。途上国は積極的な協力の方法を探究する用意があるが、条約に背いて、途上国に排出量の削減や制限を課するいかなる試みには反対する。

他の途上国と同じように、中国は気候変動による悪影響の犠牲者の一人だ。中国は気候変動の取り組みにさらに貢献する用意があるが、途方もなく困難な状況に直面している。中国は一九九七年の統計では人口一二億の発展途上国であり、一人当たりの国内総生産（GDP）は七二八米ドルに過ぎない（国連の「経済社会調査」の九八年版による）。中国の一人当たりの温室効果ガスの排出量は、先進国の平均排出量の七分の一に過ぎず、一人当たりの年間電力消費量もわずか七〇〇キロワット時であり、約六億人の国民がなお貧困基準以下の生活をしている。だから貧困根絶と経済発展は中国政府にとって最優先課題である。

こうした事実に照らして、「京都会議（地球温暖化防止京都会議）」で中国代表団長は「中国が中程度の先進国の水準に発展するまでは、中国政府が温室効果ガスの排出量削減の義務を引き受けることは困難だ」と厳粛に述べている。中国政府のこの立場は道理にかなっており、変更はないだろう。しかしながら同時に、独自の持続可能な発展戦略に従って、引き続き温室効果ガス排出量の増加率の引き下げに努める。

中国は現在、次の四つの局面において努力をしている。第一に、人口増加の抑制に努め、二十一世紀半ばまでに人口のゼロ成長を実現する。第二に、精力的にエネルギー節約法を実施し、エネルギー効率を向上させる。第三に、エネルギー構造に占める化石燃料の比率を漸減するため、水力、原子力、風力および太陽エネルギーなど新エネルギー、再生可能エネルギーの利用を増大する努力を強化する。第四に、新規植林、砂漠化防止、エコ農業開発などの永続的な努力を通じ、二酸化炭素（CO_2）の吸収源対策を引き続き強化する。中国は引き続き国際協力を積極的に促進し、それに参加する。

「気候変動枠組み条約」の第四条により、先進国が途上国に対する技術移転、財政援助を行う公約の実行を怠っていることは、条約に基づくわれわれの義務の実行範囲に深刻な影響を与えるだろう。人類が気候変動に取り組む上での基本的な対策は、持続可能な発展を目指して新技術を開発し、それを利用することである。同条約の締約国会議は新技術の発明と実用化を奨励し、技術移転の効果的なメカニズムを確立するための措置を講じるべきだ。

アジア

インド

人間の尊厳を否定する如何なる提案も拒否する

●政府代表団声明

「気候変動枠組み条約」の締約国は、われわれに厳しい反省と自己反省の機会を提供した。著しい数の先進国が同条約下で交わした公約を実行するための努力を無視している。先進国が課せられた公約をあくまで実行しないでよいというような自己満足に陥っている余地などないことを指摘しておきたい。

数か国の先進国が温室効果ガスの排出量を実質的に増やす計画をしているため、状況はますます大変になっている。こうした事実が示すのは、行動をまず第一に求められる状況の深刻さを彼らが認識していないことだ。発展途上国の貧困の根絶、食糧の安全保障、社会・環境開発に関する「気候変動枠組み条約」の規定が非常に重要である。貧困の根絶と持続的な経済成長への期待は、途上国だけでなく世界全体の環境の質の改善を助ける上で欠かせない要素だ。われわれが強調したいのは、公平性、財源の移転、環境に安全なテクノロジーに関する問題が、同条約の目的達成の進捗状況について検討する際、依然として突出した問題であるということだ。

インドの第一の関心事は、財源不足による制約があるが、依然として貧困の一掃、飢えと病気からの解放である。「気候変動枠組み条約」が認めるところでは、発展途上国の温室効果ガスの排出量は今までのところ比較的低いが、現在のエネルギー消費水準から見れば増大し続ける。しかし、開発の権利は奪うことができないし、すべての人間に対し生活の水準と質について物質的に平等な権利が提供されなければならない。

われわれは自らの開発過程を妨げられることがない限り、グローバルな環境の保全、改善努力に全面的に参加する意思がある。われわれが成長する合法的な権利を奪い、人間の尊厳と合致した生活の質を否定しようとするような、いかなる提案も拒否されなければならない。

途上国の政治・経済グループは最近、環境と開発に関する国際的な議題の進捗状況を見届ける機会があった。一九九七年の国連総会の特別会議で、リオ地球サミットの決定の実行状況について再検討した。その結果、特別

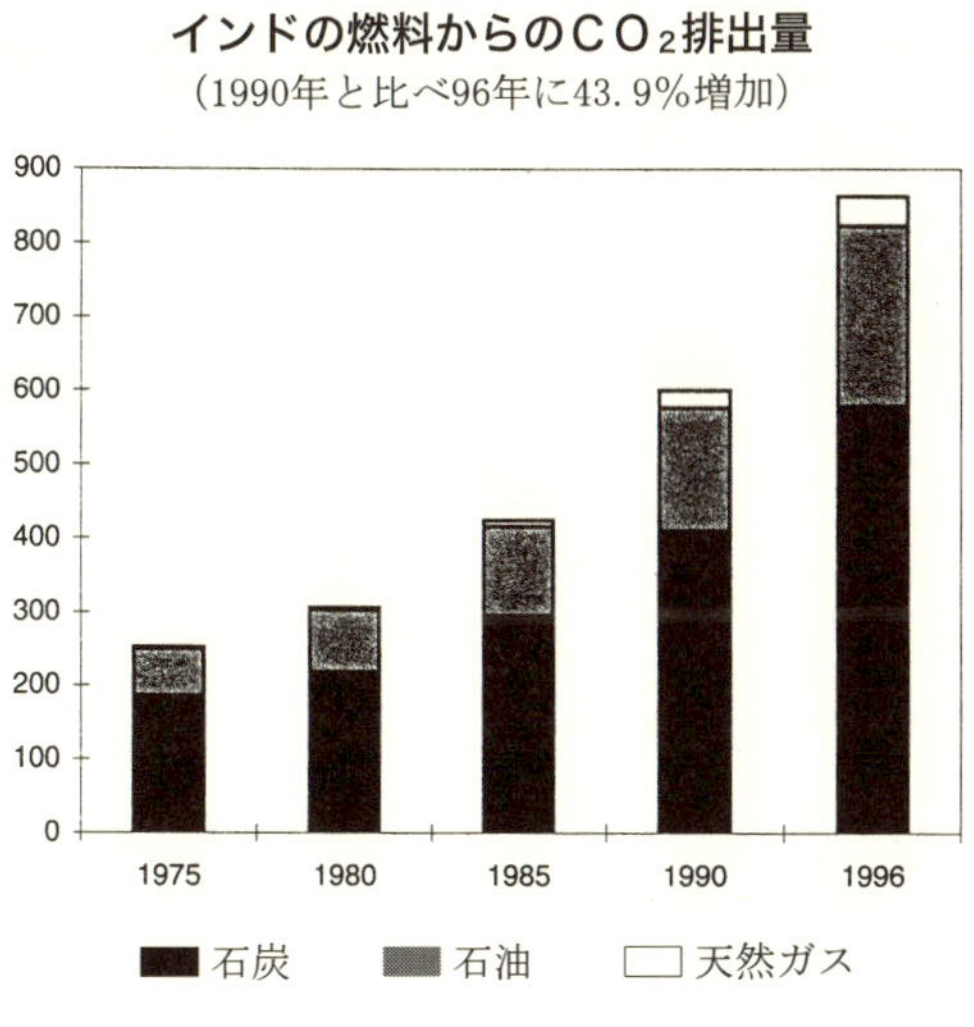

年	1990	1991	1992	1993	1994	1995	1996	96/90
	599.78	635.28	672.57	705.22	750.05	817.32	863.19	+43.9

会議は、途上国が環境問題に取り組むために必要な、非商業的、特恵条件による新規あるいは追加財源の提供や、環境に安全な技術移転が先進国からほとんど行われていないという明確な結論に達した。

「グループ77」と中国、非同盟諸国はこれらの問題を再検討する機会を持った。九八年九月初め、南アフリカのダーバンで開かれた第一二回非同盟諸国首脳会議で、気候変動問題に関する共通の立場をとることを採択した。首脳会議は、先進国がこの地域における第一の責任を負っていることを改めて確認し、公平な権利が排出権取引と他の「柔軟性メカニズム（措置）」の基礎であるとした。首脳会議は、「京都議定書」の批准と、数カ国の先進国が認めた、いわゆる「ボランタリー・コミットメント（自発的公約）」とを結び付けるすべての試みを無条件に拒否した。われわれの見解では、「自発的公約」は署名国が自発的に行うものであって、そのようなボランタリズムが法的枠組みに組み込まれるのなら、それはもはやボランタリーではないということだ。

アジア

韓国

「クリーン開発メカニズム」へ積極的に参加

●政府代表団声明

韓国はとりわけ「クリーン開発メカニズム（CDM）」を重視している。CDMは先進国が公約に従う上で費用効率のいちばん良い補足的な手段以上のものである。発展途上国が持続可能な発展を達成するのを助け、彼らが気候変動と戦う国内の実力をつける潜在力を秘めている点から見ても、CDMは他のメカニズム（措置）と比べ際立っている。

CDMは、取引費用、認可手続きで浪費される時間やエネルギーなど、不確実性、リスク、介在コストを最小限に抑える一方、CDMプロジェクトにおける私企業部門投資へのインセンティブを最大限に拡大するようにする。CDM借款の利用に制限を設けることは、CDM活動における投資額と、先進国が権限を持つ持続可能な発展の水準に制限を設けるのに等しいだろう。

途上国

韓国の燃料からのCO₂排出量

（1990年と比べ96年に75.0%増加）

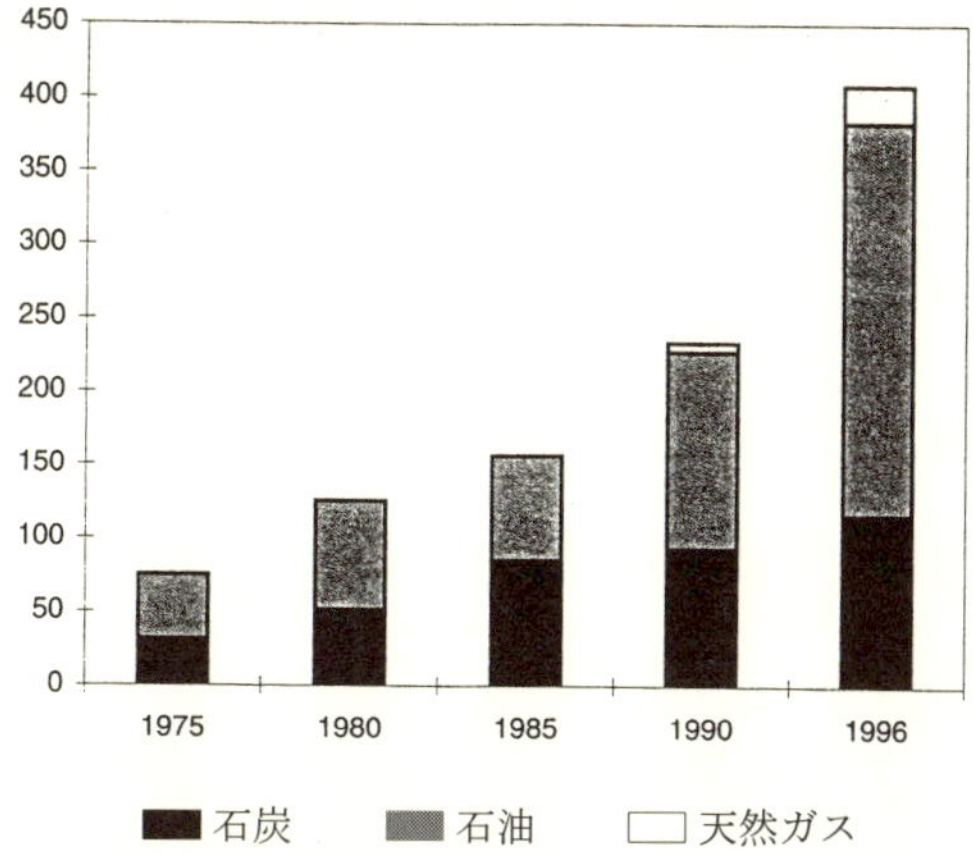

年	1990	1991	1992	1993	1994	1995	1996	96/90
	233.66	248.56	274.54	310.73	334.92	362.30	408.87	+75.0%

韓国は「気候変動枠組み条約」の目的に強力にコミットしており、九八年四月に首相の指揮のもとに気候変動と戦うための国内委員会を設置した。韓国は精力的な自発的努力とCDM活動への積極的な参加を通じて、温室効果ガスの排出量増加を抑えるため、全力を尽くす。

スリランカ

アジア

排出権は過去の不公平な排出量から導き出してはならない

●ルパ・ウイックラマラトネ／林業・環境省全国調整官

スリランカは現在「南アジア地域協力連合（ＳＡＡＲＣ）」の議長国を務めている。ＳＡＡＲＣの加盟国はバングラデシュ、ブータン、インド、モルディブ、ネパール、パキスタン、スリランカの七カ国で、世界の人口の約二〇％を構成している。

加盟七カ国の環境相は、「気候変動枠組み条約」の第四回締約国会議（地球温暖化防止ブエノスアイレス会議）の前にコロンボで会議を開いた。七カ国環境相は先進国に対し（一）「京都議定書」の批准、発効に向け署名を促進する（二）温室効果ガス排出量の削減公約を実行するため、緊急かつ有効な措置を先進国内で講じるよう要求した。

七カ国はまた、先進国に対し次のような点を要求した。排出量（権）の取引計画を立案する上で基本的に欠か

スリランカの燃料からのCO_2排出量

（1990年と比べ96年に101.8％増加）

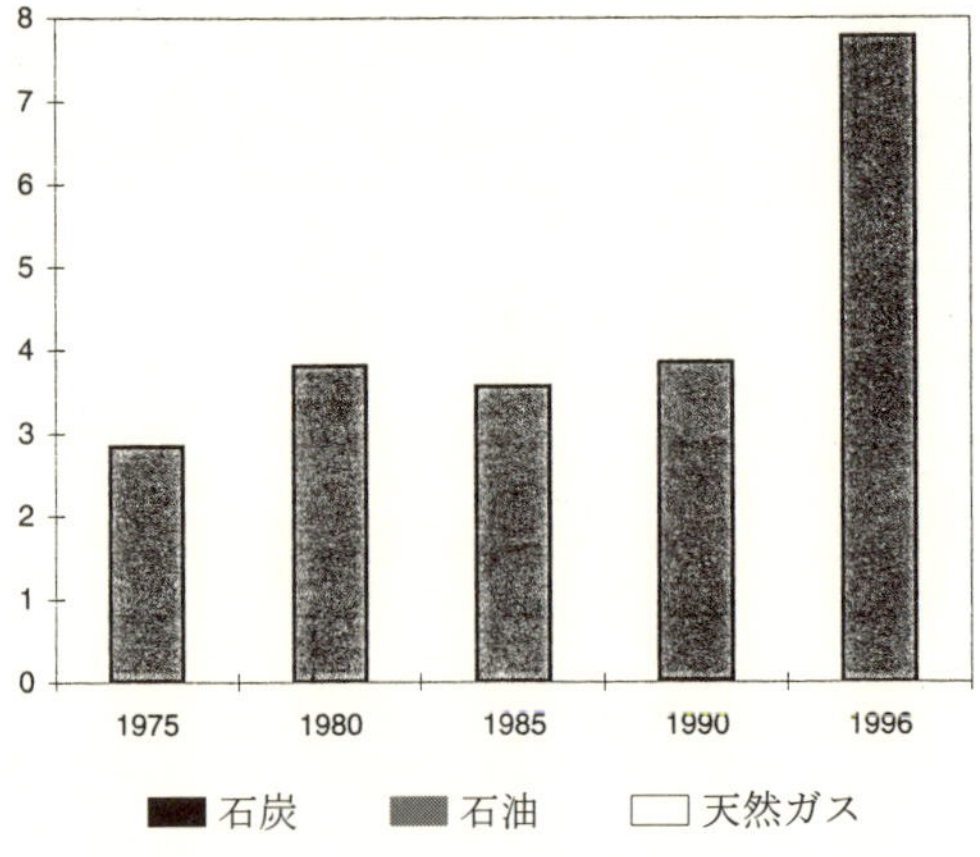

年	1990	1991	1992	1993	1994	1995	1996	96/90
	3.85	4.10	4.18	5.29	5.42	6.25	7.78	+101.8%

途上国

せない条件は、「京都議定書」で規定されている通り、締約国が温室効果ガスを公平に排出する権利を決定することである。排出権は過去の不公平な排出量から導き出すものであってはならない。

（先進国が発展途上国に）譲歩した特恵的な条件の下で行う環境に安全な技術、新規追加財源の移転には進展が見られていない。早期の明白な進展を保証するため、締約国がこの問題について緊急に再検討する必要がある。

パキスタン

アジア

貧困層の社会・経済開発を危険にさらすな

●ムハマド・ズバイル・キドワイ／環境地方自治・地域開発相

先進国が持続可能な発展を保証する義務があるとしても、開発の初期段階にある途上国に対し、温室効果ガスの排出量を削減する措置を取ることを期待するのは公平ではない。われわれは「共通だが差異のある責任」の原則に従って、先進国がまず率先して排出量を削減しなければならないことを強調しておきたい。

同時に、先進国は途上国の排出量抑制能力を強化するため、意義のある協力を拡大しなければならない。その際、途上国の貧困層の決定的要因となっている社会・経済開発を危険にさらしてはならない。

パキスタンの温室効果ガスの全排出量は、先進国と比較すれば取るに足らない量であり、その状況は二〇二〇年においてすら変わらない可能性がある。パキスタンは主として農業依存国であり、自耕自給の所有の土地で生

パキスタンの燃料からのCO_2排出量

（1990年と比べ96年に42.2％増加）

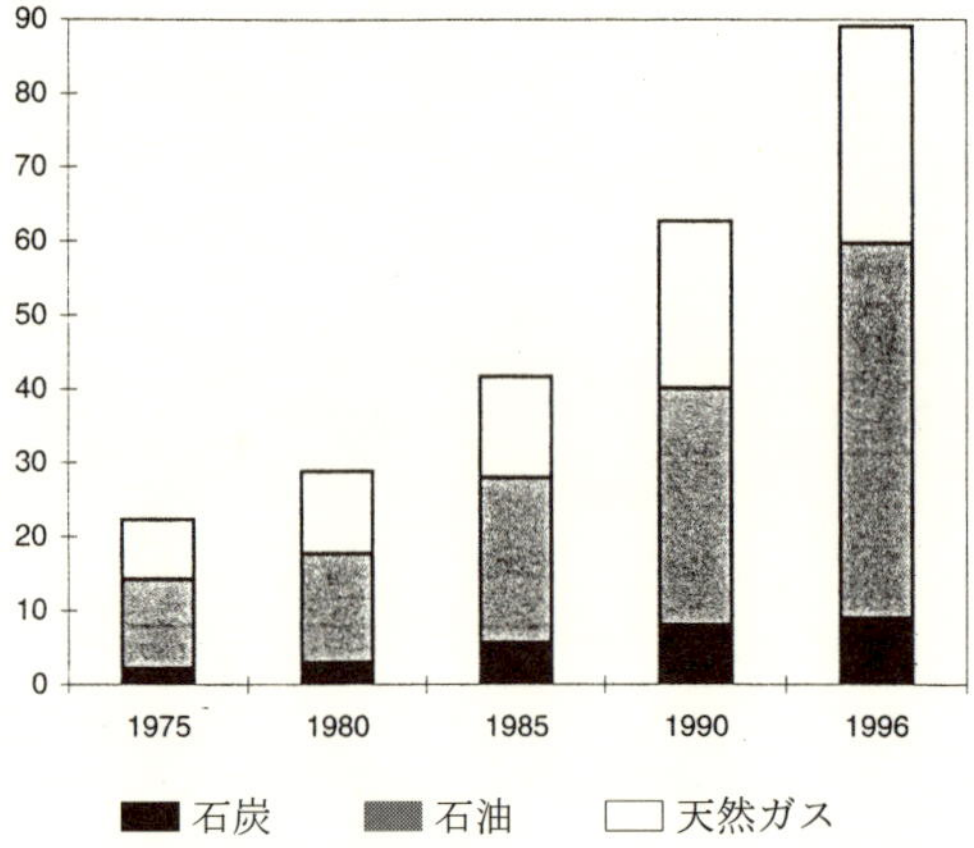

年	1990	1991	1992	1993	1994	1995	1996	96/90
	62.67	63.96	68.80	72.39	78.56	80.82	89.09	+42.2%

計を立てる小規模の農家が圧倒的に多く、とりわけ気候変動の影響を受けやすい。

温室効果ガスの排出がもたらす不利益な影響を緩和するため、途上国として国際社会と協力する自国の責任を十分に承知している。しかし現状では、パキスタン経済は気候変動の対策技術に先進国が財政、技術の両分野で積極的に参加、援助することを必要としている。

「クリーン開発メカニズム（CDM）」の第一の目的は、先進国が持続可能な発展の達成を援助し、「気候変動枠組み条約」の究極的な目標に貢献することである。第二の目的は、先進国が温室効果ガスの排出量を削減するための公約の一環を実現する一助にすることである。しかしながら、CDMには変則的な問題が幾つか未解決のまま残されており、CDMのシステムは実効を伴い、公平でなければならない。パキスタンは、途上国の「グループ77」と中国が提案したCDMの作業計画を完全に支持する。

パキスタン議会は、パキスタンの国際的な義務を実施するために有効な法的根拠を提供する、強力で包括的な環境保護法を可決した。われわれのエネルギー政策は、効率と節約を重視し、再生可能なエネルギー源の開発に努力を集中している。

パキスタンは、商業エネルギーの約三八％（世界平均は二一％）を天然ガスから、電力の一四％（同五％）を水力発電から得ている。しかし、石炭から得るエネルギーは六％以下（同三〇％）である。もちろん、われわれのエネルギー需要は経済の発展過程を通じて実質的に増大するだろう。われわれは開発の必要性と大気圏保全との間で適切なバランスを取っていく決意である。

ネパール

アジア

ヒマラヤの生物資源保護は地球市民の義務

●アムビカ・サンバ／人口・環境相

ネパールは、リオ地球サミットの精神にのっとり持続可能な発展に貢献するため、環境にやさしい行動を取ることをすでに公約している。環境省が設立され、環境法も施行された。ただ、土地の約一五％は保全地域制度から除外されたが、現行五カ年計画の下では環境資源の保全を最優先している。

気候システムは、今や人類の愚行によって脅威にさらされ、自然の意のままにある。人間の愚行は山岳の生態系や、固有の豊富な生物多様性を脅威にさらしている。これらの資源は切迫する気候変動の影響を受けて、存在の危機に直面している。このことは、ネパールの経済成長、福利全般にとっても深刻な問題になっている。ヒマラヤの多くの生物多様性の損失によって、人類自身の将

ネパールの燃料からのCO_2排出量

（1990年と比べ96年に217.3％増加）

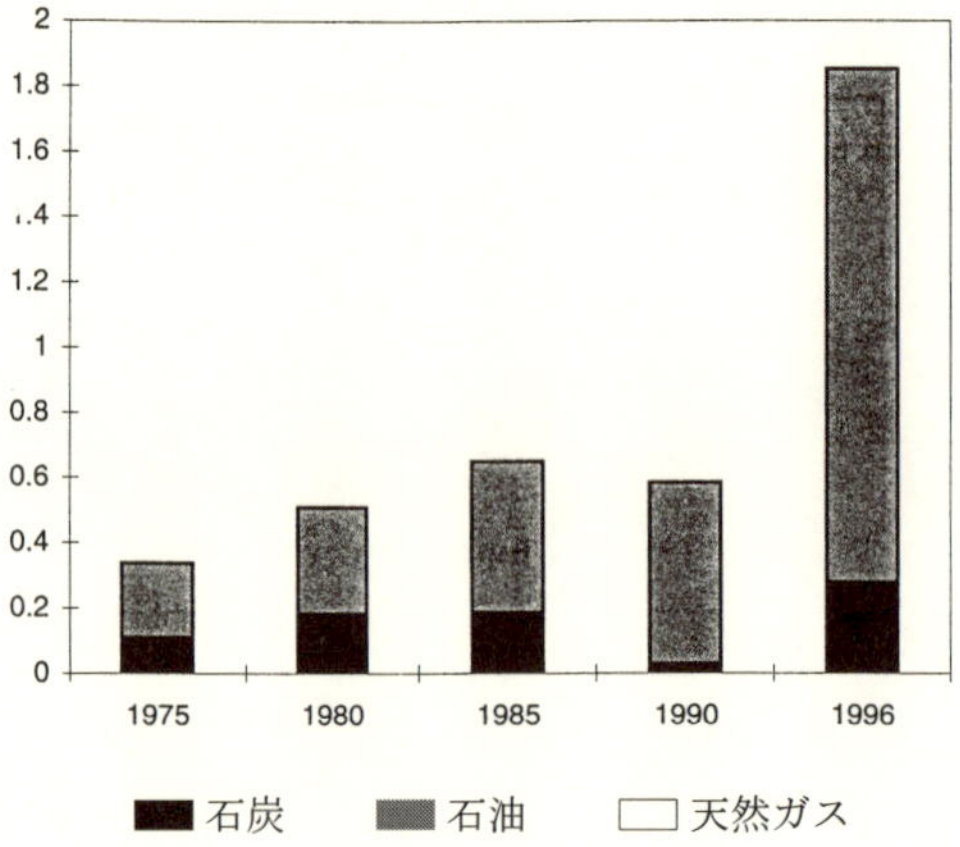

年	1990	1991	1992	1993	1994	1995	1996	96/90
	0.58	0.89	1.14	1.21	1.57	1.86	1.85	+217.3%

来も見捨てられることになろう。ヒマラヤの生物資源を人類の未来の世代のために保護することは、地球市民の義務である。

発展途上国は資源管理、産業創出能力を強化を検討する必要がある。ネパールは、気候変動に対処するため、次の五点を重視している。

一、工業部門の温室効果ガスの排出量削減の責任は、主として先進国にある。

二、途上国は経済開発のため、最大限の環境スペースを必要としている。エネルギー使用について不当に強制されるべきではない。

三、理解と協力を高めるために、不公平は最小限度にとどめなければならない。

四、途上国の能力を促進するため、制度制定、研究協力、産業奨励が必要である。

五、当事国が意欲的に参加し、政治的な公約に着手するため、途上国の権利が明確に盛り込まれなければならない。

途上国

ブータン

アジア

氷河湖の融解噴出で洪水が多発

●ダショ・ナド・リンチヘン／副環境相

ブータンは「クリーン開発メカニズム（CDM）」交渉に積極的に参加している。CDMはプロジェクトのパートナーに公平な利益を配分するものであって、先進国が自国内の温室効果ガス排出量の削減責任を発展途上国に転嫁すべきものではない。

ブータンの二酸化炭素（CO_2）、メタンの排出水準は非常に低く、他の温室効果ガスの排出量はゼロか、取るに足らない量である。ブータンは気候変動に寄与してはいないが、気候変動はわれわれの水、健康、食糧生産および山岳のもろい生態系に対し、取り返しのつかない影響を与えている。

ブータンは生物多様性が豊富なことで知られており、ヒマラヤ東部地域には動植物相の六〇%を超す固有種が生息している。豊かな植物相にはシャクナゲ属の五〇%以上の種が、また薬効植物の三〇〇種以上が生息している。このためブータンは、地球上に一〇カ所ある生物多様性を保全するための「ホット・スポット」の一つに選ばれた。

気候変動はぜい弱な山岳の環境を圧迫し、動植物相の多くの種は、新しい地域へ移動する可能性が限られているため、絶滅に追い込まれるだろう。特殊な原生地に閉じ込められている固有種にとって、その脅威は最も深刻だ。氷河の後退は地球温暖化の明らかな兆候であり、ブータンの山岳部の生態系にとって新たに深刻な脅威となっている。氷河湖が融解噴出し、たびたび洪水を引き起こしており、生物、人的資源およびインフラストラクチャー（社会基盤）に損害を与えている。洪水は地表をぜい弱にし、今後何世紀にもわたり土地の浸食や地滑りを引き起こしかねない。

森林保全は仏教の教えにかなう倫理　ブータンは引き続き「グローバルなパートナーシップ」と「共通だが差異のある責任」を宣言したリオ地球サミットの原則を支持する。この原則に従い、先進国は温室効果ガスの削減に率先して取り組むべきである。

ブータンは、豊かな自然資源と広大なシンク（二酸化炭素の吸収源＝森林）を保全（保護）している。保全は二つの要因に基づいている。一つは啓発的な政治のリーダーシップであり、もう一つはブータン国民の強固な保全倫理である。保全は仏教の中心の教えである。だから、保全と環境、聖地と文化遺跡は、ブータン人の価値体系の重要かつ不可欠な要素なのである。

われわれは、森林に覆われた全国土の七二・五％以上を保全している。これらの保全林は、地球社会の利益のために、非常に大きなシンクとして貢献している。

インドネシア

アジア

過去の先進国の開発過程より低い途上国の排出量

●パナンギアン・シレガル／環境問題担当相

環境問題の新たな研究によると、地球温暖化は一〇年前の最も悲観的な予測より、はるかに早いスピードで進んでいる。われわれが気候変動を緩和できる地球規模の効果的な統御システムを考え出さない限り、世界が破滅への道をたどるのを阻止することは期待できない。

「気候変動枠組み条約」が明記しているように、先進国側の締約国は温室効果ガスの排出量を二〇〇〇年までに一九九〇年の水準に戻すため、実効のある国内政策と措置を採用し、率先して気候変動とその悪影響と戦わねばならないことになっている。さらに「京都議定書」の規定によると、先進国がリーダーシップを取るこの公約の下では、二〇〇五年までに先進国が排出量の抑制・削減に向け明確な前進をはかり、公約の排出水準以下に抑えなければならないことになっている。

これに対し、発展途上国側の締約国が、その公約を効果的に実行することは、先進国が技術移転と財源に関する公約を効果的に実行するかどうかにかかっている。経済・社会開発と貧困根絶は、途上国にとって第一の優先課題である。いかなるメカニズム（措置）にも、途上国の開発の権利を侵害する火種が含まれないことが「グループ77」の基本的な立場だ。

途上国の提案とかけ離れた「京都議定書」の削減目標　先進国が予定している排出量の抑制・削減程度では、気候変動と戦うには十分ではない。深刻な気候変動を回避するため科学者が示した予測と、「グループ77」が提案した排出量の二〇％以下への削減目標には、「京都議定書」の目標は、はるかに及ばない。

　現在の優先課題は、「気候変動枠組み条約」と「京都議定書」が明記しているように、温室効果ガスを削減する政策と措置を通じ、先進国が法的な義務を実行することにある。それとは異なる方向を示し、的はずれの要求を押しつけ、特に条件付きでそうした要求を公約実行と結び付けることは、信頼性を損ない、不確実性を高め、さらには気候変動を緩和するため、途上国が取る具体的な

インドネシアの燃料からのCO_2排出量
（1990年と比べ96年に53.2％増加）

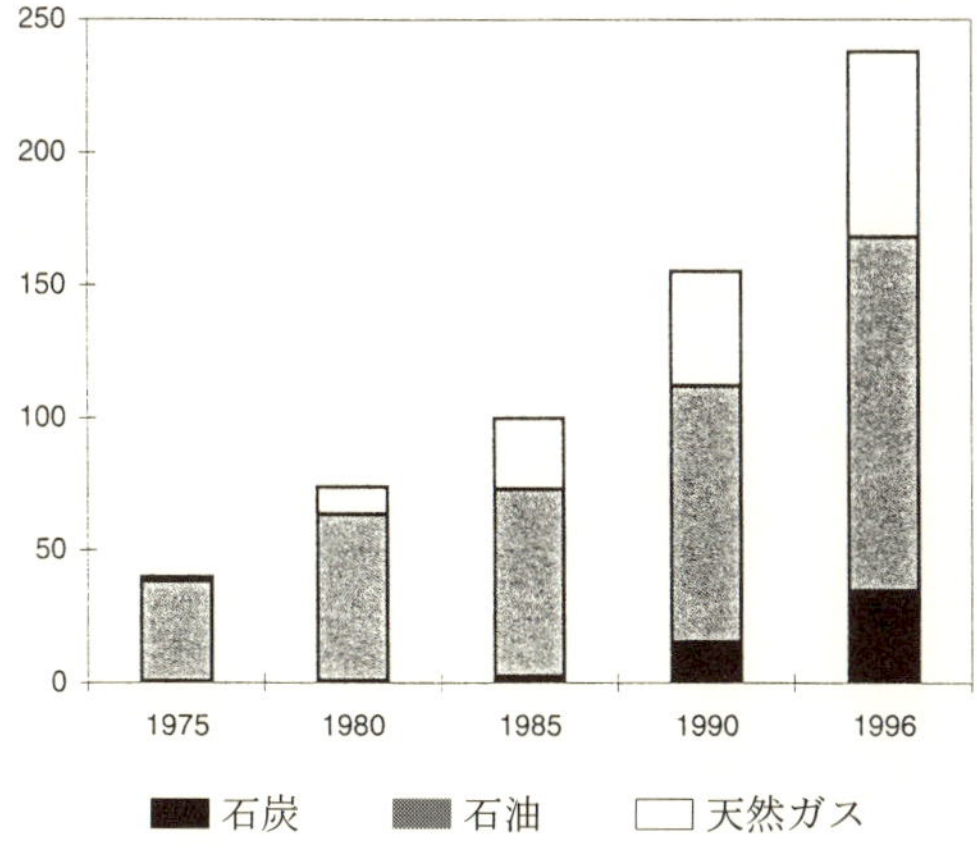

年	1990	1991	1992	1993	1994	1995	1996	96/90
	155.21	171.58	176.60	197.27	196.55	214.68	237.85	+53.2%

措置の展開努力の過程をもすべて危険にさらすだろう。

「グループ77」と中国は、気候変動の緩和に総力を挙げるため、責任を分担する用意がある。しかし、先進国が過去に行った開発の過程と比べると、途上国の現在の温室効果ガス排出量は、経済成長率以下の水準である。それにもかかわらず、われわれが気候変動の緩和対策へ参加する努力を強化することは可能かもしれない。ただそれは、先進国が技術移転と財源の分野で公約を実行するか否かにかかっている。

われわれは、財政メカニズム問題について進展が見られていないことを懸念している。これは、気候変動に取り組む世界的な努力に、途上国が参加する上で欠かせないからだ。途上国で依然として何億人にものぼる人々が苦しい生活をしていることを留意し、「グループ77」は先進国に対し、「気候変動枠組み条約」に基づく彼らの公約を果たすことを期待する。

タイ

アジア

「クリーン開発メカニズム」は途上国への唯一の技術移転ではない

●スウィット・クキッチ／副首相兼科学技術・環境相

タイは温室効果ガスの排出量削減の公約をしていなくても、すでに各種の削減計画と活動に取り組んでいる。

その第一はエネルギー部門である。一九九二年以来、エネルギー節約計画を実施している。この計画には、進行中のエネルギー節約意識の向上キャンペーン、大工場および商業ビルのエネルギー効率達成のための操業計画の義務化、需要重視の経営プロジェクトが含まれている。このプロジェクトは「地球環境基金(GEF)」から一部融資を受けている。需要重視の経営(DEM)は電力消費者に対し自発的に電力消費の削減を促すことを意図している。

第二は輸送部門である。化石燃料から排出される温室効果ガスを削減する措置として、低温蒸留ディーゼル油

タイの燃料からのCO_2排出量
（1990年と比べ96年に95.0％増加）

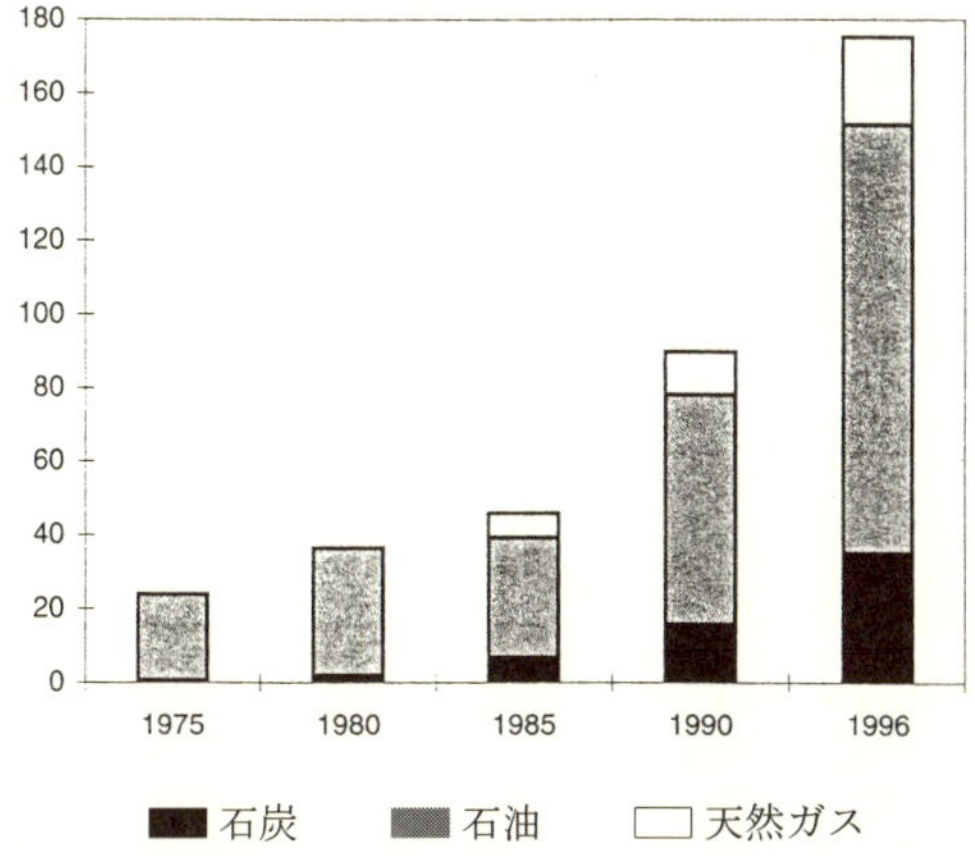

年	1990	1991	1992	1993	1994	1995	1996	96/90
	89.84	99.26	109.51	122.73	134.82	151.98	175.22	+95.0％

の導入、液化天然ガス、自動車用の天然ガス奨励、排ガス基準の改善実施をはじめ、九九年のバンコク市内への高架鉄道建設、さらに数年後に地下鉄システムの導入が計画されている。

第三は森林部門である。タイは現在、現存する森林保護はもちろん、森林による二酸化炭素（CO_2）の吸収量を増やすため、森林面積を拡大する総合基本計画を実施している。この計画には森林保護地域の管理に加えて新規植林、再植林も含まれている。

われわれは「京都議定書」で構想された措置の一環として「クリーン開発メカニズム（ＣＤＭ）」を歓迎する。しかしながら、ＣＤＭは発展途上国に対する唯一の技術移転と見なされるべきではない。ＣＤＭのルール作りが、先進国の排出増加傾向を逆転させるという公約（排出量の削減）を弱体化させることがないようなやり方で行われるものと、われわれは確信している。われわれは現在、深刻な経済危機に直面しているにもかかわらず、「気候変動枠組み条約」の下で合意した公約を果たすための努力を引き続き強化している。

サウジアラビア

中東

途上国に対する「自発的な約束」の強要は受け入れない

●アリ・I・アル・ヌアイミ／石油鉱物資源相

サウジアラビアは、発展途上国の「共通だが差異のある責任」原則に従って、途上国としての責任限度を超えた約束を引き受けることはできない。同様に「気候変動枠組み条約」と「京都議定書」に従って、先進国が公約の実行に取り組むため採用した措置は、われわれの化石燃料、特に石油の輸出に関する限り、包括的でしかも差異がなければならない。それは、石油の輸出がわれわれの主要な収入源であるからだ。

先進国は石油に関する偏向政策はやめよ　同様に、この条約と議定書に従って、先進国が石油について実施している偏向政策を是正するため、われわれと協力することを望む。こうした偏向政策は、石油とその副産物に対する高課税、他のエネルギー源に是認された補助金と免税を

サウジアラビアの燃料からのCO₂排出量

（1990年と比べ96年に47.5％増加）

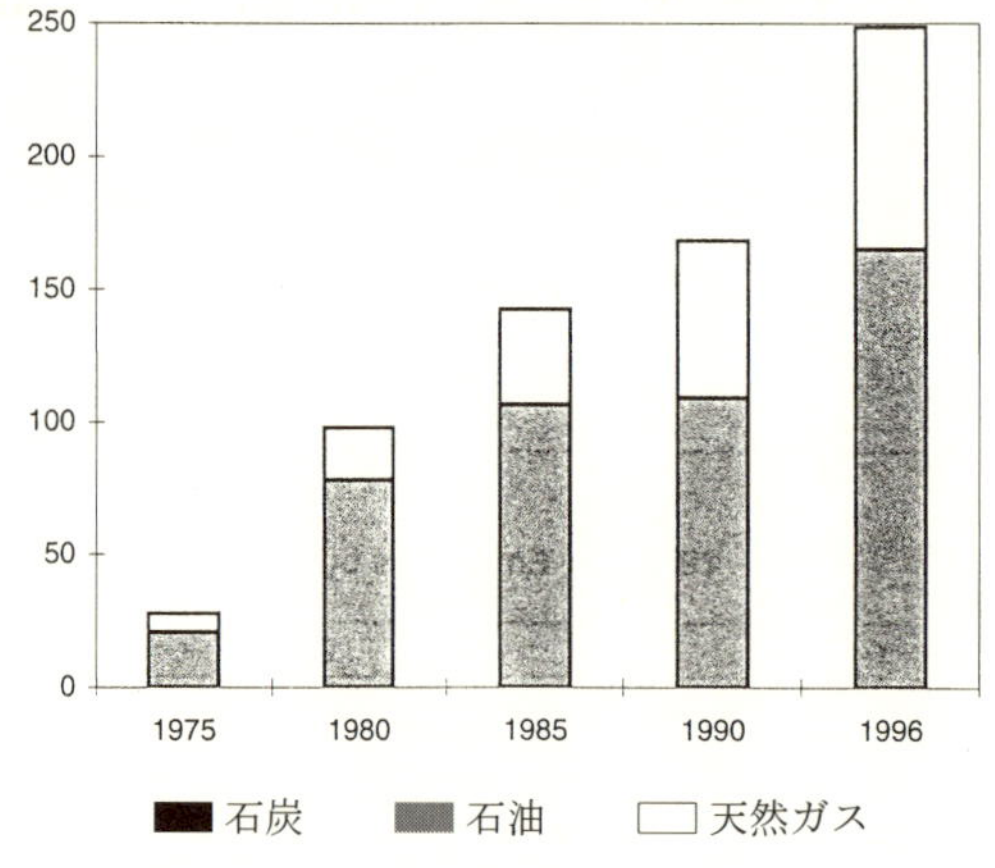

年	1990	1991	1992	1993	1994	1995	1996	96/90
	168.56	200.11	213.19	223.97	218.62	225.00	248.68	+47.5%

はじめ、途上国からの石油輸入を犠牲にして、先進国自身が化石燃料の生産増大を奨励する政策に表れている。

「気候変動枠組み条約」、「京都議定書」のいずれも「ボランタリー・コミットメント（自発的公約）」について言及していないという事実により、サウジアラビアは「自発的公約」という名目のもとに、途上国に対し特殊な公約を引き受けるよう強要する、いかなる試みも受け入れない。それどころか、両文書とも途上国が陥っている苦境と、貧困との戦いの優先、経済・社会開発の適切な水準の達成について考慮している。

途上国が温室効果ガスの排出を制限し、気候変動に対する対応措置を講じるのを支援するため、われわれは、先進国が彼らの公約、その中でも特に途上国に対する技術移転と財政援助の拡大について責任を果たすことを要求する。国際社会が明確で公平と考えている「柔軟性メカニズム」政策、特に排出権取引についてはしっかりとした、十分に配慮された展開が必要なことを強調したい。いずれにしても、このような政策を通じて実行される公約は、先進国が国内レベルで採用した措置と比べると、本質的なものではなく、補足的なものである。

イラン

気候変動は途上国に二重の悪影響を与える

中東

●タギ・エブテカル／政府代表団長

現在の人類の文明は、技術開発に依存し、地球規模の環境劣化を犠牲にして達成された。二十世紀末に、再生可能なエネルギーの分野では進展をみたにもかかわらず、世界のエネルギー消費量の九〇％以上が化石燃料の消費、主としてその低価格に負っている。

先進国は、一九九五年の「ベルリン・マンデート」で、「気候変動枠組み条約」に基づく温室効果ガスの排出量を安定化させる公約が不十分であることを認めた。このため、先進国は九七年の「地球温暖化防止京都会議」で同条約の目標達成のため、小規模の追加公約をした。九八年の「地球温暖化防止ブエノスアイレス会議」では、同条約の一部規定に基づき、先進国が公約を完全に実行しているか二回目の検証をする。

われわれは、同条約の下で途上国に対し、貧困との戦

イランの燃料からのCO₂排出量

（1990年と比べ96年に33.2%増加）

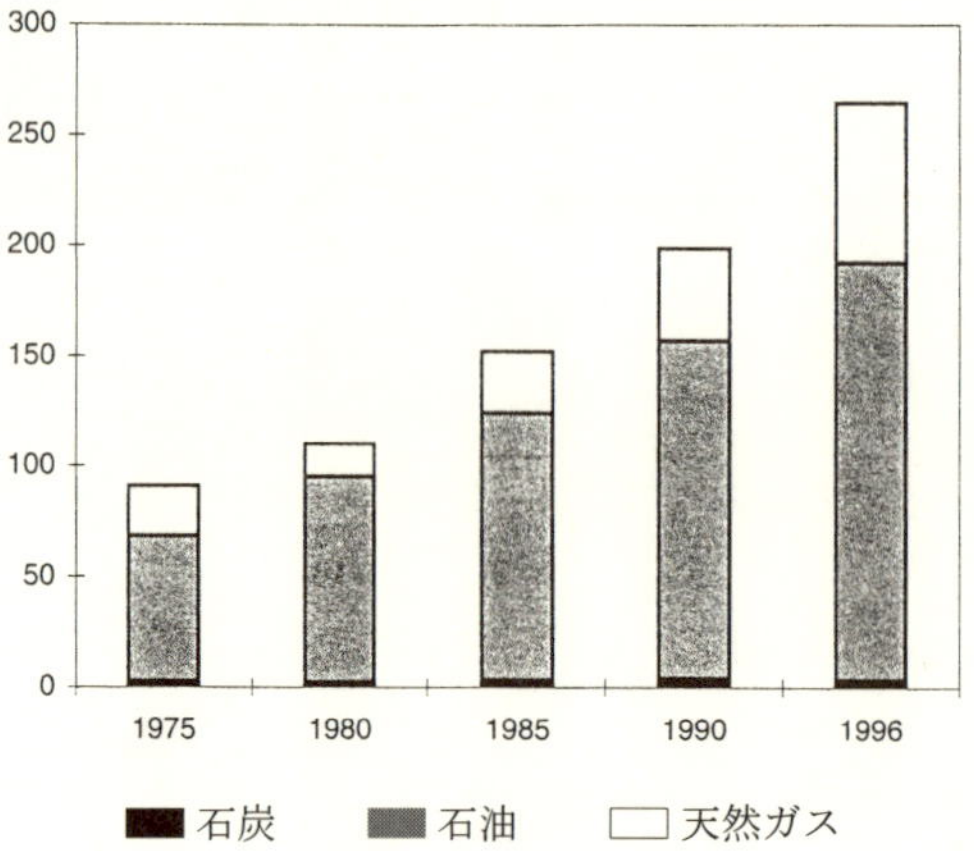

年	1990	1991	1992	1993	1994	1995	1996	96/90
	198.77	206.23	216.17	240.74	254.51	246.77	264.84	+33.2%

いを否定し、開発、経済成長、社会安全保障、保健および義務教育を放棄させようとする、いかなる要求も検討するつもりはない。これらの要求は、いわゆる「ボランタリー・コミットメント（自発的公約）」という形態をとって、新たな公約を導入しようとしている。事実、先進国が同条約と「京都議定書」に基づき、環境に安全な技術移転、財源の提供に関する公約を含む現公約を完全に実行することは、同条約の第四条一項に基づく先進国の義務実行を助長することになるのである。

幅広く理解されていることは、気候変動が途上国に二重の悪影響を与えることだ。第一に、先進国が気候変動と戦う措置を講じない限り、途上国は干ばつ、洪水、砂漠化および海面上昇などの悪影響を受ける最前線に位置しているということである。第二に、途上国は対応措置の否定的な結果に遭遇する最初の国なのだ。

同条約の第四条八、九項および「京都議定書」の第三条十三項、第二条三項はまさしく途上国に対する気候変動の二重の影響について十分に配慮し、必要な安全措置を提供することを約束している。右に挙げた条項に基づく先進国の公約実行は、温室効果ガスの排出を緩和するための公約に欠かせない要素である。

エジプト

中東

森林、土地利用で数字をもてあそぶより、実際の対策を

●ナディア・M・オベイド／環境担当国務相

エジプトは国内開発を必要としているにもかかわらず、複雑な気候変動問題に取り組むため、国際的な努力を継続する公約を一貫して崩していない。「気候変動に関する政府間パネル（ＩＰＣＣ）」の第二次評価報告書は、地球温暖化の結果として起こる海水面の上昇にぜい弱な国の一つとしてエジプトを挙げている。われわれはもともと、実際の行動を優先した持続可能な解決の実現に関心を持っている。われわれは気候変動の悪影響を緩和し、それに順応するための戦略である「気候変動に関する国内行動計画」の作成作業に真剣に取り組んでいる。この計画の核心は「国内エネルギー効率プログラム」であり、三つの柱——エネルギー効率の改善、炭素ゼロ燃料への転換、新エネルギー、再生可能エネルギー技術の利用拡大の促進が基本だ。

エジプトの燃料からのCO_2排出量

（1990年と比べ96年に12.7％増加）

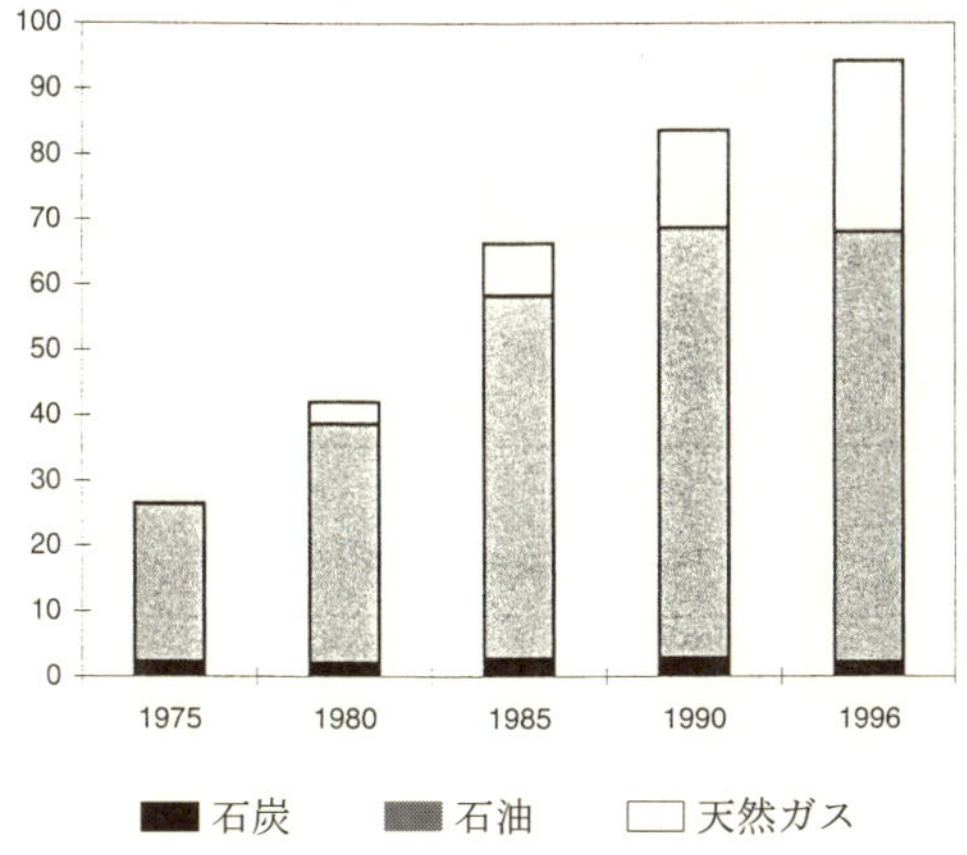

年	1990	1991	1992	1993	1994	1995	1996	96/90
	83.63	85.75	84.57	88.72	84.00	89.01	94.21	+12.7％

このために、エジプト政府は温室効果ガスの排出量を削減するため、多くの前向きの政策を実行している。石油部門は石油から天然ガスの使用に転換した。現在、天然ガスはエジプトのエネルギー需要の三五％を占めている。エジプトの火力発電の八〇％は天然ガスを使用している。この環境にやさしいガスは現在、エジプトの約一五〇万世帯に熱を供給している。圧縮天然ガスは輸送燃料としてガソリンやディーゼル油の代わりに積極的に使われている。首都カイロなど主要都市では、約一万五〇〇〇台の自動車が現在、天然ガスを燃料に用いている。

電力部門では二〇一七年までに、高圧送電線網と結んだ六〇〇メガ・ワットの風力発電所を建設する計画だ。また「地球環境基金（GEF）」の支援を受け、最初の一五〇メガ・ワットの太陽熱発電所を建設するプロジェクトを開始した。さらに同ファシリティーの支援を受け入れ、大気汚染物質と温室効果ガスを抑制するため、燃料電池で動く公共旅客輸送バスの実現の可能性について評価作業を始めた。こうしたイニシアチブは、途上国に多い他の百万都市にとって将来有望な可能性を提供している。

「京都議定書」に明記された新しい「柔軟性メカニズム」によって、先進国は温室効果ガスの排出量を削減するための国内措置を補足すべきである。こうした削減は実際に測定、検証可能なものでなければならない。温室効果ガスの実質的な削減を実現するため、われわれは、土地利用、森林のような一部の不確実な分野で、数学的に訳の分からない字句をもてあそぶのは本当に避けるべきだ。

「柔軟性メカニズム」の三措置、つまり「排出量（権）取引」、「共同実施」および「クリーン開発メカニズム（CDM）」は、地球規模で温室効果ガスの排出量を削減するために必要な効果の点から、平等に取り扱うべきだ。これらの措置からもたらされる収益は、途上国に対する適用技術移転のための融資に動員されるべきだ。クリーンなエネルギー技術と環境にやさしい技術がなければ、途上国が温室効果ガスの排出量を削減するのはきわめて困難である。

カザフスタン

CIS

排出量の削減は疾病、死亡率を増加させる

●セリクベク・Z・ダウケーエフ／環境・天然資源相

「気候変動枠組み条約」の取り決めを首尾よく実行に移すことは、カザフスタンにとって最も重要な課題である。カザフスタンは気候変動の影響を受け、大規模な水源不足、広大な土地の砂漠化、土壌劣化が国の命運を決定する。気象台のネットワークによる過去数百年間の観測によると、カザフスタンの大気中の気温は一・三度上昇した。これは世界平均気温の二倍以上の上昇である。

同じ期間に年間降雨量が減少し、気温の上昇と連動して干ばつが悪化した。カザフスタン政府は、国内の現在の気候の動向と、将来もっと重大な影響を引き起こしかねない地球規模の気候変動によって、自国内はもとより、より広範な地球全体の規模で、社会・経済に深刻な打撃を受けることを懸念している。

カザフスタンは一九九四年以来、気候変動によって経

カザフスタンの燃料からのＣＯ₂排出量

（1990年の統計なし）

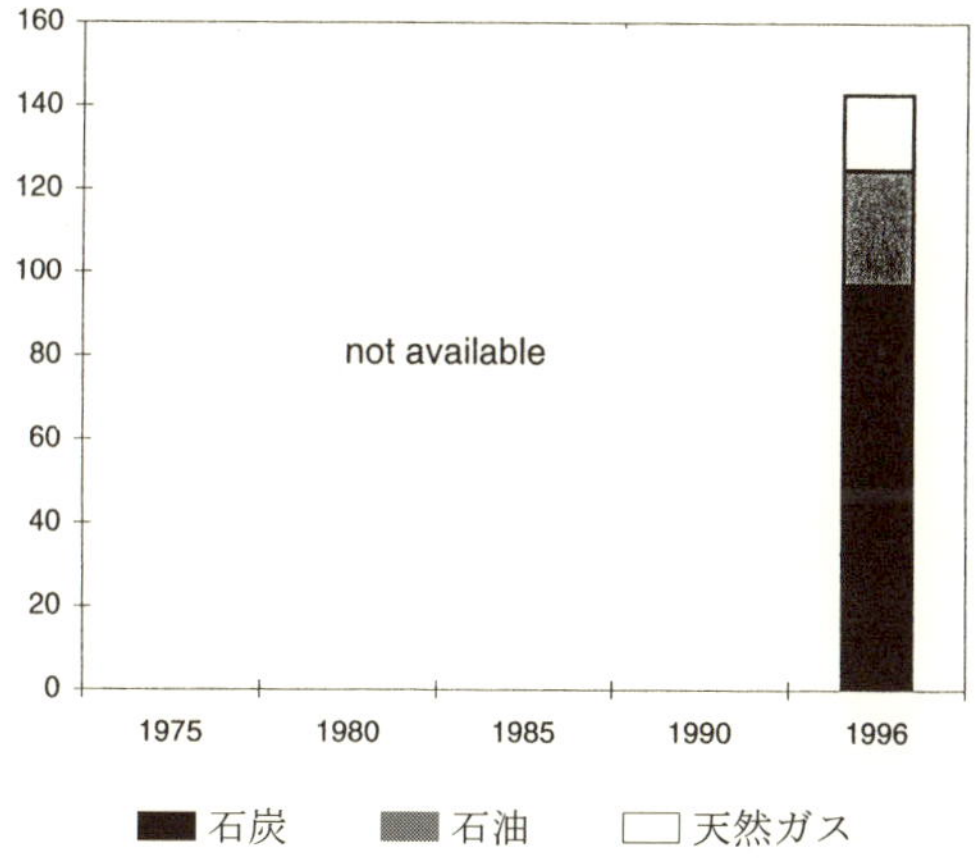

年	1990	1991	1992	1993	1994	1995	1996	96/90
	–	–	256.23	212.49	198.89	178.10	142.76	

済や天然資源が受けるぜい弱性と、その適応性について評価を加えている。

その排出目録によると、カザフスタンの一九九〇年の温室効果ガス排出量は、二酸化炭素（CO_2）換算で二億六六〇〇万トンだった。カザフスタンでは主要燃料は石炭であり、全排出量の約半分をエネルギー部門が占めている。

難局に直面している移行経済とその生産性の低下のため、カザフスタンの排出量は一九九〇年と比べ減少した。排出量の削減は生活水準の低下と疾病、死亡率の増加を伴うので、われわれは今や経済的に収益を上げることを期待している。マクロ経済開発のシナリオに基づく分析によると、カザフスタンの温室効果ガスの排出に制限が課せられない限り、CO_2の排出量は二〇二〇年までに一九九〇年と比べ三七％増加する。将来のマイナスの結果を回避するため、環境戦略と社会・経済開発について「カザフスタン二〇三〇長期戦略」が作成された。一九九八年四月、「気候変動枠組み条約」の規定を実行するための「省庁間委員会」が設立された。さらに同年八月には、政府の専門家会議が「京都議定書」の批准を決定している。

日本

温室効果ガスの削減には途上国の積極的参加が重要

アジア

●真鍋賢二／環境庁長官

温室効果ガスの排出を先進国が少なくとも五%削減することを念頭に、法的拘束力のある排出抑制・削減目標を設定したという点で、「京都議定書」の採択は、地球温暖化対策を推進する上で歴史的な一歩となると確信する。

「気候変動枠組み条約」の第三回締約国会議（地球温暖化防止京都会議）においてわれわれが共有したモメンタム（はずみ）を維持し、次の行動に移ることが喫緊の課題である。第一は、すべての国が可能な国内努力を一日も早く開始する。日本は二〇一〇年に向け緊急に推進すべき地球温暖化対策として、一九九八年六月に「地球温暖化対策推進大綱」を策定した。その土台となる「地球温暖化対策推進法」を同年一〇月に制定した。また同年六月に改正した省エネ法に基づき、トップランナー方式による自動車、家電、ＯＡ機器のエネルギー消費効率の

●先進国

日本の燃料からのＣＯ₂排出量
（1990年と比べ96年に10.9%増加）

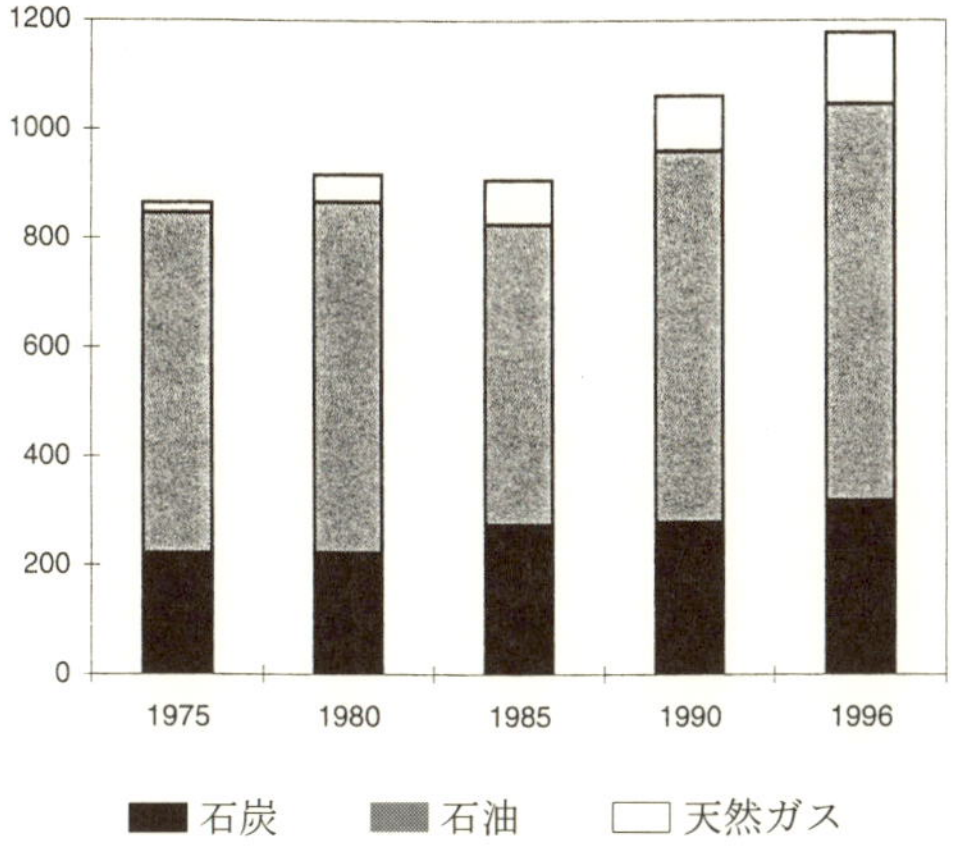

年	1990	1991	1992	1993	1994	1995	1996	96/90
	1061.77	1080.21	1094.17	1083.57	1135.63	1148.61	1177.71	+10.9%

改善などを図る。

第二に、「京都議定書」の早期発効の条件整備を図るため、議定書に定められたメカニズムのルールの具体化などについて、できるだけ多くの議題について合意を目指す。

第三に、先進国と途上国が長期的視野から協力を進め、地球的規模での対策を推進することが重要である。交渉の進展状況に応じ、途上国の積極的な参加が重要である。

このために、わが国は京都会議の際に発表した「京都イニシアチブ」に基づき、人材育成への協力、最優遇条件による円借款の供与、技術・経験の活用・移転を積極的に進めている。

また「気候変動に関する政府間パネル（ＩＰＣＣ）」で新たに設置が合意されているインベントリー（目録作成）のタスクフォースを通じ、地球温暖化対策を推進する上で基盤となる方法論的事項の検討に貢献していく。

アジア

豪州

「全国炭素会計制度」を展開中

●ロバート・ヒル／環境相

オーストラリア（豪州）は、「地球温暖化防止京都会議」で成り行きのままの「ビジネス・アズ・ユージュアル（ＢＡＵ）予測」と比較して、二〇一〇年までに温室効果ガスの排出量を一九九〇年より約三〇％削減する目標を受諾した。

われわれは温室効果対策に関する政策と計画を調整、立案する世界で初めての専門組織「温室効果局」を創設した。われわれは電力源に占める再生可能エネルギーの割合を現在の一〇％の水準から二〇一〇年までに一二％に引き上げる。太陽光、風力など再生可能エネルギーの商業化支援のため、総額六〇〇〇万ドル（約六六億円）を投資する。

輸送部門では、二〇一〇年までに新車の燃費を少なくとも一五％向上させる。一部の主要都市では圧縮天然ガスの供給施設を拡大する。全国の約二七〇社が参加する産業界の自発的な「温室効果挑戦」計画が非常に成功を収めており、二〇〇〇年までに温室効果ガスの排出量を二〇〇〇万トン以上削減する。この計画は中小企業にも拡大された。

オーストラリア政府は地方自治体と協力して「都市の気候保全計画」を支援しており、二〇〇三年までに二〇〇の地方自治体がこの計画に加わる見込みだ。

土地利用の変化と森林部門は、オーストラリアにとって特に重要であり、温室効果ガスの排出の四分の一を占めている。土地を開墾する割合を減らし、「全国伝来遺産信託」を通じて再植生化を奨励している。温室効果対策の一環として、「全国炭素会計制度」を展開している。これは植生と土壌による温室効果ガスの排出と除去について正確に測定し検証する制度である。オーストラリアの「温室効果対策戦略」は、政府と地方自治体が「京都議定書」の目標達成能力を高めるための共同公約である。

国内措置と同時に、京都会議のはずみを維持するため、「京都議定書」を早期発効させる国際的な行動を期待している。それには「柔軟性メカニズム（措置）」の立案計画を解決する必要がある。

豪州の燃料からのCO_2排出量
（1990年と比べ96年に15.2%増加）

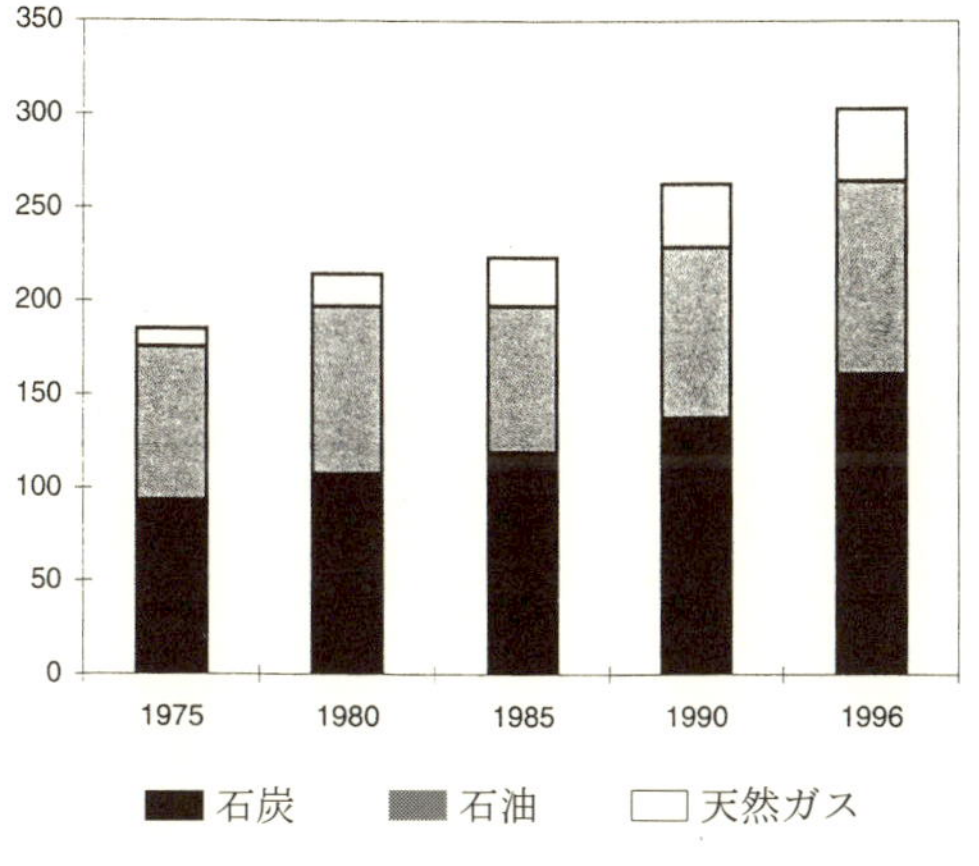

年	1990	1991	1992	1993	1994	1995	1996	96/90
	262.99	262.98	267.39	278.83	279.18	283.20	302.96	+15.2%

これらの目標と一致して、われわれは排出削減コストを減額するために絶対欠かせない手段として国際的な排出量（権）取引を支持する。国際的な制度と整合させるため、国内の排出権取引の選択肢を開発している。コスト低減策を挫折させる補足規定のような重複措置には反対する。

ニュージーランド　アジア

先進国同士の排出権取引の上限設定に反対

●ホン・S・アプトン／環境相

「京都議定書」に盛り込まれた「柔軟性メカニズム（措置）」、その中でも特に「排出量（権）取引」によって、近代経済が気候変動に関する対策を最小のコストで通常の経済システムに組み入れることが可能である。一部の主要先進国の中には、気候変動に関する対策に反対している国がある。彼らは予防原則を適用するための科学的根拠を拒絶し、過剰なコスト負担を恐れている。これらの諸国が気候変動対策に参加することは絶対に不可欠であり、彼らが自国の有権者や産業界に対し、対策の必要性と、経済に打撃を与えずに対策を取ることが可能なことを説得すべきである。こうした目的の実現に向けて「柔軟性メカニズム」の合意は重要である。しかし、先進国間の排出権取引に人為的に上限を設けるという主張は、そうした目的を損なう。それは対策コストを引き上げるからだ。

ニュージーランドは南太平洋地域の一員であり、この地域のほとんどの国が「小島嶼国連合（ＡＯＳＩＳ）」に属している。彼らは気候変動の影響に非常にぜい弱である。「気候変動枠組み条約」の締約国は島嶼国に重大な責任を負っている。彼らは加害者でなく犠牲者だ。われわれは島嶼国に対し、可能な援助方法の拡大について検討する必要がある。温室効果ガスを削減するための実質的な対策を講じる責任は先進国に帰する。「京都議定書」はこの点について重要な一歩だが、十分ではない。

アメリカ

最低コストの市場メカニズムで気候変動に挑戦

北米

●アルバート・ゴア・Jr.／副大統領

アメリカが「京都議定書」に署名したのは、われわれの最も意義深い環境への挑戦――地球規模の気候変動に対処するための公約を再確認するものだ。

アメリカのリーダーシップは、京都での強力かつ現実的な取り決めを実現する上で一助となろう。この取り決めは野心的な環境目標を柔軟な市場メカニズムと結び付け、可能な最低コストでその目標を達成するものだ。京都会議以来、地球温暖化の証拠がより強く示されるようになった。最近の予算協定で国内の気候変動対策費として、これまでより二五％増の一〇億ドル（約一一〇〇億円）以上を計上している。一流企業で温室効果ガスの自発的な削減を約束する企業が増えつつある。

アメリカが「京都議定書」に署名したのは、地球規模

● 先進国

の挑戦に対し、真に地球規模の解決を達成するという決意を示すものである。京都で合意した市場メカニズムに基づく手段の定義づけと、主要途上国の意義ある参加を保証する上で進展が見られることを希望する。

「京都議定書」の署名は、重要な一歩であるが、アメリカに義務を課すものではない。議定書は米上院の助言と同意を得てのみ拘束力を持つことになる。以前から言っているように、主要な発展途上国が気候変動に対応する努力に意義ある参加をしなければ、われわれは議定書を批准するつもりはない。

強力で持続可能な経済成長を維持し、すべての諸国のニーズと意欲を尊重し、地球温暖化の脅威から将来の世代を保護する進路に世界各国が早晩乗り出すことを確信している。

アメリカは、国内の温室効果ガス排出量の削減計画に着手している。この計画はエネルギー効率の向上、新しいクリーン・エネルギー技術の開発、堅実な解決を促進するため産業界などとの協力、コスト効率の良い削減を保証するため、市場に基づくメカニズムの使用——に重点を置いている。

アメリカの燃料からのＣＯ₂排出量

（1990年と比べ96年に9.3％増加）

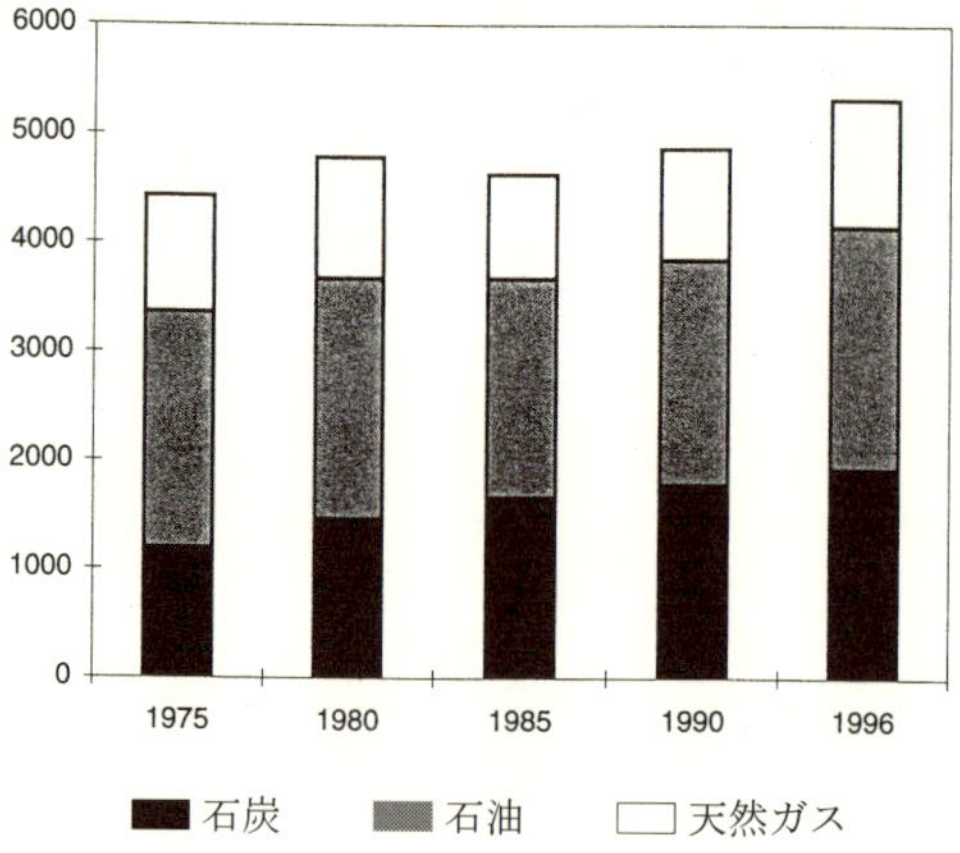

年	1990	1991	1992	1993	1994	1995	1996	96/90
	4873.36	4863.96	4924.62	5094.99	5153.72	5194.48	5324.51	+9.3％

クリーン・エネルギー投資・奨励策では、今後五年間に六三億ドルの追加投資を行う（減税三六億ドル、新規投資二七億ドル）。一九九九会計年度の特別会計支出予算案には、エネルギー効率向上と新エネルギーの投資費として一〇億ドル以上（前年度比二五%増）が計上された。

このほか、自動車部門で現在より燃費が三倍良い乗用車を開発し、トラック用の燃費の良いクリーン・ディーゼルエンジンを開発する。住宅部門では、今後一〇年間にエネルギー効率の五〇%高い新型住宅を建設し、現存住宅の少なくとも一五〇〇万戸のエネルギー効率を三〇%向上させる。また個人所有ビルの持ち主、開発者およびマネージャーにエネルギー効率の良い照明の設置、エネルギー節約の最大限の向上を奨励する自発的な計画を推進する。エネルギー効率が最高二五%のビルには「エネルギー・スター・ビル」のラベル資格が得られる。主要ビルではニューヨークのエンパイア・ステートビル、ワールド・トレードセンター、それにシカゴのシアーズタワーがすでに資格を得ている。

再生可能エネルギー部門では、風力、ボルタ電池、地熱、バイオマス、水力などで価格を引き下げ、性能向上を加速する。「ソーラールーフ計画」では、向こう一〇年間に国内の一〇〇万戸の建物の屋上に太陽電池板を設置する。

ホワイトハウスの上級スタッフは、アルミニウム、鉄鋼、林業、公益企業、セメント、天然ガスなど主要産業の経営首脳と会談し、温室効果ガスの自発的な削減努力を奨励している。こうした協議は、エネルギー効率の良い技術の開発と利用拡大の障害を取り除く機会を提供してくれる。大統領は「京都議定書」の最初の公約期間の前に、排出量を削減する行動を取るため、企業に適切な借款を提供する約束を明確にした。

連邦政府は九八年三月、電力再構築法案を提出し、競争の奨励により、消費者の電気代を年間二〇〇億ドル（約二兆二〇〇〇億円）節約させ、温室効果ガスを年間約二五〇〇万トンから四〇〇〇万トン削減する。連邦政府自らもエネルギー使用と調達の大幅な改善を図る計画だ。

カナダ

北米

「気候変動行動基金」を創設、国内では異常気象

●クリスティン・S・スチュアート／環境相

「クリーン開発メカニズム（CDM）」は、〃ウィン（win=勝利）・ウィン・ウィン・メカニズム〃である。第一は環境のウィン、第二は途上国の持続可能な発展のウィン、第三は先進国のウィンである。これは「京都議定書」の目標達成を助けるだろう。

適切に実施されれば、CDMは世界的な新技術に関する協力を強化することになろう。技術の開発と利用は、カナダの気候変動に関する努力の重要分野である。

カナダは、多くの途上国が気候変動を含む自らの環境問題をとても懸念し、行動していることを承知している。この問題への世界的な対応と削減公約が必要だ。排出責任と解決に向けての貢献能力に差異があることを認める必要がある。一部の非先進国はいま行動を起こすことを望み第三の道を模索している。

同様にカナダは、「気候変動枠組み条約」の次期締約国会議で森林、農業、土壌など人類学に関連したシンク（温室効果ガスの吸収源）を含む作業を継続するつもりである。

気候変動の兆候は至る所で見受けられる。京都会議以来、わが国の多くの地域で史上最も〃温かい〃夏を経験した。異常気象が農業生産に影響を与え、万年雪と氷河の融解を加速した。北部地域では異常に激しい森林火災に見舞われた。九八年一月には暴風雪が吹き荒れ、数十万もの人々が三週間にわたって暖房や明かり無しの生活を強いられた。こうした出来事は、われわれに生態系のもろさと対応措置の必要性を気づかせた。

カナダの環境省と天然資源省は、国内のあらゆる部門を代表する約四五〇人の専門家と共同作業をしている。彼らは温室効果ガス排出量を大幅削減するための最善の方法について助言している。カナダ政府は九八年二月、三年間に一億五〇〇〇万ドルを融資する「気候変動行動基金」を創設した。この基金は温室効果ガスの六％削減目標達成の一助となる最初の措置であり、特に新技術の

カナダの燃料からのCO_2排出量

（1990年と比べ96年に9.5%増加）

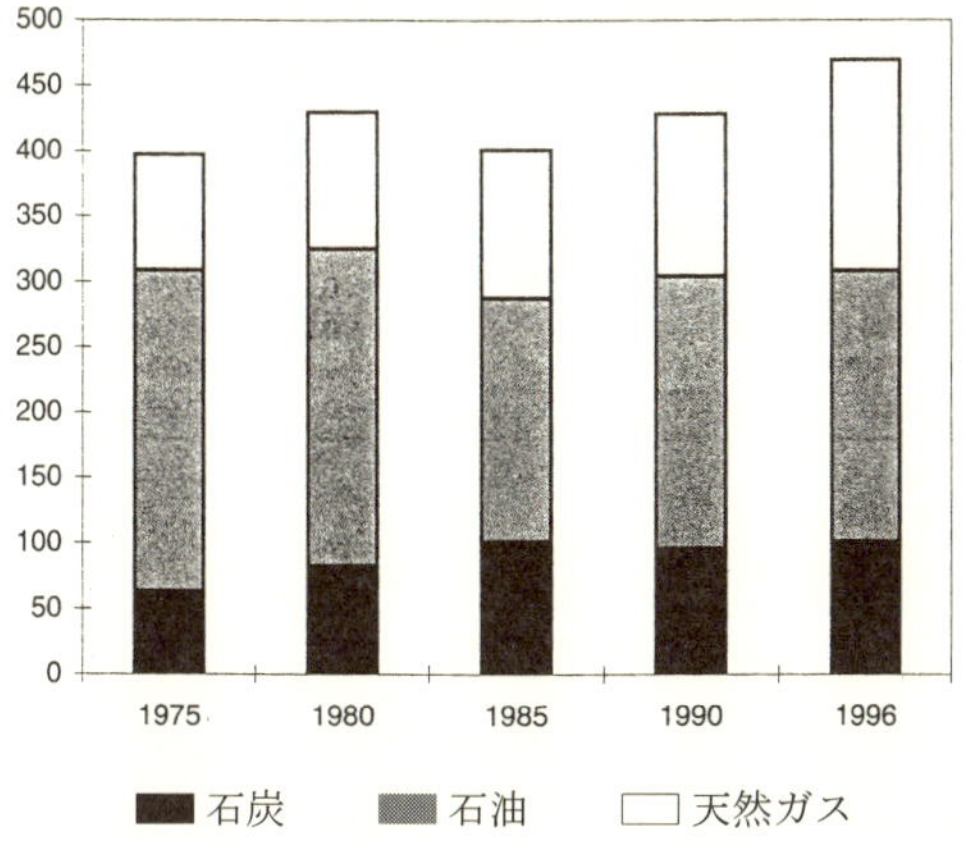

年	1990	1991	1992	1993	1994	1995	1996	96/90
	428.67	417.76	430.39	432.19	445.42	457.19	469.56	+9.5%

分野で排出量削減措置を促進している。

カナダでは草の根レベルで市民が、よりクリーンで健康な生活環境を作り出す努力の一環として、温室効果ガスの排出削減に積極的に参加している。現在カナダの二〇%を占める草の根レベルのクラブと地方自治体の六〇を超すメンバーが、二〇〇五年までに温室効果ガスを二〇%削減する約束をしている。

ドイツ

欧州連合

原子力エネルギーは段階的に廃止する

●ユルゲン・トリッティン／環境・自然保護・原子力安全相

「京都議定書」は地球の気候保全に向けての重要な一歩であり、国内行動を最優先する必要がある。ドイツ政府は気候保全を主要政策課題の一つに据え、二〇〇五年までに二酸化炭素（ＣＯ^2）の排出量を一九九〇年と比べ二五％削減することを目標とし、この目標達成のため包括的な政策と措置を実行するつもりである。

　これらは三本の柱から成っている。第一は、短中期的に引き続きエネルギーの合理的な利用を優先し、エネルギー効率の大幅向上を目指すことだ。その第一歩としてエネルギー節約を奨励する環境税の改革に着手した。第二は風力、太陽光、バイオマス・エネルギーなど再生可能エネルギーの大幅利用である。第三は、あらゆる部門、特に廃棄物管理、化学産業、農業など非エネルギー部門における温室効果ガスの削減である。

　原子力エネルギーの段階的な廃止は、気候保全に欠か

ドイツの燃料からのCO_2排出量

（1990年と比べ96年に7.8％減）

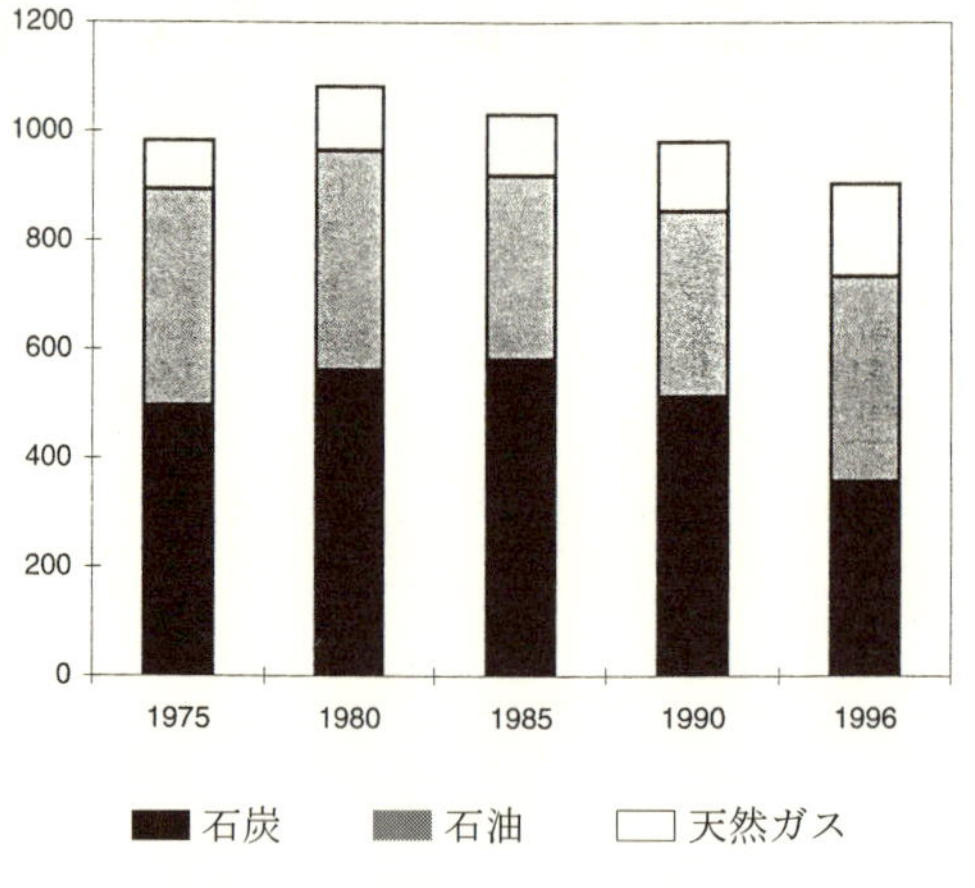

年	1990	1991	1992	1993	1994	1995	1996	96/90
	981.43	949.41	909.95	896.60	885.94	881.78	904.68	-7.8%

せない必要条件である。これはエネルギー効率化戦略と再生可能エネルギー利用のための前提条件でもある。各種の研究によれば、原子力エネルギーの継続使用は実際の気候保全を危険にさらす。だから原子力エネルギーが地球規模の気候保全に役割を果たすという考え方を私は支持しない。

国内措置こそが、先進国が公約を果たすための主要手段である。ドイツと欧州連合（EU）は「柔軟性メカニズム」の三措置について具体的な、特に量的な上限設定の導入を要求した。コスト効率の良い排出量削減の可能性、換言すれば経済的に実行可能な措置は、ほとんどすべての先進国に存在する。先進国は消費と生産様式を変え、気候保全と持続可能な発展を支援することを明確に示す必要がある。そうした時にのみ、発展途上国が中期的にさらに義務を果たすことを期待できる。このキャッチフレーズとなるのが技術移転と能力形成だ。

透明で包括的かつ意欲的な順守制度を設けることが絶対必要だ。しかし効果的な制裁が無ければ、いかなる順守制度も張り子のトラ以外の何ものでもない。地球規模の気候保全は、われわれが公約の実行を開始し、二〇〇五年までに進展を示す場合にのみ成功を収めるだろう。

欧州連合

フランス

排出量の逆転に備え、途上国へ最良の技術移転を

●ドミニク・ボワネ／環境・国土整備相

先進国は温室効果ガスについて歴史的な責任を負っているだけでなく、世界の排出量の最大部分についても責任を負っている。先進国は経済的に効果のある適切な政策および措置を採用しなければならない。

（温室効果ガスを削減するには）基本的に一般社会で使われている設備の性能を標準化する努力と、輸送手段における排出量削減の自発的な協定を通じて、応用技術の開発を図ることが最も重要である。より低コストの市場メカニズムを通じて、二酸化炭素（CO_2）の削減装置の導入策を図る必要がある。われわれが「気候変動枠組み条約」の第三回締約国会議（地球温暖化防止京都会議）で合意したように、こうした国際市場メカニズムは補足的な手段に過ぎないだろう。

「柔軟性メカニズム」は、イソップ物語のように善悪が

●先進国

フランスの燃料からのCO_2排出量
（1990年と比べ96年に1.6％増加）

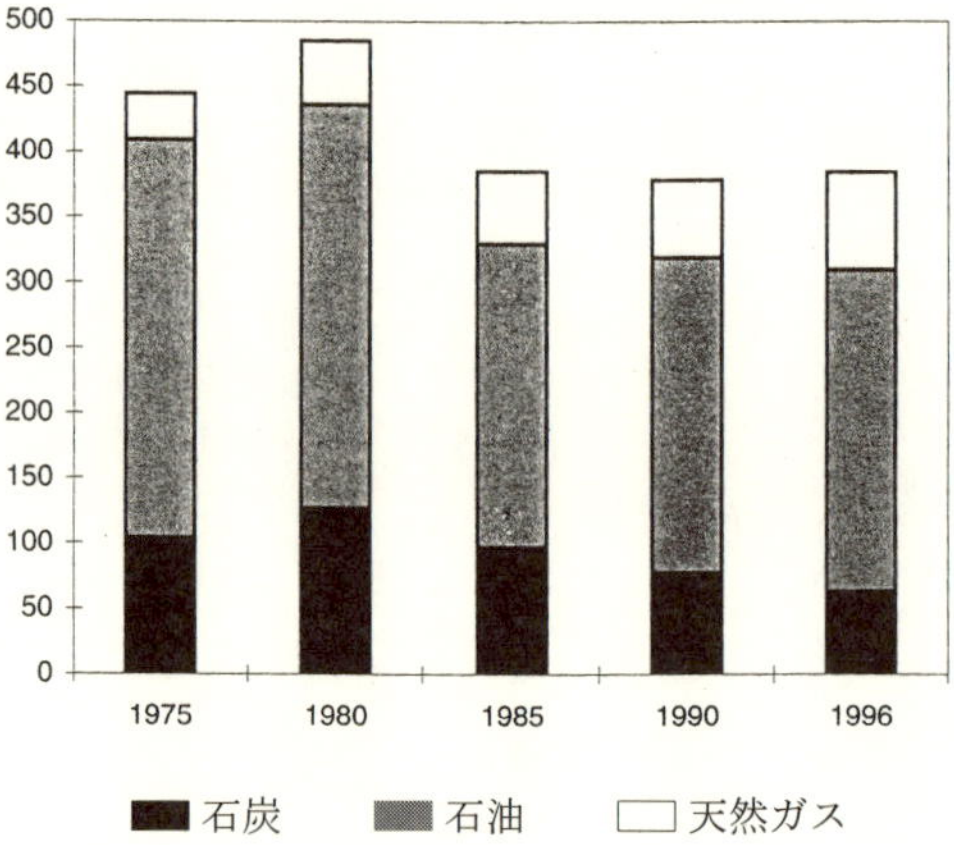

年	1990	1991	1992	1993	1994	1995	1996	96/90
	378.31	395.13	373.07	365.95	345.61	360.81	384.30	+1.6%

表裏一体を成しているのかもしれない。そのメカニズムが統御できないなら最悪の事態を招き、義務は果たされまい。だが、最小のコストで排出量の削減が加速できるなら、最良の結果をもたらすだろう。

　このメカニズムは、排出量を継続的に削減し、それによってどんな効果がもたらされるのか検証するべきだ。またメカニズムの透明性と（排出権）取引機会への参入が保証されるべきである。炭素トン当たりの最小価格は、市場の安定化と投資家の先見性によって促進されるかもしれない。同時に（排出権の）売買国には責任ある罰則が課せられるべきだ。最近の国際金融危機は、取引における安全性が欠かせないことを想起させた。「柔軟性メカニズム」は各国の善意にだけ依存してはならない。

　温室効果の影響に対する戦いは、最弱小国の開発を妨げてはならない。

　二〇二〇年末までには排出量の最大部分を途上国が占めることになるから、出来るだけ早く最良の技術を途上国が取得することを助けることが極めて重要である。

欧州連合

イギリス

気候変動は巨額の資金で無視され、対策費が矮小化

●ジョン・プレスコット／副首相兼環境・運輸・地域問題担当相

世界は過去一二カ月間、一連の気象災害によって破壊された。気候変動がもたらした凄まじい結果は一般の認識を高めた。インドネシアの森林火災、中国の洪水、最大規模のエルニーニョ現象。世界中を襲った熱波、干ばつ、暴風雨。極地の氷冠さえ危機に直面している。こうした危険に直面しても一部の人たちはまだ知らないふりをしているが、これが地球温暖化の現状なのである。最近もハリケーン「ミッチ」により多数の人々の命が奪われた。

このような悲劇の影響を受けたすべての人々に深甚なる同情の念を禁じえない。だが同情だけでは将来のこのような悲劇は阻止できない。行動が必要だ。イギリスは国内措置を講じ、国民に変革が可能であり、気候変動と

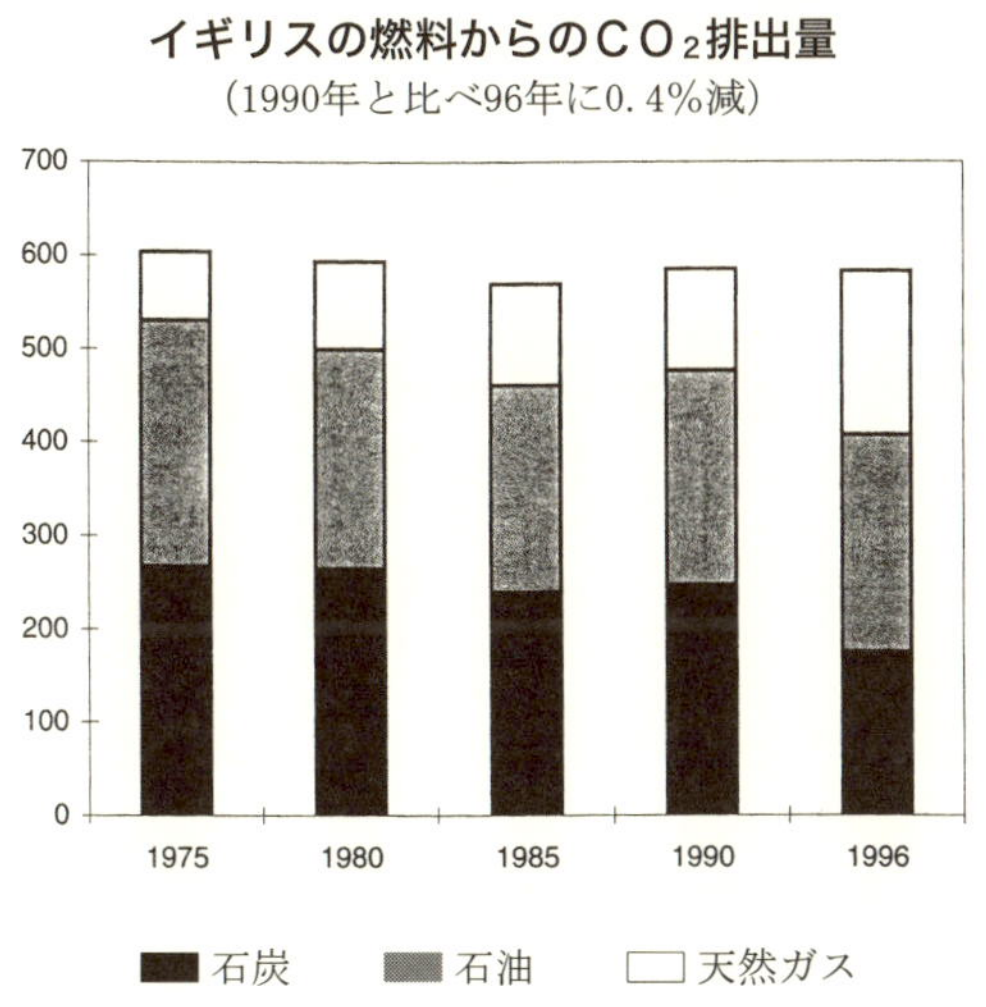

年	1990	1991	1992	1993	1994	1995	1996	96/90
	585.28	592.33	583.27	565.23	561.57	566.57	582.80	-0.4%

●先進国

の戦いが苦痛ではなく、利益になることを納得させる努力を始めた。

気候変動に対処する費用は、気候変動を示す証拠を無視する巨額の費用によって矮小化されている。輸送体系、住宅の改善、大気の清浄化、「グリーン成長」への絶好の機会となる産業の効率化など、人々の生活に利益をもたらす諸措置を通じて、われわれは国際的な目標を達成することが可能だ。

発展途上国は工業化に着手することが必要である。これは公平の問題だ。しかし彼らはわれわれの過ちから学ぶことができる。「クリーン開発メカニズム（ＣＤＭ）」と技術移転は、そのために重要な役割を果たすだろう。多くの途上国は、インド、中国、アルゼンチンなどのように、温室効果ガス排出量の削減措置を自発的に講じつつある。経済開発と環境保全は相対立するものでない。同じコインの裏表なのである。われわれは持続可能な発展ができるし、「グリーン成長」が可能だ。「京都議定書」は長い道のりの最初の一歩に過ぎない。先進国は二〇一〇年以降もはずみを維持しなければならない。途上国もその過程の一員であることは免れない。

オーストリア

欧州連合

「柔軟性メカニズム」には上限が必要

●マルティン・バルテンシュタイン／環境・青年家族相

オーストリアおよびブルガリア、クロアチア、キプロス、チェコ、エストニア、ハンガリー、ラトビア、リトアニア、ポーランド、ルーマニア、スロバキア、スロベニアの一三カ国を代表して意見を述べたい。

気候システムに人類が干渉し、非常に危険な問題化している証拠は十分である。「気候変動枠組み条約」は地球の気候システムを人類が保全する努力の一里塚である。

「京都議定書」で規定された諸メカニズムは、コスト効率の良い方法で排出量の削減を達成するため、有益な手段の提供が可能だ。しかしながら、これらのメカニズムは国内措置に補足的なものでなければならない。国内措置は同議定書の第三条に基づく公約を達成するため、主要な手段を提供することになっている。メカニズムを運営する原則、様式、ルールおよび指針は同時に作成し、国内措置を傷つけたり、これらの公約を弱体化させてはならない。

「柔軟性メカニズム」の利用に具体的な上限を設けることは、量的、質的にその限度を明確にし、公平な基準に基づきこれらの諸目的を達成することである。われわれが国内措置を強調するのは、やむにやまれない理由があるからだ。われわれ先進国は、率先して気候変動と戦わねばならないという公約によって拘束を受けている。気候変動はまた、技術革新と資源の有効利用を促進する機会でもあり、すべての先進国はこうした方向の変化から利益を得る潜在能力を持っている。

「気候変動枠組み条約」の第四条二項（a）（b）は、同条約の究極的目標を達成するには十分ではない。公約の妥当性に関する二回目の見直しは、同条約の目標達成にどんな追加措置が必要なのかという疑問、またこの疑問の回答に必要な情報に取り組むべきだ。

欧州連合（ＥＵ）は、持続可能な発展の必要性に照らして、同条約に基づく行動を検証する必要性を認めている。特に気候変動の悪影響にぜい弱な途上国側の締約国

オーストリアの燃料からのCO_2排出量
（1990年と比べ96年に5.6％増加）

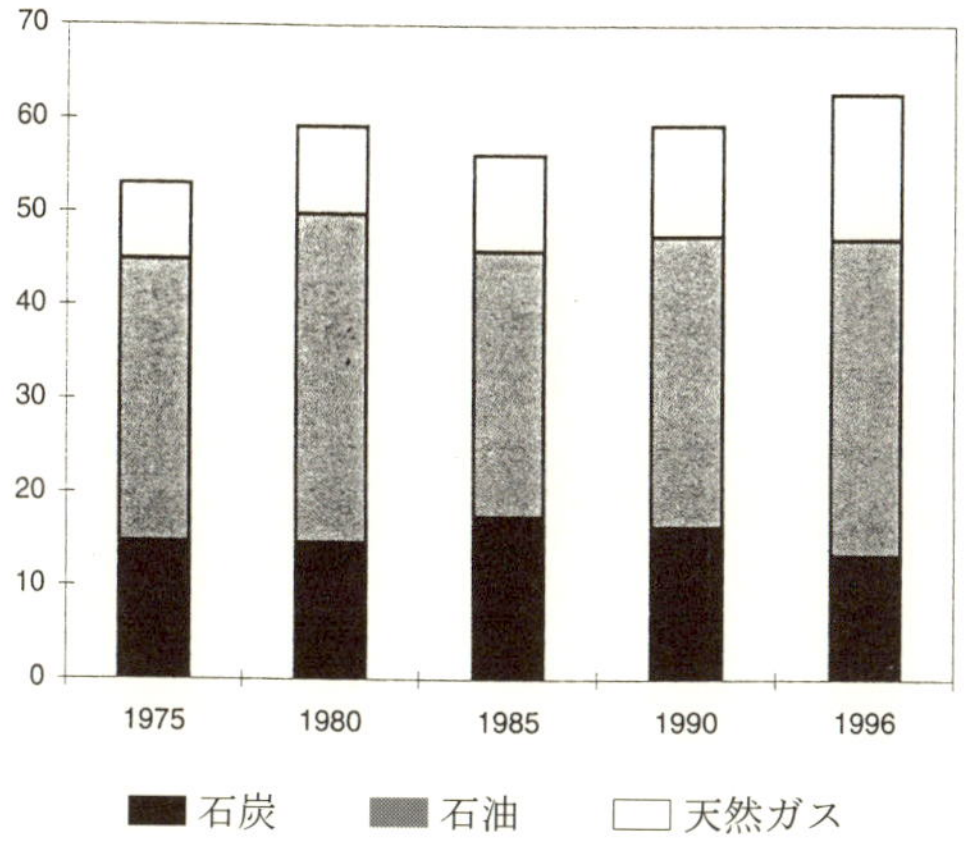

年	1990	1991	1992	1993	1994	1995	1996	96/90
	59.36	63.68	57.30	57.02	57.77	59.47	62.67	+5.6％

●先進国

の関心事に応えなければならない。
能力の形成はもちろん、環境にやさしい技術の開発と移転は、途上国が同条約に従い彼らの約束に応じ、「クリーン開発メカニズム（ＣＤＭ）」によるプロジェクトに参加する上で、死活的な役割を担っている。技術移転を受け入れる国の条件を改善する必要がある。

イタリア

欧州連合

「炭素税」の導入など国家計画に着手

●エド・ロンキ／環境相

京都会議以来、余分な時間が経過したが、イタリアは無為にそれを傍観していたわけではない。イタリア政府は「京都議定書」に署名し、批准に必要な手続きを準備した。

イタリア政府はまた、「京都議定書」の公約に従い温室効果ガスの国内排出量を削減する国家計画に着手した。政府は一九九九会計年度の予算案に化石燃料の炭素含有量に比例して課税する炭素税を盛り込んだ。この税措置は、エネルギー節約プロジェクトの資金にも使われる。

一九九〇年の排出水準に比べ六・五％削減する公約を完全に実行するため、イタリアは二〇〇八年から二〇一二年の公約期間に、温室効果ガスの排出量を二酸化炭素（CO_2）換算で六億二一〇〇万トンから五億一九〇〇万

イタリアの燃料からのCO₂排出量

（1990年と比べ96年に2.9%増加）

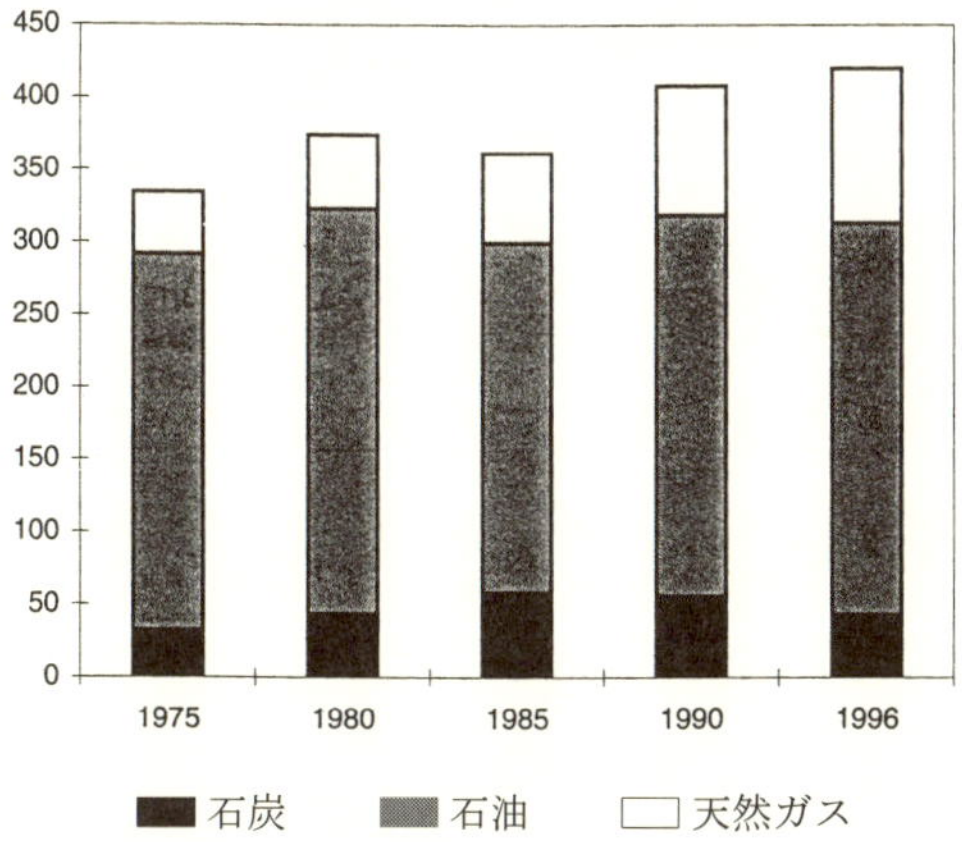

年	1990	1991	1992	1993	1994	1995	1996	96/90
	408.15	414.91	413.46	405.57	401.58	424.45	419.95	+2.9%

トンに削減する。

国家計画は今後の各部門間の政策と措置を定め、それらを地球規模の戦略の枠組みに調和、統合させる。

各部門間の政策と措置には、エネルギー節約に向けての規定と標準化、エネルギーの合理的使用のための自発的取り決め、低排出量の化石燃料の普及に加え、再生可能エネルギーの生産増加を促進するための経済的奨励策が含まれる。

国家計画ではまた、国際協力の促進へ向けた政策と措置を実行し、効率の良い環境にやさしい技術を移転する。その焦点は六つの主要行動だ。第一は電力生産の高効率化、第二は輸送部門のエネルギー消費の削減、第三は電力生産向けの再生可能エネルギー源の利用増大、第四は工業生産、住宅、第三セクターの電力消費量の節約、第五は廃棄物処理、化学製法における排出量の削減、第六は炭素貯蔵の増大だ。これら六つの主要行動の推定コストは六三〇億ドル（約六兆九三〇〇億円）である。

ギリシャ

地中海の気候変動に地域ワークショップで対応強化

欧州連合

●エリアス・ベリアトス／
環境・自然計画・公共事業省環境事務局長

アフリカや太平洋諸国が気候変動から受けているような極端で直接的な危険にギリシャは直面していないが、ギリシャでもはっきりと認識の可能な直接的な危険にさらされた地域が出始めている。各島では土地劣化の兆候が顕著だ。水資源は需要の増大や周期的な干ばつの圧迫を受け始めている。地方の激しい暴風雨による洪水で損害を出し、人命さえ失われている。傷つきやすい湿地帯は消滅の危機に直面している。

こうした事実を受け入れ、ギリシャの置かれた特殊な状況の範囲内において、ギリシャは温室効果ガスの排出量を抑制するため、真剣な努力をしている。ギリシャは一人当たりのエネルギー消費率、とりわけ電気消費量が比較的低く、褐炭以外の現地産エネルギー源とエネルギー

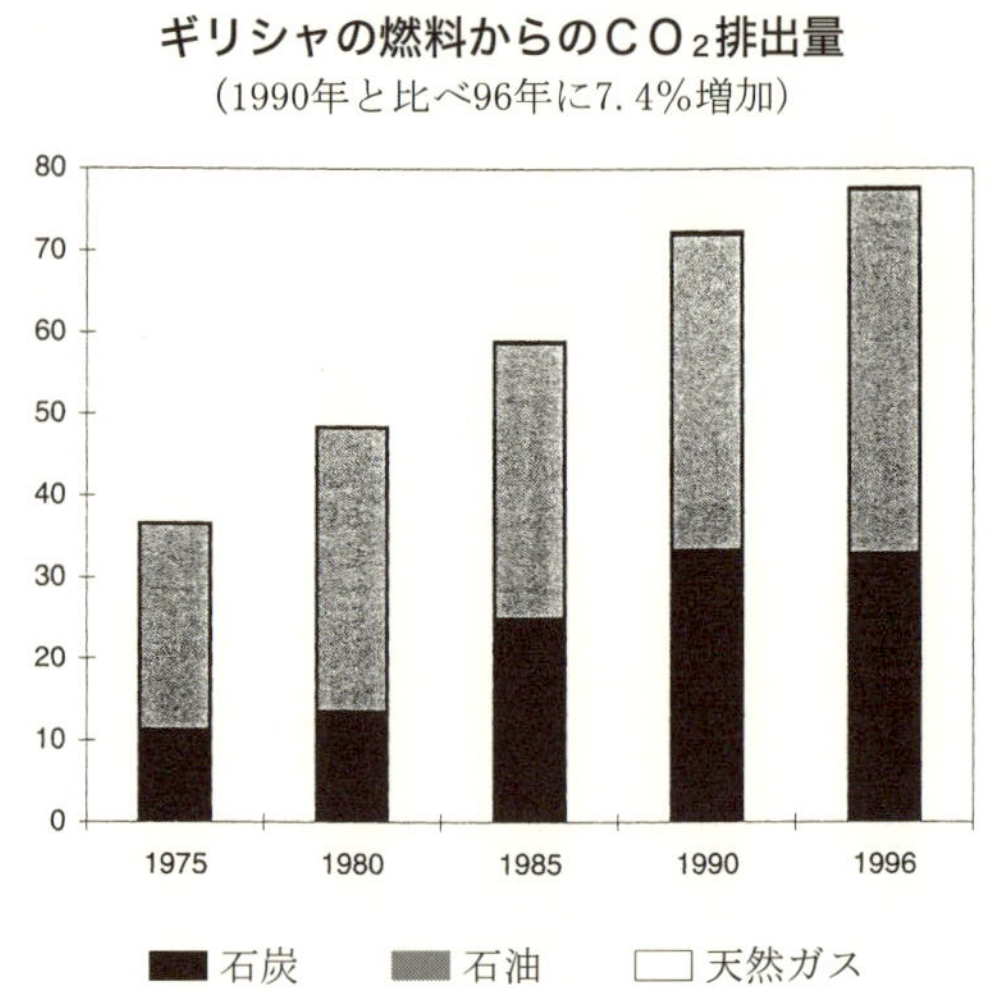

年	1990	1991	1992	1993	1994	1995	1996	96/90
	72.28	72.44	74.49	74.07	76.86	76.35	77.60	+7.4%

集中産業が不足しており、追加開発、インフラストラクチャー(社会基盤)の改善、経済成長が必要である。

これらの点について、ギリシャはすでに多くの優先課題を決め、目標達成のため多くの政策を実行した。例えば、温室効果ガスの排出削減をもたらす天然ガスなどのエネルギー源の利用増大、有効水力電力の利用、風力発電の倍増、欧州最大の太陽熱収熱器の利用などだ。

気候変動に取り組むための情報、技術知識の交換の必要性を認め、ギリシャは北部のモツォボ町など多くの地域ワークショップを組織した。これらワークショップは地中海の気候状態や関連問題、他の近隣諸国との可能な共同行動の策定を中心に取り組んでいる。

近隣諸国との相互交流の拡大には、再生可能資源の評価、技術、エネルギーの合理的な利用など多くの関連問題に関する技術交流および援助が含まれている。これら共同行動の継続拡大も計画している。共同行動は気候問題に取り組む上で欠かせない。

「京都議定書」に規定された「柔軟性メカニズム(措置)」は、その明白な原則、様式、指針および利用の上限設定を含むルールについて合意が必要である。このメカニズムを通じて達成される温室効果ガスの削減は、国内措置による削減を補足することが可能だ。

フィンランド

新開発プロジェクトの半数は環境、気候プロジェクトに活用

欧州連合

●ペッカ・ハービスト/環境・開発協力相

フィンランドは、一九九〇年に世界で初めて導入したエネルギー、炭素税およびエネルギー生産の効率改善、輸送、廃棄物管理政策の強化などの経済手段の利用に焦点を合わせている。産業界は通商産業省と自発的なエネルギー保全協定に調印した。フィンランドはすでに熱、電力の一体生産、再生可能エネルギー、特に木材のバイオマス・エネルギーを利用している。事実、フィンランドは生物エネルギーの利用において先進国のトップに位置する。生物エネルギー計画に基づき、林業生産から出る木材くずを産業界と地方自治体の熱、電力生産に使用している。「グリーン・エネルギー」と呼ばれる一部のエネルギー産業市場は、環境を志向する消費者向けに再生可能資源を生産している。排出量の削減コストは、各国間で著しく異なるので、削減コストの高い国が他国でのプロジェクト費用を支払うことを認めることによって、

●先進国

フィンランドの燃料からのCO_2排出量

（1990年と比べ96年に18.2%増加）

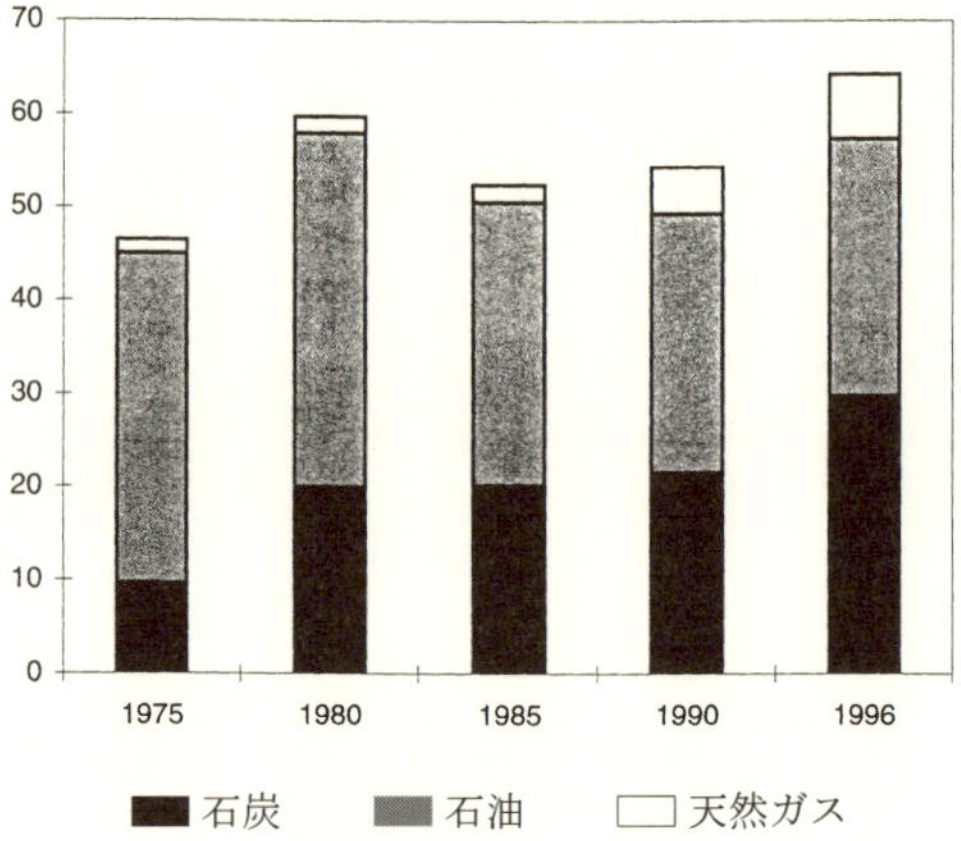

年	1990	1991	1992	1993	1994	1995	1996	96/90
	54.36	57.21	50.47	54.86	61.40	54.98	64.24	+18.2%

よりコスト効率の良い解決を達成すべきだ。フィンランドはすでに、発展途上国に対する気候プロジェクトの支援と財源の提供を増やしている。フィンランドの新しい開発プロジェクトの約半数は、環境と気候プロジェクトに向けられている。後発開発途上国の適用、ニーズ問題は「京都議定書」の規定する新メカニズムによって取り組むことが重要である。砂漠化、特にアフリカの砂漠化と戦う地域計画に関する話し合いは難しい。

　ＣＤＭを支援する以外に、フィンランドは「共同実施」計画のもとに中欧および東欧の近隣諸国と協力したい。国内の気候戦略研究に融資し、プロジェクトの具体化に向けて作業を深化させることを検討している。これは政府と一部の企業が世界銀行による近隣地域の研究活動の展開に積極的にかかわっているからだ。われわれはまた、ＣＤＭの枠内で途上国との協力拡大に関心を抱いている。

　森林問題がこの過程で大いに注目に値する。温室効果ガスのシンク（吸収源）として森林に焦点を合わせることは、開発の必要性はもちろん、生物多様性の保全目標、砂漠化との戦いの双方から支持を受けられるだろう。地球的規模で森林問題に取り組むことが必要だ。われわれはブエノスアイレス会議と同様、京都会議の前後に非政府組織（ＮＧＯ）が果たした役割に感銘を受けている。

スウェーデン

欧州連合

途上国の経済開発を先進国の持続不可能な排出水準によって妨げてはならない

●シェル・ラーション／環境相

スウェーデン政府は、地球温暖化の緩和を、経済、社会と同様に生態系の分野で持続可能性を追求するわれわれの公約の重要な一環と見なしている。「気候変動枠組み条約」に基づく公約を果たすためには、今後一〇年間に根本的な変革が必要となろう。

われわれが将来の困難な決定に理解と支持を得るため、各々の国で市民の意識と知識を高めるよう精一杯努力しない限り、こうした使命を実現することは不可能だ。

「京都議定書」は、多くの問題について細密な合意が達成された時にのみ十分な効力を発生するだろう。「柔軟性メカニズム」は手段に過ぎない。行動と取り替えられないし、それ自体目的ではない。それは気候変動の緩和効果措置を締約国同士で移転するための手段である。

その複雑性を過小評価してはいけない。「柔軟性メカニ

スウェーデンの燃料からのCO₂排出量

(1990年と比べ96年に12.7%増加)

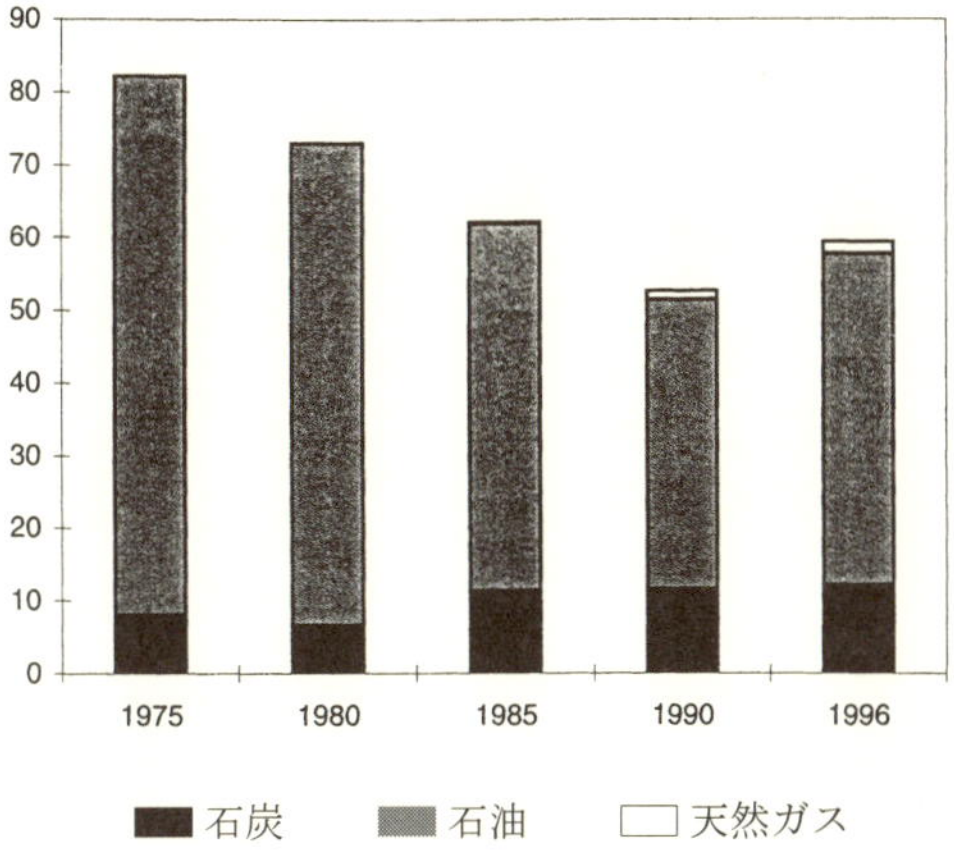

年	1990	1991	1992	1993	1994	1995	1996	96/90
	52.65	52.35	51.62	52.54	55.90	55.72	59.36	+12.7%

ズム」は統制の枠組みを必要とし、政策と市場の間の正しい均衡を確立しなければならない。長期的にみれば、先進国以外の諸国も（温室効果ガスの排出を）抑制する約束を実行しなければならない。しかし今ここでは、先進国の公約に焦点を合わせる必要がある。先進国が温室効果ガス排出の大部分に責任を負っていることを考慮に入れれば、発展途上国の義務について議論する場合、節度をわきまえるべきである。彼らが経済開発を行い、生活水準を向上させる権利を、先進国の持続できない排出水準によって妨げてはならない。

気候変動に最もぜい弱な諸国への公約は、すべての締約国が負う義務である。「クリーン開発メカニズム（CDM）」を「南」と「北」の間の協力を進める革新的で効力のある手段へと発展させることは可能である。そのために必要なルールを作りだす必要がある。地球的規模の脅威に直面し、世界的な実地行動を引き起こすためのその共同の努力に、われわれ全員がかかわっているのである。

ヨーロッパ

アイスランド

劣化した土地の再生もCO_2の吸収対策に含めよ

●グトムンデュル・ビャルナソン／環境相

最重要問題の中には、「排出量（権）取引」、「共同実施」、「クリーン開発メカニズム（CDM）」といった「柔軟性メカニズム（措置）」の立案作業がある。これらのメカニズムは「京都議定書」の目標達成コストを削減するため立案し、地球規模の排出量削減に向けさらに進展をもたらすものでなければならない。

「京都議定書」に温室効果ガスのシンク（吸収源）を含めることで合意をみた。シンクは引き続きわれわれの議題の重要な問題である。アイスランド政府は、「気候変動に関する政府間パネル（IPCC）」にこの問題について特別報告を準備するよう求めた要請を歓迎する。シンク問題の政策的な見地について調査するという決定は、正しい方向へ向けての重要な一歩だ。炭素吸収行動リスト

アイスランドの燃料からのCO_2排出量

（1990年と比べ96年に12.2%増加）

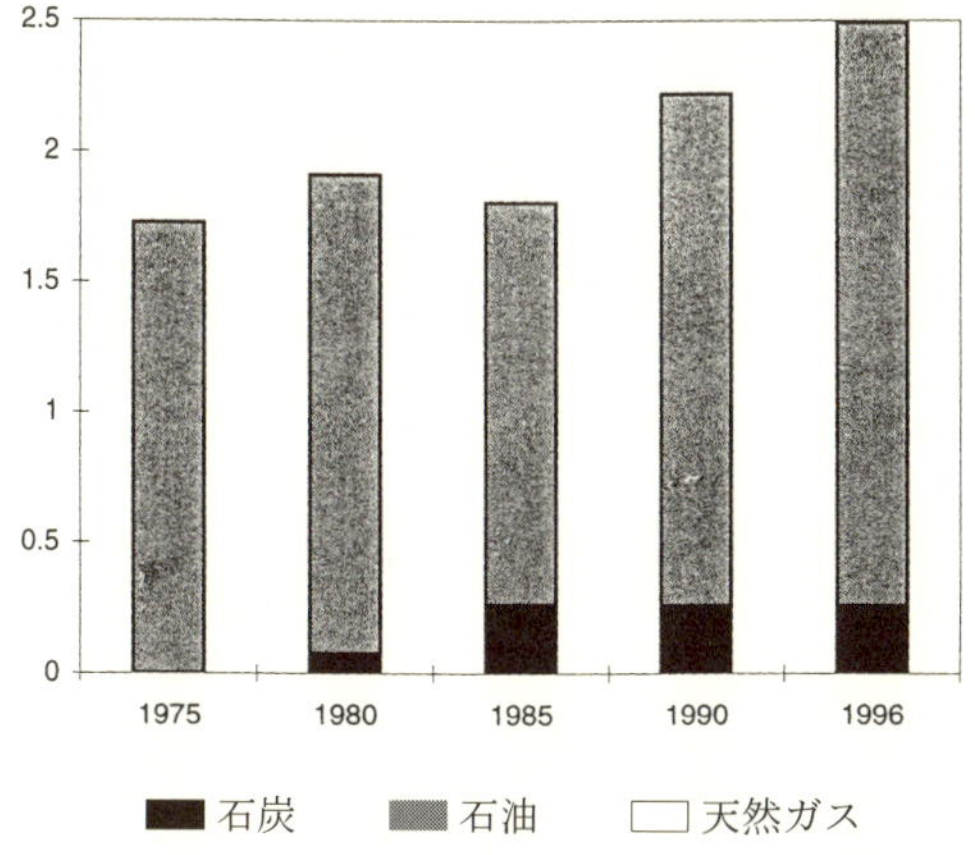

年	1990	1991	1992	1993	1994	1995	1996	96/90
	2.22	1.97	2.02	2.18	2.24	2.17	2.49	+12.2%

は、森林関連活動以外に広げる必要がある。その中には、なかんずく劣化した土地の再生も含めるべきだ。それは砂漠化と戦う「気候変動枠組み条約」との関係においても重要である。

温室効果ガスの排出量を削減する方策と手段を模索する上で各国が効率よく協力することが重要である。先進国と発展途上国の協力はあらゆるレベルで促進するべきだ。アイスランドは地熱と水力エネルギーを活用する上で価値ある経験を重ねている。われわれは他国とこの経験を分かち合う用意がある。われわれは二〇年以上にわたりアイスランドの国連大学地熱訓練計画を通じてこの経験を積んできた。この計画は世界中、特に途上国から専門家を引き寄せている。

スイス

先進国の排出量削減が先決、「CO_2排出税」の導入を計画

ヨーロッパ

●フィリッペ・ロッホ／国務相

気候の破滅的な出来事は、気候変動問題の緊急性を改めて想起させている。世界の平均気温は、一九九七年には六一年から九〇年の平均気温と比べ〇・四度高くなった。これはその前の九五年の記録より一段と憂慮すべき状態となった。全体として、われわれがいま行動しなければ、自然は繰り返し「等身大の」実像となって迫って来るだろう。気候の引き起こす極度に悲惨な出来事は、われわれが気候システムを安定化させるため、さらに共同行動を取る刺激となるだろう。

基本的に温室効果ガスを削減するきっかけとなるのは、とりもなおさず先進国が国内政策と措置を採用し実行することだ。スイスはすでに「京都議定書」の実行を始めた。議会は二酸化炭素（CO_2）の排出量を二〇一〇年

スイスの燃料からのCO_2排出量

（1990年と比べ96年に3.0％減）

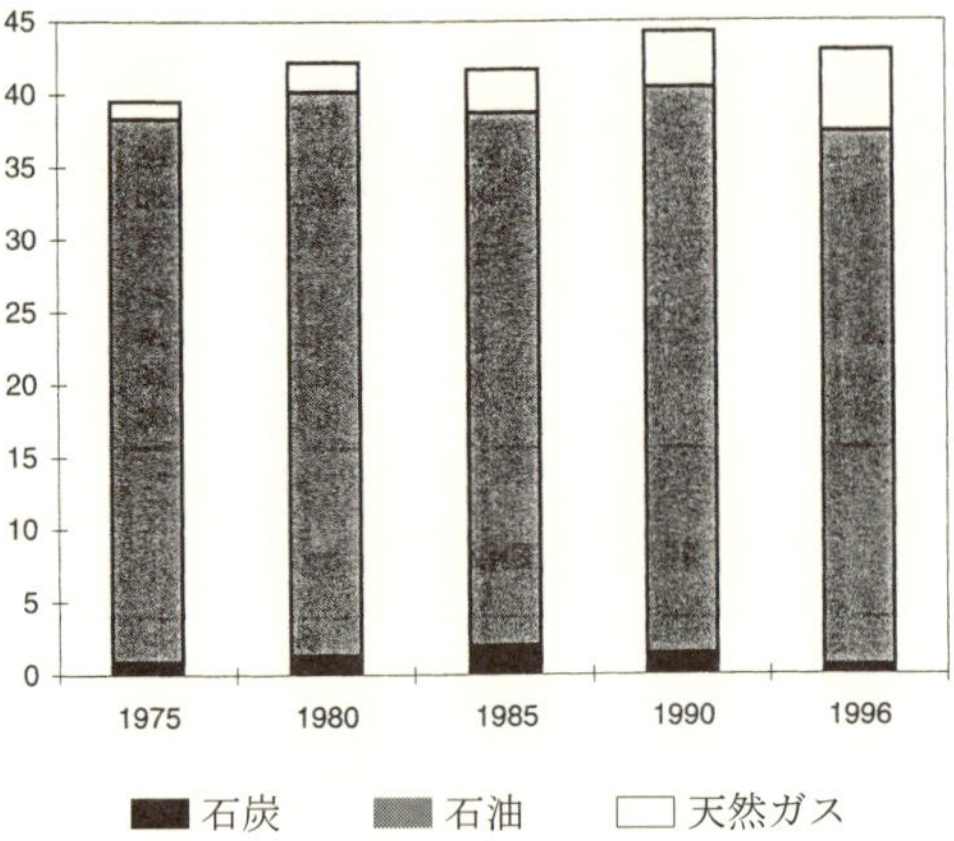

年	1990	1991	1992	1993	1994	1995	1996	96/90
	44.24	44.64	45.05	43.17	43.75	41.91	42.92	-3.0%

までに一九九〇年と比べ一〇%削減する計画を盛り込んだ法案について第一読会を終えた。削減計画は、各企業との自発的な協定に加え、エネルギーの合理的利用に向けての一連の措置を基本としている。二〇〇四年には進捗状況を審査し、「CO_2排出税」の導入をはじめとする追加補足措置の必要性について評価を可能にする。

「気候変動枠組み条約」については、その条項の実行にあたり追加的措置が必要なことをわれわれは自覚している。われわれ先進国は率先して措置を講じなければならない責任を負っている。特に途上国への技術移転が必要だ。「地球環境基金（GEF）」は紛れもなくこの達成のため最も適切な手段だ。

先進国と途上国が対話し、相互に利害関係のあるすべての問題、なかんずく先進国の排出量削減、途上国の将来の削減問題について検討する必要がある。この目的のために、「クリーン開発メカニズム（CDM）」が非常に有望な手段である。

ヨーロッパ

ノルウェー

柔軟性メカニズムは実際の排出量削減が前提

●グロ・フィィエルアンゲル／環境相

「京都議定書」の実行戦略を概観すると、国内行動に優先権を与えている。ノルウェー政府は二酸化炭素（CO_2）税の拡大と他の温室効果ガス排出抑制の追加措置の導入について具体的な提案を行った。この一括提案は、われわれの公約と二〇一〇年の予測水準との間の格差を半分以上埋めることになろう。（京都議定書に定める）政策と措置の拡大利用の一環として、ノルウェー政府は排出量（権）取引の国内システムの概要をまとめる委員会を設置した。

「地球温暖化防止京都会議」で合意した実行メカニズムは、開放的で透明性と信頼性のあるシステムを作る必要がある。このシステムには制裁はもちろん、参加、報告、検証のための必要条件を含めなければばらない。これら

ノルウェーの燃料からのCO_2排出量

（1990年と比べ96年に6.2%増加）

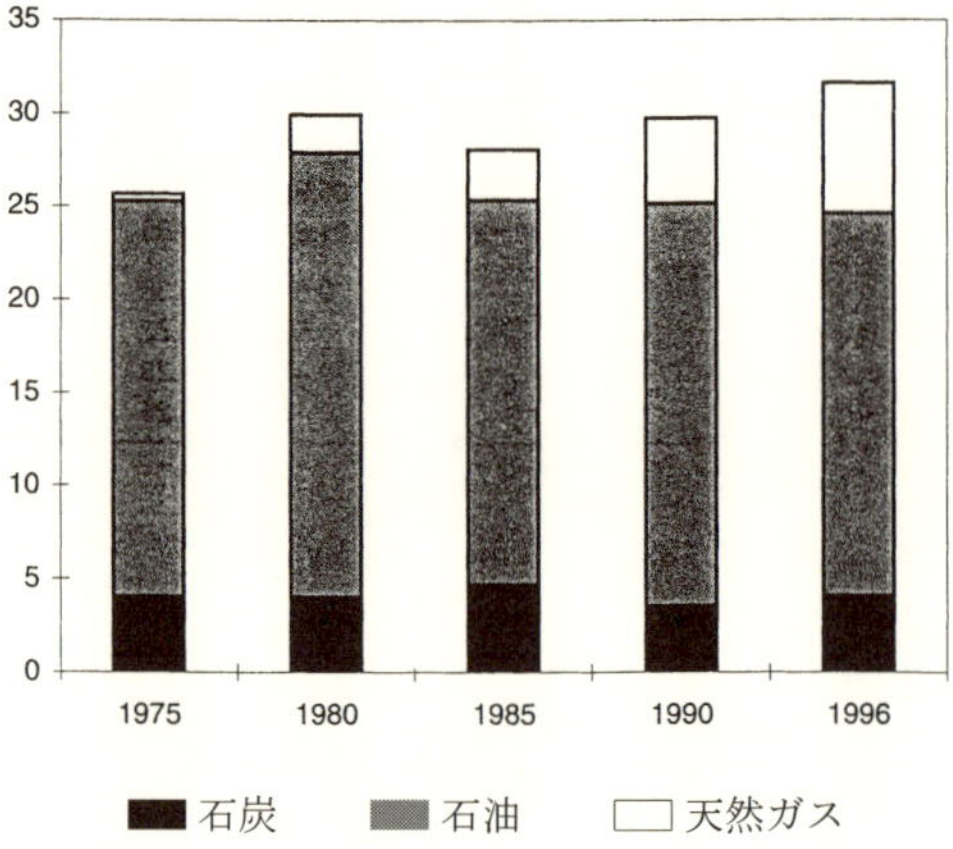

年	1990	1991	1992	1993	1994	1995	1996	96/90
	29.76	30.52	30.70	32.65	32.55	32.15	31.62	+6.2%

のメカニズムは、実際に排出量を削減するものでなければならない。ノルウェーは「京都議定書」の発効に不可欠なこの問題について進展が必要なことを強調したい。

「柔軟性メカニズム」の利用はわれわれの国内努力に対する補足措置である。同メカニズムのうち「クリーン開発メカニズム（CDM）」と「共同実施」は、当事者間の技術移転を促進する重要な手段となるだろう。技術移転は排出量削減を伴う持続可能な発展達成のために必要である。産業界がこの行動において主要な役割を演じることを認める必要がある。政府には技術移転を促進する役割がある。長期的に見て、新技術の開発が気候変動との戦いに不可欠であり、産業界がその主要な貢献者となる。

われわれは、「共通だが差異のある責任原則」と各国の能力に基づいて、世界的な排出量の抑制に導く過程を進める必要がある。これを持続可能な経済発展と貧困の根絶と結び付けることは絶対に欠かせない。この問題に公平なやり方で真剣な取り組みを開始すべきである。

ポーランド

削減量の検証可能な会計システムの導入を

ヨーロッパ

●ヤン・シシュコ／環境保護・天然資源・林業相

ポーランドの一九九六年の温室効果ガス排出量は、一九八五年と比べ二〇％以上低下した。〔※筆者注＝「京都議定書」の基準年一九九〇年と比べれば増加している〕この著しい排出量削減は、近代的技術、エネルギー節約技術の導入と組み合わせた急速な経済のリストラクチャリング（再構築）によってもたらされた。また政府の新規植林拡大計画が実施され、温室効果ガスの吸収効果を高めている。これと関連してわれわれは森林の再生に特別な関心を払っている。

しかしながら、ポーランドの継続的な経済成長は将来、エネルギー需要の増大を招き、恐らく温室効果ガスの排出量を引き上げるだろう。それ故、ポーランドの短期的な経済成長戦略は「京都議定書」に基づく公約を考慮に

ポーランドの燃料からのCO₂排出量

（1990年と比べ96年に4.7％増加）

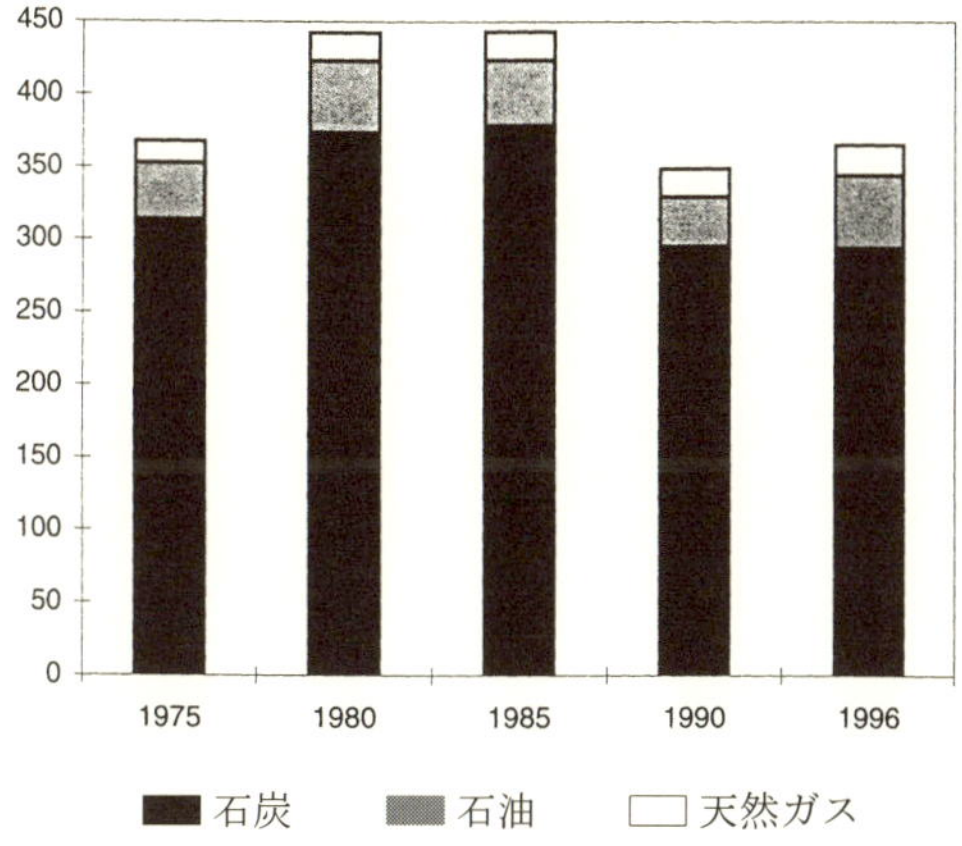

年	1990	1991	1992	1993	1994	1995	1996	96/90
	349.12	347.40	343.57	346.10	326.51	335.23	365.47	+4.7%

●先進国

入れる必要がある。

「京都議定書」に定められた「柔軟性メカニズム（措置）」の三措置はすべて同時に検討すべきだ。三措置の方法論問題については、追加措置の概念を明確にすることが欠かせない。ポーランドとしては、国内で講じる措置を補足する措置とするべきだと考えている。

「クリーン開発メカニズム（CDM）」に関する限り、〝抜け穴〟を阻止するため、削減量を検証できる会計システムを確保する必要がある。「排出量（権）取引」は、適切な経験を得るため、まずパイロット（試験）段階の導入を選択したい。

「共同実施」は「排出権取引」より有益のようである。「共同実施」の方があいまい性がなく、その実行、監視、検証に関連した制度、組織上のコストが安上がりだからである。

チェコ

国内措置では排出量の削減が優先課題

ヨーロッパ

●ミロシュ・クジュバルト／環境相

近代化と工業化が途方もない負の影響をわれわれの環境に与え、いま環境の危機に直面している。チェコは一九九七年と九八年に洪水の悲惨な被害に見舞われ、大損害を出した。迫り来る地球温暖化の危機に直面して、われわれはエネルギーの浪費と密接に関係した日常のライフスタイルと伝統的な習慣を変える時に来ている。

気候変動問題に取り組むには、国内レベルで立案したり、広範な手段に依存する幅広い政策と措置がある。これらは主として、エネルギーの需給部門、再生可能エネルギー源、輸送、森林部門を対象としている。

チェコの温室効果ガスの排出量は、依然として一九九〇年と比べ二〇％も少ない。しかし政府は排出量削減を主要目標とする政策と措置を、国内の環境、経済、エネ

チェコの燃料からのCO_2排出量

（1990年と比べ96年に16.6%減）

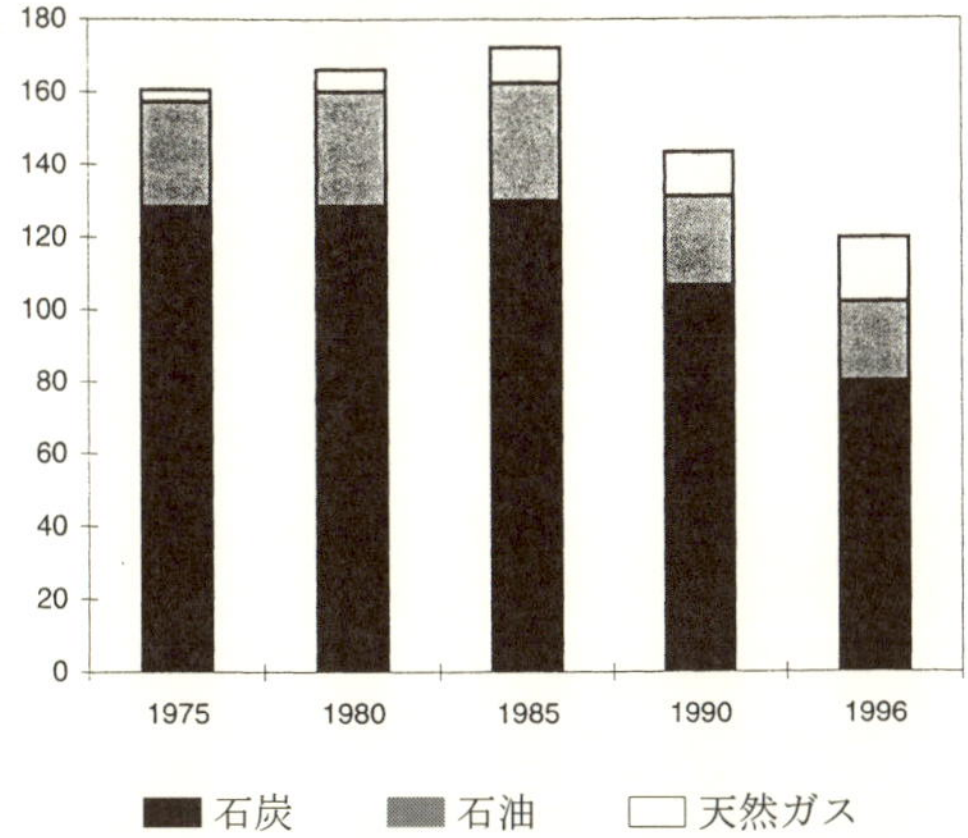

年	1990	1991	1992	1993	1994	1995	1996	96/90
	143.32	109.53	123.97	118.91	114.16	116.12	119.56	-16.6%

ルギー、輸送政策を盛り込んだ総合戦略計画に取り込む用意がある。これは地球温暖化の危機と戦う共通目標の実現に向け寄与することになろう。

「気候変動枠組み条約」と「京都議定書」の原則に留意すれば、国内措置では全排出量の削減を優先する必要がある。他の「柔軟性メカニズム（措置）」は、われわれの共通の目標達成のために重要な役割を果たす可能性がある。ただし、それはメカニズムのルールと様式が補足性、環境への効果、適格性、順守の原則にまで及べば、という仮定の下での話に過ぎない。

リトアニア

ヨーロッパ

電力の八〇%原子力依存からの切り替えに新たな難問

●アルギス・チャプリカス／環境保護相

「京都議定書」に従い、欧州連合（ＥＵ）の一員としてリトアニアは、二〇〇八年から二〇一二年の間に一九九〇年と比べ温室効果ガスを八%減らさなければならない。しかしリトアニアは現在、九〇年より排出量を五〇%削減している。リトアニアはクリーン技術の実行に貢献しており、この重要な規定をリトアニアの環境戦略に盛り込んで、産業界や他の部門は排出量の増加防止に優先的に取り組んでいる。

リトアニアの環境問題の優先課題は、生態学的によりクリーンな技術と、よりクリーンな生産を実行することにある。リトアニアとノルウェーの環境相が調印した一九九七年から二〇〇〇年までのクリーン生産技術者養成計画に関する議定書に基づいてノルウェーの専門家が活動している。この計画の主要努力はリトアニアの企業と専門家の養成を対象とし、約六〇にのぼる企業と組織が参加し、地元の専門家約一〇〇人が訓練を受けている。デンマークは地域暖房の改善プロジェクトを支援している。これは気候変動の悪影響の緩和に寄与している。

リトアニアの発電力の約八〇%は原子力発電である。気候変動の観点から見れば、この発電はプラスであるが、原発は安全でなければならない。原発の計画運転期間は間もなく完了するので、化石燃料を使用する火力発電所による発電に切り替える可能性が大きい。そうなれば、大気中の温室効果ガス排出量の増加は避けられないだろう。「気候変動枠組み条約」の公約に基づき、エネルギー開発戦略を作成中である。

スロベニア

ヨーロッパ

CO_2税を改正、国内から排出権取引を導入

●パベル・ガンタル／環境・自然相

スロベニアは温室効果ガス排出量の八％削減義務を真剣に受け止めている。「地球温暖化防止京都会議」以来のわれわれの最初の仕事は、諸措置を確認することである。その第一は、一九九〇年の基準年に温室効果ガスの排出量を安定化させることであり、第二は、最初の公約期間に八％の排出量削減達成の国内措置を作成することである。

スロベニアは、先に採用した二酸化炭素（CO_2）税を改正した。これはいわばCO_2の「排出量（権）取引」を国内で徐々に導入し、排出量を安定化させるものである。改正CO_2税の細部は私企業部門と協力して作成された。温室効果ガスの削減をさらに進め排出量の安定化を図ることについて、産業界と重要な合意を一年以内に達成することが可能である。

スロベニアの燃料からのCO_2排出量

（1990年と比べ96年に11.9％増加）

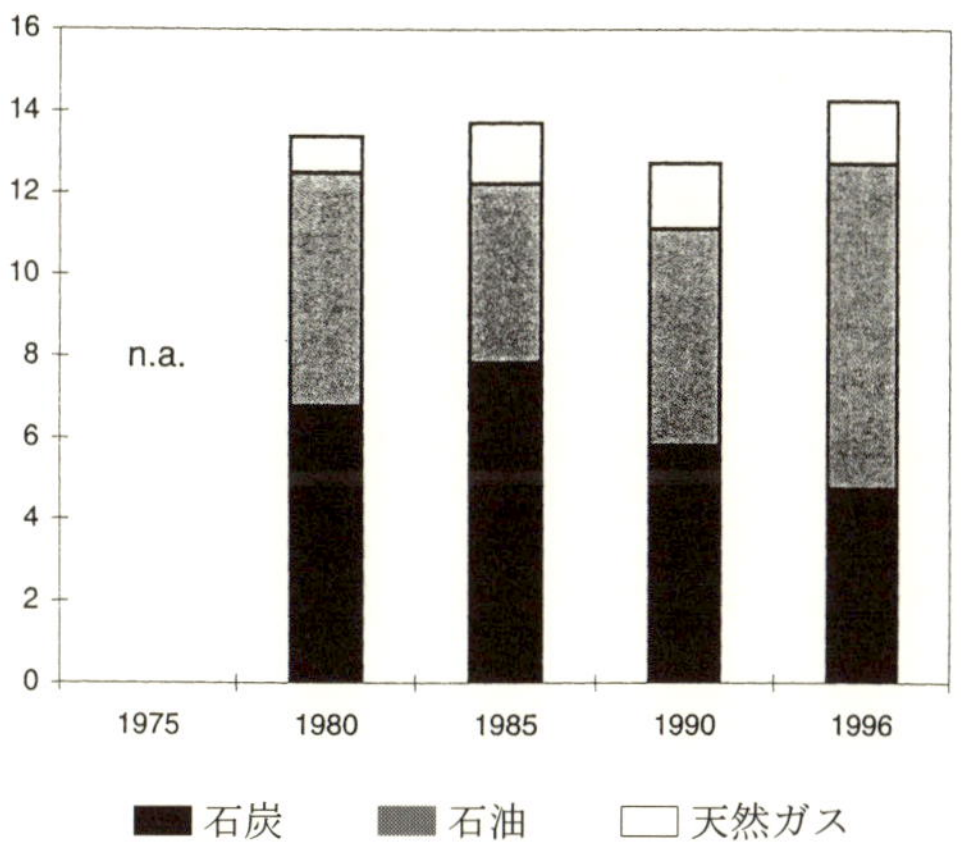

年	1990	1991	1992	1993	1994	1995	1996	96/90
	12.74	11.92	11.54	12.46	12.63	13.51	14.25	+11.9％

●先進国

スロベニアはまた、エネルギー効率を向上させ、石炭から天然ガスに転換する新たな措置を講じた。再生可能エネルギーの分野では「地球環境基金（ＧＥＦ）」の援助を受けてバイオマスの利用プロジェクトが成功し進展中である。　われわれはいま、気候変動に関する包括的な計画を準備している。この計画は主として「後悔しない措置」に基づいている。それでもなお目的達成のためには技術解決への多額の投資が必要だ。「共同実施」や他のメカニズムに期待している。

クロアチア

ヨーロッパ

憲法の基本理念に自然環境保全を位置づけ

●ルイエルカ・M・ホダク／副首相

「京都議定書」の目指す目標では、「共通だが差異のある責任」に従い、持続可能な経済・社会開発の達成のため、途上国が必要とする優先権を十分に考慮に入れなければならない。排出量削減の公約達成のため、異なるメカニズム、技術移転、慣例、共同プロジェクト実施などによって、先進国と途上国の間の実質的な協力を確立することが必要である。

国内措置は「京都公約」を実現するための主要な手段であり、「京都議定書」の規定した「柔軟性メカニズム（措置）」は、「京都公約」の補足措置である。これは、よりコスト効率の良い方法で目標を達成するため、先進国に枠組みを提供する。その点について、三つのメカニズムはすべて必要であり、それらの一つだけでは不十分であり、三つとも同時に展開し、包括的に取り扱うべきだ。

経済移行期にある先進国にとっては「共同実施」が非

常に重要であり、これらの諸国の成果は「クリーン開発メカニズム（CDM）」を通じて達成された他国の成果と比較することが可能だ。

「柔軟性メカニズム」のシステムには、その実行の監視と報告が必要だ。このため、一定の順守制度によって拘束を受ける締約国、つまり少なくとも目録、国内情報など「気候変動枠組み条約」に従い関連情報を提出した締約国だけが、これらのメカニズムを利用すべきである。「柔軟性メカニズム」の各措置は公平で、対等に競争でき魅力のあるものでなければならない。

クロアチアは、憲法の基本的な価値の一つとして、自然と人間環境の保全を明確に規定した。その意味でクロアチアは持続的な発展を目指す首尾一貫した現代的な環境政策を作りだすため努力を惜しまない。

クロアチアは「気候変動枠組み条約」の公約を引き続き果たすため、追加努力をする用意がある。温室効果ガスの排出量は二〇〇〇年に一九九〇年の水準以下に維持する計画である。しかしながら、経済開発を見込むと、二〇〇五年以降は望ましい排出水準を維持するのは困難である。追加努力をしても、二〇一〇年までに二酸化炭素（CO^2）のある程度の増加は現実に見込まれるようだ。

キプロス

その他

気候の危機管理に脱塩化対策を強いられる

●コスタス・テミストクレオウス／農業・天然資源・環境相

わずかここ数年のうちに、地球温暖化は科学的な推測から世界的な政治的に関心の持たれる環境の脅威へと変容した。

キプロスは、小さな沿岸国で化石燃料の輸入に大幅に依存しているので、無条件に気候変動に取り組んでいる。例えば最近、極端な気候に見舞われた。熱波と長期化した干ばつにより多数の死者が出て、エネルギー消費量を不必要に引き上げ、危機管理措置として脱塩化対策の導入を余儀なくされた。

キプロスはすでに温室効果ガスの排出量増加を減らすため、多くの措置に着手した。目下エネルギー戦略計画を準備中で、エネルギー・チャーター条約とエネルギー効率化に関する同議定書を批准し、エネルギー効率化イ

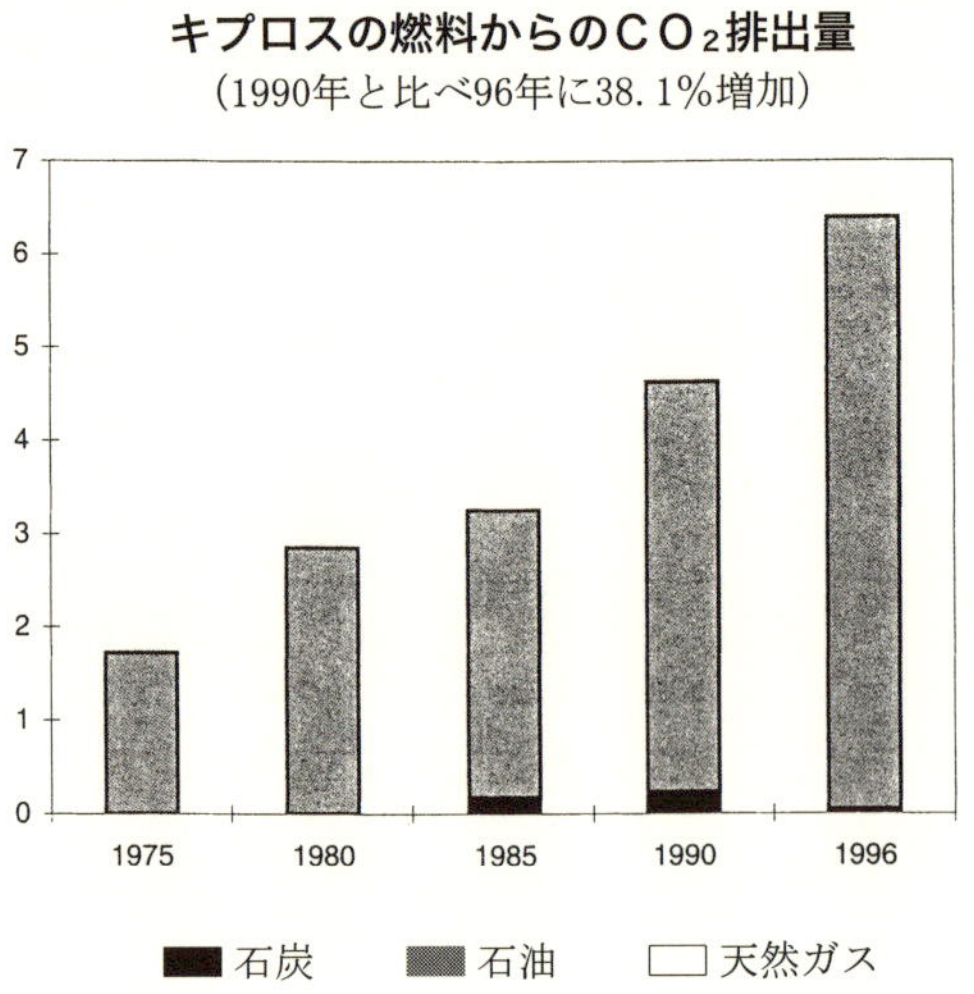

年	1990	1991	1992	1993	1994	1995	1996	96/90
	4.63	5.33	5.56	5.65	5.85	5.89	6.39	+38.1%

ニシアチブにも調印した。

「京都議定書」の規定と公約に関しては、異なった見解を戦略的に調整し、各部門の役割を明確に定義づける上で一助となる有効なシステムについて合意を達成すべきである。成功するかどうかは、公平な条件を作り、各種の選択肢を効果的に結び付けるかどうかにかかっている。

あとがき

携帯電話をかけ、ファーストフードを食べ、しゃれた車を乗り回し、言いたい放題のことを言って、豊かな生活に慣れっこになってしまった日本の社会。一日一ドル（一〇〇円余り）以下で生きている人が、いまの地球上に一二億人もいることに胸を痛めて、日本で何が買えるのか東京都内の商店街に出掛けた。いちばん安いバナナでも、卵でも束やパック売りになっていて買える物がない。今や日本の社会は一日一〇〇円程度では、生命をさえ保てない社会になってしまった。

しかし現実には、百円玉一つで世界の五人に一人が生活しているのである。その私たちにも貧しい時代は、振り返ればごく間近にあった。日本で電話が一般の家庭に普及し始めたのは一九六〇年代（昭和三十五年以降）であり、まだ四〇年ほどしか経っていない。

ＩＴ（情報技術）革命によって、携帯電話やインターネットを普及させ、発展途上国を一挙に「カエル跳び」で貧困から脱出させようという先進国の試みに、筆者は素朴な疑問を抱いた。先進国は農業社会、工業化社会、情報化社会へと時間をかけ、問題を調整しながら〝三段跳び〟をして成功したのである。しかし、これまでの過程の矛盾に目をつむり、性急な〝走り幅跳び〟によって、従来の「南北問題」は到底克服できまい。

先進国、途上国、地球上のどこに住もうと、等しく襲いかかってくる「地球温暖化」は、「気象災害」を先途として、二十一世紀の世界の政治、経済、社会システム、私たちの文明の在り方にまでも根本的な変革を迫っている。「新しい南北問題」へのアプローチは、文明を含め変革を目指すその構図のなかで読み取って頂ければ幸いである。

本書の刊行にあたり、貴重なご意見や資料提供を頂いた以下の方々と機関に厚くお礼申し上げます。国際赤十字社・赤新月社連盟、世界銀行東京事務所、山中誠（ＯＥＣＤ＝経済協力開発機構＝東京センター所長）、小野田迅児（同東京センター副所長）、松尾敬世（前気象庁気候・海洋気象部海務課長）、八木勝昌（気象庁気候・海洋気象部海務課）、櫻井和人（前通産省環境立地局地球環境対策室長）、国連環境計画（ＵＮＥＰ）日本事務所、笠間祥一（建設省関東地方建設局・荒川下流工事事務所調査課）、長谷川祐弘（国連開発計画＝ＵＮＤＰ＝東京事務所駐日代表）、小山田英治（同東京事務所）、浜中裕徳（環境庁企画調整局地球環境部長）、小林光（環境庁長官官房会計課長）、加藤淳平（常磐大学国際学部教授）、佐藤和明（国連世界食糧計画＝ＷＦＰ＝東京事務所長）、佐藤伸（前読売新聞ジュネーブ特派員）、水野真希子（世界自然保護基金＝ＷＷＦ＝日本委員会）、松原健太郎・末盛友浩・木村成卓（慶応義塾大学医学部・国際医学研究会第22次南米派遣団）の各氏並びに諸機関。（順不同、敬称略）

最後に、長年「地球温暖化」をはじめ、地球環境問題に関心を持ち、拙著『地球温暖化とCO_2の恐怖』（一九九七年）、『地球温暖化は阻止できるか——京都会議検証』（一九九八年）に次いで、本書刊行の機会を提供してくださった藤原書店の藤原良雄社長に深く感謝申し上げます。また粘り強く本書を担当して頂いた刈屋琢氏、『機』編集の西泰志氏にお礼を申し上げたい。

二〇〇〇年六月一日

さがら邦夫

『世界開発報告 1998/99　開発における知識と情報』（世界銀行著，海外経済協力基金開発問題研究会訳，東洋経済新報社発行，1999 年 9 月）
『経済開発と途上国債務』（寺西重郎著，東京大学出版会発行，1995 年 12 月）
"A GREAT LEAP" (*TIME*, JANUARY 31,2000)
『アフリカ』（小田英郎他著，自由国民社発行，1996 年 9 月）
Global Development Finance Analysis and Summary Tables 1999 (The World Bank)
『ラテンアメリカ経済論――経済発展と政策改革』(湯川攝子著, 中央経済社発行, 1999 年 3 月)
World Food Programme Highlights（国連世界食糧計画（ＷＦＰ）東京事務所）
World Food Programme Facts and Figures 1998（国連世界食糧計画（ＷＦＰ）東京事務所）
『Ｑ＆Ａわかりやすいｏｄａ――その仕組みと役割』（久保田勇夫編著，株式会社ぎょうせい発行，1992 年 9 月）
Debt Initiative for the Heavily Indebted Poor Countries (HIPCs) (The World Bank, March 1999)
『我が国の政府開発援助の実施状況　（1998 年度）に関する年次報告』（外務省経済強力局調査計画課編，1999 年 9 月）
WFP PRSS RELEASE SERIES 1998-2000（国連世界食糧計画（ＷＦＰ）東京事務所）
『世界食料の展望――21 世紀の予測』（Ｄ・Ｏ・ミッチェル他著，高橋五郎訳，農林統計協会発行，1998 年 10 月）
WORLD ENERGY OUTLOOK 1998 EDITION (International Energy Agency)
CO_2 EMMISIONS FROM FUEL COMBUSTION (1998 Edition) (International Energy Agency)

●参考文献一覧

World Disasters Report 1999 (International Federation of Red Crescent Societies)

『異常気象レポート'99　総論と各論』（気象庁編，大蔵省印刷局発行，1999年9月）

World Development Indicators 1999 (The World Bank)

Global Environment Outlook (GEO) 2000, (United Nations Environment Programme, Published in 1999 by Earthscan Publications Ltd.)

『地球温暖化の影響予測　ＩＰＣＣ第２作業部会報告書』（西岡秀三監訳，ＩＰＣＣ（気候変動に関する政府間パネル）第２作業部会編集，中央法規出版発行，1992年4月）

『日本の気候変動シナリオ』（世界自然保護基金（ＷＷＦ）日本委員会，1999年10月）

『人口の動向　日本と世界　人口統計資料集1999』（国立社会保障・人口問題研究所編集、財団法人厚生統計協会発行）

慶応義塾大学医学部・国際医学研究会（ＩＭＡ）第22次南米派遣団報告（松原健太郎・末盛友浩・木村成卓，1999年9月）

『飢えの構造　近代と非ヨーロッパ世界』（西川潤著，ダイヤモンド社発行，1974年2月）

『新版　第三世界の食料問題』（Ｄ・グリッグ著，山本正三・村山裕司訳，農林統計協会発行，1994年5月）

『南北問題解決への道』（谷口誠著，サイマル出版会発行，1993年3月）

『植民地――帝国50年の興亡』（マーク・ピーティー著，浅野豊美訳，読売新聞社発行，1996年12月）

『世界銀行は世界を救えるか　開発帝国五〇年の功罪』（スーザン・ジョージ，ファブリッチオ・サベッリ著，毛利良一訳，朝日新聞社発行，1996年12月）

『情報スーパーハイウエイ』（アルバート・ゴア・ジュニア米国副大統領ほか著，浜野保樹監修，門馬敦子訳，株式会社電通発行，1994年10月）

『ディジタル・エコノミー　米国商務省リポート』（米国商務省著，室田泰弘訳，東洋経済新報社発行，1999年2月）

『平成11年版　通信白書』（郵政相編，株式会社ぎょうせい発行，1999年6月）

"HELPING THE THIRD WORLD" (*THE ECONOMIST*, JUNE 26th 1999)

『インターネット白書'99』（日本インターネット協会編，インプレス発行，1999年7月）

"The Pockets of Poverty World Tour" (*THE ECONOMIST*, JULY 10th 1999)

著者紹介

さがら邦夫　（さがら・くにお）

1940年東京に生まれ，神奈川に育つ。上智大学文学部卒業，大手新聞社に入社。外報部ニューヨーク特派員を経て，科学部長，早稲田大学アジア太平洋研究センター特別研究員などを務める。

著書に『地球温暖化とＣＯ₂の恐怖』（1997）『地球温暖化は阻止できるか――京都会議検証』（編著，1998，以上藤原書店）ほかに共著書『ルポ・アメリカＮＯＷ』（1982）『日本・ハイテク最前線』（1987）『新・日本名木百選』（1990），共訳書にビル・Ｄ・ロス『硫黄島――勝者なき死闘』（1986）Ｂ・イーズリー『性からみた核の終焉』（1988）Ｃ・ロス『エイズ，死ぬ瞬間』（1991）などがある。

新《しん》・南北問題《なんぼくもんだい》　**地球温暖化《ちきゅうおんだんか》からみた21世紀《せいき》の構図《こうず》**

2000年7月10日　初版第１刷発行©

著　者　さがら邦夫

発行者　藤原良雄

発行所　株式会社藤原書店

〒162-0041　東京都新宿区早稲田鶴巻町523
電　話　03（5272）0301
ＦＡＸ　03（5272）0450
振　替　00160-4-17013

印刷・製本　美研プリンティング

落丁本・乱丁本はお取替えいたします
定価はカバーに表示してあります

Printed in Japan
ISBN4-89434-183-2

初の資本主義五百年物語

資本主義の世界史
〔1500−1995〕

M・ボー　筆宝康之・勝俣誠訳

ブローデルの全体史、ウォーラーステインの世界システム論、レギュラシオン・アプローチを架橋し、商人資本主義から、アジア太平洋時代を迎えた二〇世紀資本主義の大転換までを、統一的視野のもとに収めた画期的業績。世界十か国語で読まれる大冊の名著。

A5上製　五一二頁　**五八〇〇円**
（一九九六年六月刊）
◇4-89434-041-0

HISTOIRE DU CAPITALISME
Michel BEAUD

二十一世紀への知の樹立宣言

ユートピスティクス
〔二十一世紀の歴史的選択〕

I・ウォーラーステイン
松岡利道訳

近代世界システムが終焉を迎えつつある今、地球環境、エスニシティ、ジェンダーなど近代資本主義の構造的諸問題の探究を足がかりに、単なる理想論を徹底批判し、来るべき社会像の具体化へ向けた知のあり方としてウォーラーステインが提示した野心作。

B6上製　一六八頁　**一八〇〇円**
（一九九九年一一月刊）
◇4-89434-153-0

UTOPISTICS
Immanuel WALLERSTEIN

グローバル化と労働

アンペイド・ワークとは何か

川崎賢子・中村陽一編

一九九五年、北京女性会議で提議された「アンペイド・ワーク」の問題とは何か。グローバル化の中での各地域のヴァナキュラーな文化と労働との関係の変容を描きつつ、シャドウ・ワークの視点により、有償／無償のみの議論を超えて労働のあるべき姿を問う。

A5並製　三三六頁　**二八〇〇円**
◇4-89434-164-6

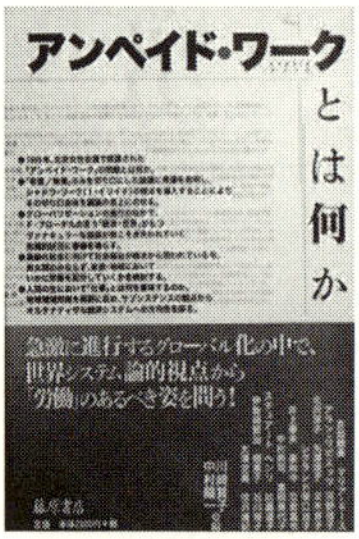

バブルとは何か？

世界恐慌　診断と処方箋
〔グローバリゼーションの神話〕

R・ボワイエ　井上泰夫訳

ヨーロッパを代表するエコノミストである「真のユーロ政策」のリーダーが、世界の主流派エコノミストが共有する誤った仮説を抉り出し、アメリカの繁栄の虚実を暴く。バブル経済の本質に迫り、二一世紀の世界経済を展望。

四六上製　二四〇頁　**二四〇〇円**
（一九九八年一二月刊）
◇4-89434-115-8

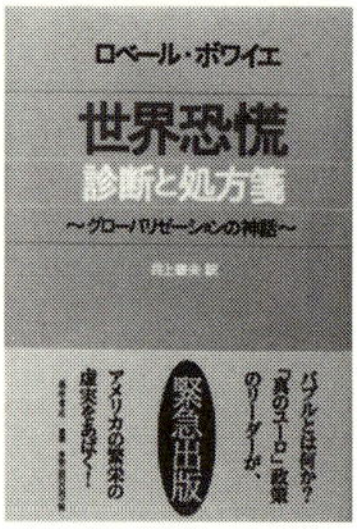

現代経済事情を道案内

日本経済にいま何が起きているのか

阿部照男

いま、日本経済が直面している未曾有の長期不況の原因と意味を、江戸時代以来の日本の歴史に分かりやすく位置づける語りおろし。資本主義の暴走をくいとめるために、環境を損なわない経済活動、資源を浪費しない経済活動を提唱する「希望の書」。

四六上製　二四八頁　**二四〇〇円**
（二〇〇〇年三月刊）
◇4-89434-171-9

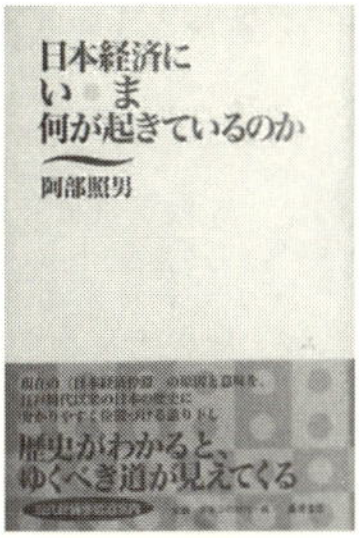

渾身の書き下し、新経済学入門

経済学道案内〈基礎篇〉

阿部照男

マルクス経済学や近代経済学にも精通した著者が、人類学、社会学などの最新成果を取り込み、科学としての柔軟性と全体性を取り戻す新しい〈人間の学〉としての経済学を提唱。初学者に向けて、その原点と初心を示し、経済のしくみ、価値体系の謎に迫る。

A5並製　三六六頁　**三二〇〇円**
（一九九四年四月刊）
◇4-938661-92-6

ラテンアメリカ経済史

周辺資本主義論序説

〈ラテンアメリカにおける資本主義の形成と発展〉

原田金一郎

世界資本主義システムを周辺からみる歴史＝構造的アプローチで、ラテンアメリカ経済史を総体として浮き彫りにし、従来の一国史的分析をのりこえた初の成果。

A5上製　二五六頁　**五〇〇〇円**
（一九九七年一一月刊）
◇4-89434-086-0

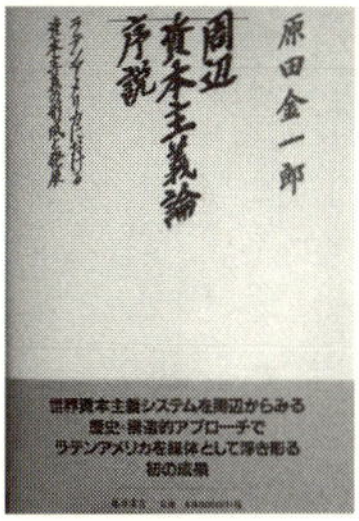

国際経済学の核心

国際資本移動の政治経済学

佐々木隆生

資本の国際移動が現代世界経済に甚大な影響を及ぼすいま、国際経済学の「空白」である「国際資本移動研究」を、学説（スミス、リカードゥ、ミル、マルクス）、歴史、理論の三本立てで初めて埋めた野心的な労作。

A5上製　二八〇頁　**四六六〇円**
（一九九四年一一月刊）
◇4-89434-006-2

市民活動家の必読書

NGOとは何か

〈現場からの声〉

伊勢崎賢治

アフリカの開発援助現場から届いた市民活動（NGO、NPO）への初のラディカルな問題提起。「善意」を「本物の成果」にするために何を変えなければならないかを、国際NGOの海外事務所長が経験に基づき具体的に示した、関係者必読の開発援助改造論。

四六並製　三〇四頁　二八〇〇円

（一九九七年一〇月刊）

◇4-89434-079-8

次世代の「いのち」のゆくえに警告

大地は死んだ

〈ヒロシマ・ナガサキからチェルノブイリまで〉

綿貫礼子

生命と環境をめぐる最前線テーマ「誕生前の死」を初めて提起する問題作。チェルノブイリから五年、子ども達に、そして未だ生まれぬ世代に何が起こっているのか？　遺伝学の最新成果を踏まえ、脱原発、開発と環境、生命倫理のあるべき方向を呈示する。

A5並製　二七二頁　二一三六円

（一九九一年七月刊）

◇4-938661-30-6

〝放射線障害〟の諸相に迫る

誕生前の死

〈小児ガンを追う女たちの目〉

綿貫礼子＋「チェルノブイリ被害調査・救援」女性ネットワーク編

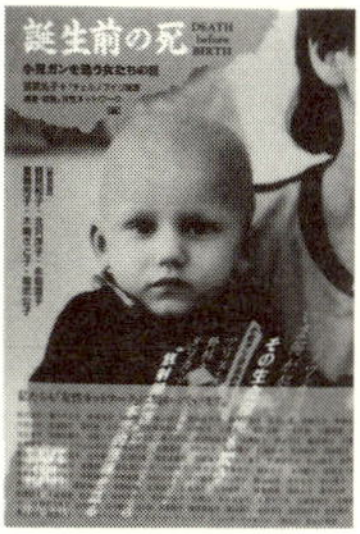

我々をとりまく生命環境に今なにが起っているか？　次世代の生を脅かす〝放射線障害〟に女性の目で肉迫。その到達点の一つ、女性ネットワークの主催するシンポジウムを中心に、内外第一級の自然科学者が豊富な図表を駆使して説く生命環境論の最先端。

A5並製　三〇四頁　二三三〇円

（一九九二年七月刊）

◇4-938661-53-5

湖の生理

新版

宍道湖物語

〈水と人とのふれあいの歴史〉

保母武彦監修／川上誠一著

国家による開発プロジェクトを初めて凍結させた「宍道湖問題」の全貌を示し、宍道湖と共に生きる人々の葛藤とジレンマを描く壮大な「水の物語」。「開発か保全か」を考えるうえで何よりの教科書と評された名著の最新版。

小泉八雲市民文化賞受賞

A5並製　二四八頁　二八〇〇円

（一九九七年六月刊）

◇4-89434-072-0

「環境学」生誕宣言の書

環境学　第三版

（遺伝子破壊から地球規模の環境破壊まで）

市川定夫

多岐にわたる環境問題を統一的な視点で把握・体系化する初の試み＝「環境学」生誕宣言の書。一般市民も加害者となる現代の問題の本質を浮彫る。図表・注・索引等、有機的立体構成で「読む事典」の機能も持つ。環境ホルモンなどの最新情報を加えた増補決定版。

Ａ５並製　五二八頁　**四八〇〇円**

（一九九九年四月刊）

◇4-89434-130-1

野間宏、最晩年の環境論

万有群萌

（ハイテク病・エイズ社会を生きる）

野間宏・山田國廣

ハイテクは世紀末の福音か災厄か？　今日の地球環境汚染をハイテクで乗り切れるか？　全体小説を構想した戦後文学の旗手・野間宏と、環境問題と科学技術に警鐘を鳴らす山田國廣が、蟻地獄と化すハイテク時代を超える道を指し示す衝撃作。

四六上製　三一二頁　**二九一三円**

（一九九一年一一月刊）

◇4-938661-39-X

最新データに基づく実態

地球温暖化とCO_2の恐怖

さがら邦夫

地球温暖化は本当に防げるのか。温室効果と同時にそれ自体が殺傷力をもつCO_2の急増は「窒息死が先か、熱死が先か」という段階にきている。科学ジャーナリストにして初めて成し得た徹底取材で迫る戦慄の実態。

Ａ５並製　二八八頁　**二八〇〇円**

（一九九七年一一月刊）

◇4-89434-084-4

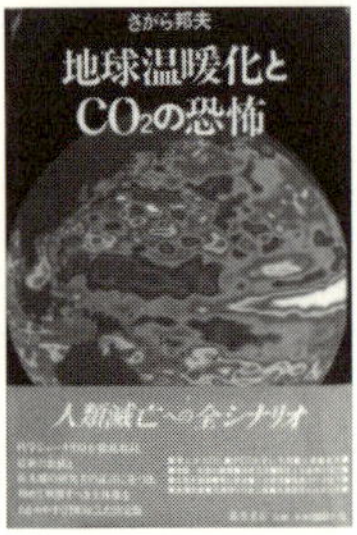

「京都会議」を徹底検証

地球温暖化は阻止できるか

（京都会議検証）

さがら邦夫編／序・西澤潤一

世界的科学者集団ＩＰＣＣから「地球温暖化は阻止できない」との予測が示されるなかで、我々にできることは何か？　官界、学界そして市民の専門家・実践家が、最新の情報を駆使して地球温暖化問題の実態に迫る。

Ａ５並製　二六四頁　**二八〇〇円**

（一九九八年一一月刊）

◇4-89434-113-1